新编21世纪高等职业教育精品教材
土木建筑类

建筑工程质量与安全管理

主　编◎盛海洋　段军朝　蒋晓燕
副主编◎徐小琴　陈冬琴　徐　滨　孔爱散
丁　立　钟莉萍
参　编◎刘长玲　高占国　王建干　杨震樱
路彩娟　石海丽　曹明明　戚甘红
龙照华　王平世
主　审◎汤　薇　李灿峰　洪　青

中国人民大学出版社
·北京·

图书在版编目（CIP）数据

建筑工程质量与安全管理 / 盛海洋，段军朝，蒋晓燕主编 . -- 北京 ：中国人民大学出版社，2025. 5.
（新编 21 世纪高等职业教育精品教材）. -- ISBN 978-7-300-34121-7

Ⅰ. TU71

中国国家版本馆 CIP 数据核字第 20258BG977 号

新编 21 世纪高等职业教育精品教材 · 土木建筑类

建筑工程质量与安全管理

主　编　盛海洋　段军朝　蒋晓燕

副主编　徐小琴　陈冬琴　徐　滨　孔爱散　丁　立　钟莉萍

参　编　刘长玲　高占国　王建干　杨震樱　路彩娟　石海丽
　　　　曹明明　戚甘红　龙照华　王平世

主　审　汤　薇　李灿峰　洪　青

Jianzhu Gongcheng Zhiliang yu Anquan Guanli

出版发行	中国人民大学出版社		
社　　址	北京中关村大街 31 号	**邮政编码**	100080
电　　话	010－62511242（总编室）		010－62511770（质管部）
	010－82501766（邮购部）		010－62514148（门市部）
	010－62515195（发行公司）		010－62515275（盗版举报）
网　　址	http://www. crup. com. cn		
经　　销	新华书店		
印　　刷	涿州市星河印刷有限公司		
开　　本	210 mm × 275 mm　1 / 16	**版　　次**	2025 年 5 月第 1 版
印　　张	14	**印　　次**	2025 年 5 月第 1 次印刷
字　　数	408 000	**定　　价**	48.00 元（赠送实训手册）

前　言

党的二十大报告指出，教育、科技、人才是全面建设社会主义现代化国家的基础性、战略性支撑。教育是国之大计、党之大计。职业教育是我国教育体系的重要组成部分，肩负着“为党育人、为国育才”的神圣使命。本教材以习近平新时代中国特色社会主义思想为指导，深入贯彻落实党的二十大精神，将思想道德建设与专业素质培养融为一体，着力培养爱党爱国、敬业奉献，具有工匠精神的高素质技能人才。

本教材遵循历年课程教学改革要求和课程标准，以建筑工程质量与安全管理理论及安全实训为核心，注重将理论知识与实操技能有机融合，体现了体系规范、内容先进、理实结合、实用灵活、资源丰富、融合职业素养等特点。教材配套了实训手册，注重实践技能培养，旨在提升学生的实操能力与创新能力。

本教材是依托国家级生产性实训基地“建筑教学工法楼”、“安全体验教育馆”和中国人民大学出版社“人大芸窗”平台，以“数纸融合”的理念精心打造的“融媒体 + 应用型”新形态教材，同时也是校级立项重点教材建设项目（绍职院教〔2024〕83 号）。

本教材配有教学课件、习题、慕课、微课、电子教案、试卷、课程标准、课程考核方案、授课计划等立体化数字教学资源，并已在国家级平台“智慧职教”配套省级“在线精品开放课程”。

本教材由绍兴职业技术学院盛海洋教授、蒋晓燕教授及中建三局第三建设工程有限责任公司、中建三局集团（浙江）有限公司副总工段军朝（正高级工程师）担任主编；中建三局第三建设工程有限责任公司徐小琴，长江职业学院陈冬琴，绍兴职业技术学院徐滨、孔爱散、丁立，广东省城市技师学院钟莉萍担任副主编；参与编写的还有河南工业职业技术学院刘长玲，北京金隅科技学校高占国，绍兴职业技术学院王建干、杨震樱、路彩娟、石海丽、曹明明，浙江大学科技集团有限公司戚甘红、龙照华，佳木斯职业学院王平世；浙江省通用砂浆研究院汤薇教授、浙江宝业建设集团有限公司总工李灿峰（正高级工程师）、福建省交通建设工程试验检测有限公司总经理洪青（高级工程师）担任主审。

本教材可作为职业教育建筑工程技术、智能建造技术、装配式建筑工程技术、工程造价、建设工程管理（BIM 技术）等专业教学用书和企业相关岗位培训用书。

编者在编写过程中参阅了相关文献、资料，以及浙江大学科技集团有限公司拍摄的部分视频，在此向原作者致以衷心的感谢！

由于时间仓促，加之编者水平有限，书中难免存在不妥之处，恳请广大读者批评指正。

编者

二维码索引

序号	名称	二维码	序号	名称	二维码	序号	名称	二维码
1	课程导学		8	框架梁		15	建筑给排水及采暖工程质量通病及防治措施 2	
2	建筑工程质量管理概述		9	悬挑梁		16	建筑给排水及采暖工程质量通病及防治措施 3	
3	建筑工程质量管理体系		10	约束边缘端柱		17	建筑给排水及采暖工程质量通病及防治措施 4	
4	独立基础模板钢筋捆扎施工流程		11	三顺一丁承重墙		18	建筑给排水及采暖工程质量通病及防治措施 5	
5	混凝土搅拌桩		12	高聚物改性沥青防水卷材		19	消防管道	
6	装配式外墙板制作		13	课前认知：建筑给水系统		20	报警阀安装	
7	梁支模		14	建筑给排水及采暖工程质量通病及防治措施 1		21	电气质量通病及预防措施 1	

序号	名称	二维码	序号	名称	二维码	序号	名称	二维码
22	电气质量通病及预防措施 2		31	通风与空调安装工程质量控制重点及常见问题防治 2		40	电梯工程质量管理重点	
23	电气质量通病及预防措施 3		32	通风与空调安装工程质量控制重点及常见问题防治 3		41	全套验收流程	
24	电气质量通病及预防措施 4		33	通风与空调安装工程质量控制重点及常见问题防治 4		42	验收现场管理	
25	电气质量通病及预防措施 5		34	风管（角钢法兰连接）		43	专项工程竣工验收管理 1	
26	电气质量通病及预防措施 6		35	风管与配件制作		44	专项工程竣工验收管理 2	
27	桥架安装		36	风管系统安装		45	专项工程竣工验收管理 3	
28	配电柜安装		37	机柜安装		46	专项工程竣工验收管理 4	
29	母线槽安装		38	不同电压等级回路的电线、电缆敷设		47	专项工程竣工验收管理 5	
30	通风与空调安装工程质量控制重点及常见问题防治 1		39	节能工程质量管控要点		48	资料管理要点	

序号	名称	二维码	序号	名称	二维码	序号	名称	二维码
49	工程资料形成步骤		58	安全管理基础知识		67	安全法律法规 2	
50	建筑施工资料管理流程图		59	安全文化概述		68	安全教育与培训	
51	建筑工程优质工程分类解析		60	安全色和对比色		69	劳动保护	
52	优质工程的申报及验收要点		61	安全标志及类型		70	安全帽撞击体验	
53	创优工程优秀做法案例		62	安全生产管理发展历程		71	边坡塌方工程事故案例	
54	行业质量智能管理集锦		63	安全法律法规		72	基坑倾倒体验	
55	安全在工程建设中的地位		64	安全事故报告与调查处理		73	消防安全概述	
56	安全文化的地位和作用		65	安全法律法规 1		74	防火与灭火基本知识	
57	安全文化建设		66	安全生产法		75	消防设备设施及其使用方法	

序号	名称	二维码	序号	名称	二维码	序号	名称	二维码
76	火灾自救与逃生		85	安全事故案例		94	安全带体验	
77	火灾人员疏散		86	智慧工地数据集成平台		95	心肺复苏体验	
78	伤害急救常识		87	智能化安全管理分享		96	触电体验	
79	应急救援体系应急机制		88	标准化安全管理分享		97	消防体验	
80	安全事故调查流程		89	绿色化安全管理分享		98	脚手架体验	
81	应急管理概述		90	VR 安全教育体验蛋椅		99	栏杆防护安装体验	
82	应急预案管理		91	AR 文化墙		100	洞口坠落防护实训	
83	应急响应		92	VR 行走平台		101	有限空间安全实操	
84	应急预案编制		93	工种服装识别练习		102	有限空间逃生体验	

目　录

项目一

建筑工程质量管理与质量管理体系

学习目标

1. 知识目标

（1）了解建筑工程质量管理的概念及重要性；
（2）了解建筑工程质量管理的国家政策、制度要求；
（3）熟悉建筑工程质量体系及组织机构；
（4）了解建筑工程项目质量管理的流程；
（5）了解质量管理体系的构建原则与运行机制。

2. 技能目标

（1）熟悉内外监管手续的办理流程；
（2）熟知工程质量管理的流程；
（3）掌握项目质量管理的具体工作内容及质量人员的履职要求。

3. 素养目标

（1）在学习和实践中传承和弘扬工匠精神，走技能成才、技能报国之路；
（2）理解质量对于建筑工程项目的重要性；
（3）提升工程质量体系管理的能力。

学习重点

（1）质量管理的重要性；
（2）建筑工程质量管理相关国家政策、制度要求；
（3）项目质量体系与组织结构的建立；
（4）项目质量管理的流程；
（5）内外监管手续的办理；
（6）项目质量的具体工作内容。

学习难点

（1）质量管理的基本原理、方法和工具；
（2）质量管理体系的构建原则与运行机制。

任务描述

（1）记住建筑工程质量的基本概念、影响因素；
（2）深入理解质量管理的复杂性和挑战性，并学会在实际工作中灵活运用所学知识解决问题；

（3）能够分析建筑工程质量问题的成因，掌握质量控制、质量保证及质量改进的方法与技巧；

（4）学习 ISO9001 质量管理体系标准及其在建筑行业的具体应用。

任务一　课程导学

课前认知

建筑工程质量管理与质量管理体系是确保工程项目达到预期标准，满足质量、安全、经济、美观及功能要求的关键环节。这一体系涵盖了从项目策划、设计、施工到竣工验收的全过程，旨在通过系统化、规范化的管理手段，预防和控制质量问题的发生。

在建筑工程质量管理中，需明确质量目标和标准，制订详细的质量计划，并严格执行。同时，加强施工过程中的质量监控，采用先进的检测技术和方法，确保各项质量指标符合规范要求。此外，还应注重过程质量记录的管理，为质量追溯和持续改进提供依据。

质量管理体系则是实现上述管理目标的基础框架，它规定了组织内部各部门、各岗位在质量管理方面的职责、权限和相互关系，以及质量管理的程序、方法和资源保障。通过建立健全质量管理体系，可以不断提升建筑工程的质量水平，增强企业的市场竞争力。

通过本课程的学习，学生可以掌握建筑工程质量的基本概念、重要性及影响因素，理解质量管理体系的构建原则与运行机制，分析建筑工程质量问题的成因，掌握质量控制、质量保证及质量改进的方法与技巧。此外，本课程还强调对国内外先进质量管理理念与技术的引入与融合，以开拓国际化视野和提升实践能力。最终，学生将能够运用所学知识，在建筑工程项目中有效实施质量管理，确保工程质量的稳步提升。

课程导学

理论学习

一、课程内容

（1）介绍建筑工程质量管理的基本概念、原则及重要性，强调质量在工程项目中的核心地位。

（2）探讨质量管理体系的构建、运行与实施（包括 ISO9001 等国际质量管理标准的理解和应用，以及如何在项目中实施这些标准）。

（3）讲解质量计划、质量控制、质量保证和质量改进等关键环节。

1）学生将学习如何制订详细的质量计划，以确保项目从策划到施工再到交付的每个阶段都符合既定的质量标准。

2）教授质量控制的方法和工具，如统计过程控制、检查表、流程图等，以有效监测和评估工程质量。

3）探讨如何通过建立有效的审核和评估机制，确保质量管理体系的持续有效性。

4）介绍如何识别质量问题，以及实施纠正和预防措施的方法。

二、课程的主要目的

培养学生在建筑工程中的质量管理意识和能力，帮助学生理解并掌握建筑工程项目质量策划、控制、保证和改进的方法，能使用质量管理工具确保工程质量符合标准。同时，本课程强调质量管理体系的构建与运行，特别是如何应用 ISO9001 等国际质量管理标准，提升企业市场竞争力。

通过学习，学生将具备扎实的建筑工程质量管理理论基础和实践能力，能够在未来的职业生涯中，为建筑工程项目的质量保障和持续改进贡献自己的力量。同时，这也为学生进一步深造或从事相关领域的研究工作奠定坚实的基础。

三、教学的基本要求

（1）了解建筑工程质量控制的依据、过程、内容及方法。

（2）掌握质量管理体系的构建与运行，熟悉质量验收的程序和标准。

（3）熟悉建筑工程质量验收的划分原则、程序和组织。

（4）掌握地基基础工程、主体结构工程、装饰装修工程、屋面工程、建筑维护系统节能工程等施工质量控制、检查与验收。

（5）了解建筑工程中质量工程师的工作职责及应具备的专业技能、专业知识。

（6）培养在建筑工程领域内，具备运用质量管理理论解决实际问题的能力，能够设计符合项目需求的质量管理体系，并实施有效的纠正和预防措施。具体而言，涵盖以下几个方面：

1）掌握建筑工程质量管理的基本理论与方法，包括质量策划、质量控制、质量保证及质量改进等关键环节，能够运用这些理论指导实际工程质量管理实践。

2）熟悉质量管理体系的构建与运行，了解 ISO9001 等国际质量管理标准，能够设计并实施符合项目需求的质量管理体系，确保工程质量符合既定标准规范。

3）具备解决建筑工程质量问题的能力，能够识别质量风险，分析质量问题的原因，提出并实施有效的纠正与预防措施，以持续改进工程质量。

总之，通过学习，从人、机、料、法、环等角度全面了解标准化质量管理内容，提升在建筑工程质量管理方面的能力，为今后的学习和实践奠定坚实的基础，在实际项目中有效保证和提升工程质量。

任务二　建筑工程质量管理概述

课前认知

建筑工程质量管理是确保工程项目从设计、施工到交付使用全过程中，质量符合预定标准规范的关键环节。它涵盖了质量策划、质量控制、质量保证和质量改进等多个方面，旨在通过科学的管理手段和技术方法，提升建筑工程的整体品质，保障人民生命财产安全及公共利益。

质量管理不仅是技术层面的要求，更是企业文化、管理理念和法律法规的综合体现。它要求项目团队具备高度的责任心和专业素养，能够运用先进的质量管理工具和技术，如 PDCA 循环、六西格玛管理等，来不断优化施工流程，减少质量缺陷，提升客户满意度。

学习目标包括：

（1）理解建筑工程质量管理基础：掌握建筑工程质量管理的基本概念、基本原则及发展历程，明确其在建筑工程领域的重要性与必要性。

（2）熟悉建筑工程质量管理的国家政策制度要求：学习国内外建筑工程质量管理体系的标准、规范，如 ISO9001 等，理解其构建与运行机制。

建筑工程质量管理概述

理论学习

一、建筑工程质量管理的基本概念

建筑工程质量管理是指在建筑工程项目实施过程中，为确保工程达到预期的质量标准、满足设计要求和标准规范，所进行的一系列计划、组织、协调与控制活动。这一概念涵盖了建筑工程从策划、设计、施工、竣工验收及后期维护等全生命周期的质量管理工作。具体而言，建筑工程质量管理包括质量策划、质量控制、质量保证和质量改进四个主要方面。质量策划涉及制定质量目标、规划质量控制措施；质量控制则侧重于对施工过程中各环节的监督与检验，确保各项作业符合规范；质量保证通过建立健全质量管理体系，向内外部提供质量信任的证据；质量改进则是一个持续的过程，旨在通过总结经验教训，不断提升工程质量水平。

建筑工程质量管理关键在于预防和控制质量问题的发生。通过制订详细的质量计划，明确各阶段的质量目标和责任，确保工程质量的可控性。同时，加强施工过程中的质量检查与验收，及时发现并纠正质量问题，防止其进一步发展。

建筑工程质量管理强调持续改进和全员参与，通过不断总结经验教训，优化质量管理流程和方法，提升质量管理水平；同时，鼓励全员积极参与质量管理活动，形成全员关注质量的良好氛围。建筑工程质量管理的基本概念是确保工程质量的重要手段，对于保障工程安全、提高工程效益具有重要意义。

综上所述，建筑工程质量管理是一个系统性、综合性的管理活动，对于保障工程安全、提升建设品质、促进建筑业可持续发展具有重要意义。

二、建筑工程质量管理的基本原则

建筑工程质量管理的基本原则是确保工程安全、可靠、经济、适用及环境友好的基石。这些原则涵盖了从设计规划到施工验收的全过程，旨在通过科学管理和严格监控，提升工程质量水平。

（1）坚持质量第一的原则。在建筑工程的每一个环节，都应将质量放在首位，确保工程满足设计要求和规范标准，保障人民生命财产安全。

（2）预防为主的原则。通过事先制定预防措施，对可能出现的质量问题进行预判和防控，可有效降低质量事故的风险。

（3）坚持数据说话的原则。在建筑工程质量管理过程中，应依据客观数据进行分析和决策，确保建筑工程质量管理的科学性和准确性。

（4）以人为本的原则。加强人员培训和管理，提高全员质量意识，这是提升工程质量的关键。

综上所述，建筑工程质量管理的基本原则是确保工程质量的重要保障，应贯穿于工程项目的始终，为建筑工程的可持续发展奠定坚实的基础。

三、建筑工程质量管理的发展历程

建筑工程质量管理的发展历程是一个伴随着建筑行业技术进步与规范化需求不断提升而逐步演进的过程。

在早期的建筑工程实践中，质量管理主要依赖于工匠的经验与直觉，缺乏系统的理论指导和标准化的操作流程。随着工业化进程的加速，建筑工程规模逐渐扩大，复杂性日益增加，传统的质量管理方式已难以满足实际需求。

20 世纪中叶以后，随着统计学、系统工程等理论在建筑领域的广泛应用，建筑工程质量管理开始步入科学化、系统化的轨道。这一时期，质量控制图、抽样检验等统计方法的引入，为工程质量的量化评估提供了可能。

进入21世纪，随着信息技术的飞速发展，建筑工程质量管理进一步迈向智能化、信息化。BIM（建筑信息模型）、大数据、云计算等先进技术的应用，使得工程质量管理的效率与精度得到了显著提升。同时，国际标准化组织的ISO9001等建筑工程质量管理体系标准的推广，也为建筑工程质量管理提供了更为规范、统一的框架。

综上所述，建筑工程质量管理的发展历程是一个不断适应时代需求、融合新技术与新理念的过程，其目标是实现工程质量的持续改进与提升。

四、建筑工程质量管理的重要性与必要性

建筑工程质量管理的重要性与必要性不容忽视。在建筑工程领域，质量是项目成功的核心要素，直接关系到建筑物的安全性、耐久性和使用功能。有效的质量管理能够确保工程按照设计要求和相关标准进行施工，从而避免潜在的安全隐患和质量问题，确保工程安全、提升项目品质、实现经济效益与社会效益。

（1）建筑工程质量管理对于保障人民生命财产安全至关重要。建筑物作为人们日常生活和工作的场所，其质量直接关系到使用者的安全。通过严格的质量管理，可以及时发现并纠正施工中的偏差和错误，防止因质量问题导致的安全事故。

（2）建筑工程质量管理对于提升建筑工程的整体品质至关重要。通过精细化的质量管理，可以确保工程的每个环节都达到既定的质量标准，从而提升整个项目的品质，还能在视觉上给人以美的享受。优质的工程质量不仅能够延长建筑物的使用寿命，还能提高用户的满意度和舒适度，进而提升企业的品牌形象和市场竞争力。

（3）建筑工程质量管理还有助于实现经济效益的最大化。通过优化施工流程、减少返工和浪费，可以降低工程成本，提高资源利用效率。同时，良好的质量管理还能促进工程项目的顺利推进，缩短工期，从而为企业创造更多的经济效益。

综上所述，质量管理在建筑工程项目中具有举足轻重的地位。因此，建筑企业应高度重视质量管理工作，不断完善质量管理体系，提升质量管理水平，以确保建筑工程项目的顺利实施和圆满完成。

五、质量体系及相关标准要求

1. 全面质量管理体系

全面质量管理（TQM）体系是一种以质量为中心，以全员参与为基础的管理方法，旨在通过持续改进和全员参与来提高组织的质量和绩效。TQM强调从顾客角度出发，实现组织内外的协同合作，确保所有过程都能满足顾客需求，并不断追求卓越，提高组织效率。它强调质量管理的全面性，涉及组织的所有成员和所有过程。

2. ISO 体系

ISO体系指的是国际标准化组织（ISO）发布的一系列质量管理体系标准，其中最著名的是ISO 9000系列标准。ISO9000标准明确了质量管理和质量保证体系的要求，适用于生产型及服务型企业。ISO9001标准为从事和审核质量管理和质量保证体系提供了指导方针。ISO9000系列标准包括3个体系标准（ISO9001、ISO9002和ISO9003）和8条指导方针（ISO9000-1至4和ISO9004-1至4）。ISO9001标准是首要标准，为设计、制造产品及提供服务的组织明确指出了一套完整质量体系中的20条要素。

3. 6Sigma 体系

6Sigma是一种旨在减少产品缺陷和提高质量的方法论，通过DMAIC（定义、测量、分析、改进、

控制）改进周期来实现。6Sigma 包含的哲理、理论、策略手法、突破性的战略计划和应用工具对企业有突破性的提升。6Sigma 强调把所有的运作都放在一个过程中进行提高，同时运用 6Sigma 工具，可以清楚地知道自己处于什么水平，提高多少。6Sigma 与 TQM 部分思想相似，但 6Sigma 对于提高质量更为快捷有效。

4. 总质量成本管理体系

总质量成本（Total Quality Cost，TQC）管理是一种将质量管理与成本控制相结合的管理方法。TQC 的目标是通过降低质量相关的成本来提高组织的经济效益，包括预防成本、鉴定成本、内部故障成本和外部故障成本。通过有效的 TQC，可以减少浪费、提高效率，并最终提升顾客满意度。

ISO 体系和 6Sigma 体系等国际标准的引入和应用，提升了我国建筑工程质量管理的国际化水平，有助于提高国际竞争力。全面质量管理（TQM）等理念的推广，促进了建筑工程质量管理的持续改进和创新。

通过本任务学习，学生能够系统地掌握建筑工程质量管理的知识与技能，为提升建筑工程质量、保障人民生命财产安全贡献力量。

任务三　建筑工程质量管理体系

课前认知

建筑工程质量管理体系

前面已学习了质量体系与相关标准要求，本任务主要介绍项目质量体系、项目质量管理的流程、项目质量管理的具体工作内容等。通过本任务的学习，学生可了解建筑工程质量管理体系的基础知识，为后面的学习和实践奠定坚实的基础。

理论学习

一、项目质量体系

1. 项目质量体系的定义

项目质量体系是指为了实施质量管理的组织机构、职责、程序、过程和资源的一种特定体系。

2. 项目质量体系的分类

项目质量体系分为质量管理体系和质量保证体系两类。

（1）质量管理体系是指一个组织不论是否处于合同环境或同时处于合同环境与非合同环境之中，在组织内部为了实施持续有效的质量控制所建立的内部质量体系。

（2）质量保证体系是指组织在合同环境下为满足顾客特定的产品或服务的外部质量要求，并向顾客证实质量保证能力的质量体系。

质量保证体系并非组织自身开展质量管理的固定需要，主要是为了满足第二方和第三方的需要。质量管理体系应能广泛覆盖该组织的产品或服务，而质量保证体系的规定与要求，则必须通过实施内部质量体系方可得以落实和提供证据。

3. 项目质量体系的要素

（1）项目质量体系的结构要素：主要包括规定各级部门和人员的职责权限、组织结构、资源及人员、工作程序、技术状态管理。

（2）项目质量体系的选择要素：主要包括营销质量、规范和设计质量、采购质量、过程质量、过程控制、产品检验、控制检验测量及试验设备、控制不合格品、纠正措施、生产后的活动、质量记录、人员、产品安全、统计方法应用。

二、项目质量管理的流程

施工质量控制应贯彻全面、全员、全过程质量管理的思想，运用动态控制原理，进行事前质量控制、事中质量控制和事后质量控制。

（1）事前质量控制，即在正式施工前进行的事前主动质量控制，通过编制施工质量计划，明确质量目标，制定施工方案，设置质量管理点，落实质量责任，分析可能导致质量目标偏离的各种影响因素，针对这些影响因素制定有效的预防措施，防患于未然。

（2）事中质量控制，是指在施工质量形成过程中，对影响施工质量的各种因素进行全面的动态控制。事中质量控制包括质量活动主体的自我控制和他人监控的控制方式。

事中质量控制的目标是确保工序质量合格，杜绝质量事故的发生；控制的关键是坚持质量标准；控制的重点是对工序质量、工作质量和质量控制点的控制。

（3）事后质量控制，是指使不合格的工序或最终产品（包括单位工程或整个工程项目）不流入下道工序、不进入市场。事后质量控制包括对质量活动结果的评价、认定；对工序质量偏差的纠正；对不合格产品的整改和处理。

以上三大环节不是互相孤立和截然分开的，它们共同构成有机的系统过程，实质上也就是质量管理 PDCA 循环的具体化，在每一次滚动循环中不断提高，实现质量管理和质量控制的持续改进。

三、项目质量管理的具体工作内容

1. 施工生产要素的质量控制

（1）施工人员的质量控制。

施工人员的质量包括参与工程施工各类人员的施工技能、文化素养、生理体能、心理行为等方面的个体素质，以及经过合理组织和激励发挥个体潜能综合形成的群体素质。

（2）原材料、半成品及工程设备的质量控制。

原材料、半成品及工程设备是工程实体的构成部分，其质量是项目工程实体质量的基础。加强原材料、半成品及工程设备的质量控制，不仅是提高工程质量的必要条件，也是实现工程项目投资目标和进度目标的前提。

（3）工艺方案的质量控制。

施工工艺的先进合理性是直接影响工程质量、工程进度及工程造价的关键因素，施工工艺的合理可靠性也直接影响工程施工安全。因此，在工程项目质量控制系统中，制定和采用技术先进、经济合理、安全可靠的施工技术工艺方案，是工程质量控制的重要环节。

（4）施工机械设备的质量控制。

施工机械设备是所有施工方案和工法得以实施的重要物质基础，合理选择和正确使用施工机械设备是保证施工质量的重要措施。

（5）施工环境因素的质量控制。

施工环境因素主要包括施工现场自然环境因素、施工质量管理环境因素和施工作业环境因素。

施工环境因素对工程质量的影响，具有复杂多变和不确定性的特点，有明显的风险特性。要降低其对施工质量的不利影响，主要采取预测、预防的风险控制方法。

2. 施工准备的质量控制

（1）施工技术准备工作的质量控制。

施工技术准备是指在正式开展施工作业活动前进行的技术准备工作。其包括对技术准备工作成果的复核审查，检查这些成果是否符合设计图纸和施工技术标准的要求；依据经过审批的质量计划审查，完善施工质量控制措施；针对质量控制点，明确质量控制的重点对象和控制方法；尽可能地提高上述工作成果对施工质量的保证程度等。

（2）现场施工准备工作的质量控制。

1）计量控制。计量控制包括施工生产时的投料计量、施工测量、监测计量，以及对项目、产品或过程的测试、检验、分析计量等。开工前要建立和完善施工现场计量管理的规章制度；明确计量控制责任者和配置必要的计量人员；严格按规定对计量器具进行维修和校验；统一计量单位，组织量值传递，保证量值统一，从而保证施工过程中计量的准确。

2）测量控制。在开工前，施工单位应编制测量控制方案，经项目技术负责人批准后实施；要对建设单位提供的原始坐标点、基准线和水准点等测量控制点进行复核，并将复核结果上报监理工程师审核并批准后，施工单位才能建立施工测量控制网，进行工程定位和标高基准的控制。

3）施工平面图控制。建设单位事先划定并提供施工用地和现场临时设施用地的范围，协调平衡和审查批准各施工单位的施工平面设计。施工单位要严格按照批准的施工平面布置图，科学合理地使用施工场地。

3. 施工过程的质量控制

（1）技术交底。

技术交底书应由施工项目技术人员编制，并经项目技术负责人批准实施。技术交底的内容主要包括任务范围、施工方法、质量标准、验收标准、施工中应注意的问题、可能出现意外的预防措施及应急方案、文明施工和安全防护措施及成品保护要求等。

（2）测量控制。

在施工过程中，应对设置的测量控制点、线进行妥善保护，不准擅自移动。施工过程中必须认真进行施工测量复核工作，其复核结果应报送监理工程师审核确认后，方能进行后续相关工序的施工。

（3）工序施工质量控制。

工序是人、材料、机械设备、施工方法和环境因素对工程质量起综合作用的过程，所以对施工过程的质量控制必须以工序作业质量控制为基础和核心。工序施工质量控制包括工序施工条件质量控制和工序施工效果质量控制。

施工过程质量检测试验的内容应依据国家现行相关标准、设计文件、合同要求和施工质量控制的需要来确定。

（4）施工作业质量自控。

施工作业质量自控过程是由施工作业组织成员进行的，其基本的控制程序包括作业技术交底，作业活动的实施和作业质量的自检自查、互检互查，以及专职管理人员的质量检查等。

（5）施工作业质量监控。

为了保证项目质量，建设单位、监理单位、设计单位及政府的工程质量监督部门，在施工阶段依据法律法规和工程施工承包合同，对施工单位的质量行为和项目实体质量实施监督控制。

1）质量检查的内容。

①开工前的检查。主要检查是否具备开工条件，开工后是否能够保持连续正常施工，能否保证工程质量。

②工序交接的检查。对于重要的工序或对工程质量有重大影响的工序，应严格执行“三检”制度（即自检、互检、专检），未经监理工程师（或建设单位技术负责人）检查认可，不得进行下道工序的施工。

③隐蔽工程的检查。施工中凡是隐蔽工程必须经检查认证后方可进行隐蔽掩盖。

④停工后复工的检查。因客观因素停工或处理质量事故等停工后复工的，经检查认可后方能复工。

⑤分项、分部工程完工后的检查。应经检查认可，并签署验收记录后，才能进行下一工程项目的施工。

⑥成品保护的检查。检查成品有无保护措施及保护措施是否有效可靠。

2）质量检查的方法。

①目测法。即凭借感官进行检查，也称观感质量检验，其手段可概括为“看、摸、敲、照”四个字。

看，就是根据质量标准要求进行外观检查，例如，清水墙面是否洁净，喷涂的密实度和颜色是否良好、均匀，工人的操作是否正常，内墙抹灰的大面及口角是否平直，混凝土外观是否符合要求等。

摸，就是通过触摸进行手感检查、鉴别，如油漆的光滑度，浆活是否牢固、不掉粉等。

敲，就是运用敲击工具进行音感检查，例如，对地面工程、装饰工程中的水磨石、面砖、石材饰面等，均应进行敲击检查。

照，就是通过人工光源或反射光照射，检查难以看到或光线较暗的部位，例如，管道井、电梯井等内部管线和设备安装质量，装饰吊顶内连接及设备安装质量等。

②实测法。就是通过实测数据与施工规范、质量标准的要求及允许偏差值进行对照，以此判断质量是否符合要求，其手段可概括为“靠、量、吊、套”四个字。

靠，就是用直尺、塞尺检查墙面、地面、路面等的平整度。

量，就是用测量工具和计量仪表等检查断面尺寸、轴线、标高、湿度、温度等的偏差，例如，大理石板拼缝尺寸、摊铺沥青拌合料的温度、混凝土的坍落度等。

吊，就是利用托线板及线坠吊线检查垂直度，如砌体垂直度检查、门窗的安装等。

套，就是以方尺套方，辅以塞尺检查，例如，对阴阳角的方正、踢脚线的垂直度、预制构件的方正、门窗口及构件对角线的检查等。

③试验法。就是通过必要的试验手段对质量进行判断的检查方法，主要包括以下内容：

理化试验。工程中常用的理化试验包括物理力学性能的检验和化学成分及化学性能的测定两个方面。物理力学性能方面的检验，包括各种力学指标的测定，如抗拉强度、抗压强度、抗弯强度、抗折强度、冲击韧性、硬度、承载力等，以及各种物理性能方面的测定，如密度、含水量、凝结时间、安定性及抗渗、耐磨、耐热性能等。化学成分及化学性能的测定，包括钢筋中的磷、硫含量，混凝土粗集料中的活性氧化硅成分，以及耐酸、耐碱、抗腐蚀性等。此外，根据规定有时还需进行现场试验，例如，对桩或地基的静载试验、下水管道的通水试验、压力管道的耐压试验、防水层的蓄水或淋水试验等。

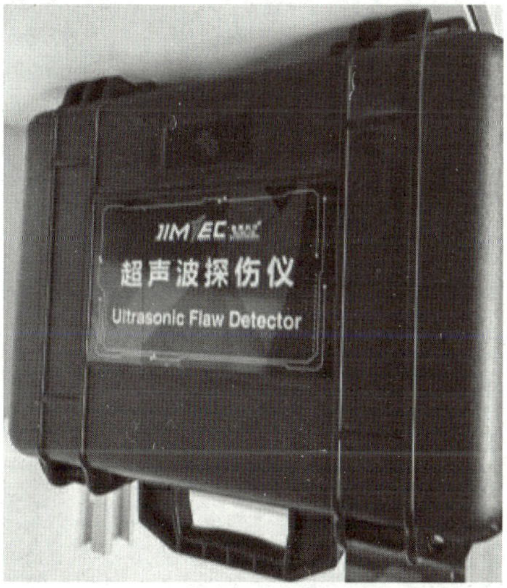

图 1-3-1 超声波探伤仪

无损检测。利用专门的仪器仪表（如超声波探伤仪，见图 1-3-1）从表面探测结构物、材料、设备的内部组织结构或损伤情况。常用的无损检测方法有超声波探伤、X 射线探伤、γ 射线探伤等。

④技术核定与见证取样送检。

技术核定。在建筑工程项目施工过程中，因施工方对施工图纸的某些要求不太明白，或图纸内部存在某些矛盾，或工程材料调整与代用，改变建筑节点构造、管线位置或走向等，需要通过设计单位核准确认的，施工方必须以技术核定单的方式向监理工程师提出，报送设计单位核准确认。

见证取样送检。为了保证建筑工程质量，我国规定对工程所使用的主要材料、半成品、构配件及施工过程留置的试块、试件等应进行现场见证取样送检。见证人员由建设单位及工程监理机构中有相关专业知识的人员担任；送检的试验室应具备经国家或地方工程检验检测主管部门核准的相关资质；见证取样送检必须严格按执行规定的程序进行，包括取样见证并记录、为样本编号、填单、封箱、送试验室、核对、交接、试验检测、报告等。

检测机构应当建立档案管理制度。检测合同、委托单、原始记录、检测报告应当按年度统一编号，编号应当连续，不得随意抽撤、涂改。

（6）隐蔽工程验收与施工成品质量保护。

1）隐蔽工程验收。凡被后续施工所覆盖的施工内容，如地基基础工程、钢筋工程、预埋管线等均属隐蔽工程。其程序要求施工方首先应完成自检并合格，然后填写专用的《隐蔽工程验收单》；事先通知监理机构及有关部门，按约定时间进行验收。

2）施工成品质量保护。其目的是避免已完成施工成品受到来自后续施工及其他方面的污染或损坏。成品形成后可采取防护、覆盖、封闭、包裹等相应措施进行保护。

4. 施工质量与设计质量的协调

（1）项目设计质量的控制。

项目设计质量的控制主要是从满足项目建设需求入手，包括国家相关法律法规、强制性标准和合同规定的明确需求及潜在需求，以使用功能和安全可靠性为核心，进行项目功能性、项目可靠性、项目观感性、项目经济性、项目施工可行性等质量控制。

（2）施工与设计的协调。

从项目施工质量控制的角度来说，项目建设单位、施工单位和监理单位，都要注重施工与设计的协调。这个协调工作主要包括设计联络、设计交底和图纸会审、设计现场服务和技术核定、设计变更。

项目二

建筑工程分部质量管理

学习目标

1. 知识目标

（1）掌握土石方和地基工程质量控制要点；

（2）掌握混凝土和砌体工程质量控制要点；

（3）掌握钢结构工程质量控制要点；

（4）了解保温层和防水层的主要内容；

（5）掌握装饰装修分部质量控制要点和验收内容；

（6）掌握给排水系统施工质量管控要点及通病防治；

（7）掌握电气分部工程施工阶段管控要点及通病防治；

（8）掌握通风分部施工质量管控要点及常见质量问题防治方法；

（9）掌握智能化分部工程施工阶段管控要点及常见质量问题防治方法；

（10）掌握建筑节能分部工程节能工程设计和质量管控要点；

（11）掌握电梯工程质量管理重点。

2. 技能目标

（1）能够按照地基与基础质量控制要点，进行现场工程质量检查；

（2）能够按照主体结构施工质量控制要点，进行施工质量检查；

（3）能够按照屋面、装饰装修、给排水及采暖施工、电气、通风、智能化、建筑节能等施工技术及质量控制要点，进行施工质量检查。

3. 素养目标

（1）培养建筑工程质量管理技能、意识和专业素养；

（2）提升解决实际工程项目质量管理的能力。

学习重点

（1）地基与基础工程质量控制要点；

（2）混凝土和砌体工程质量控制要点；

（3）钢结构工程质量控制要点；

（4）装饰装修分部质量控制要点和验收内容；

（5）给排水系统施工质量管控要点及验收要求；

（6）给排水系统常见质量问题及通病防治；

（7）电气分部工程施工阶段管控要点及验收要求；

（8）电气分部工程常见质量问题及通病防治；
（9）通风分部施工质量管控要点及验收要求；
（10）通风分部工程常见质量问题及防治；
（11）智能化分部工程施工阶段管控要点及验收要求；
（12）智能化分部工程常见质量问题及防治；
（13）建筑节能分部工程节能工程设计和质量管控要点；
（14）电梯工程质量管理重点。

学习难点

（1）基础工程质量控制要点；
（2）混凝土和砌体工程质量控制要点；
（3）钢结构工程质量控制要点；
（4）给排水系统施工质量管控要点；
（5）电气分部工程施工阶段管控要点；
（6）通风分部施工质量管控要点；
（7）智能化分部工程施工阶段管控要点；
（8）建筑节能分部工程节能工程设计和质量管控要点。

任务描述

（1）按照地基与基础质量控制要点，检验评定地基承载力和基础强度；
（2）按照主体结构施工质量控制要点，检验评定混凝土和砂浆强度；
（3）按照屋面、装饰装修、给排水及采暖施工、电气、通风、智能化、建筑节能等施工技术及质量控制要点，检验评定施工质量。

任务一　地基基础质量管理

课前认知

独立基础模板钢筋捆扎施工流程

本任务主要介绍土石方工程、地基工程、基础工程等质量控制要点。

理论学习

一、土石方工程质量控制要点

土石方工程，包括一切土石方的开挖、填筑、运输、排水及降水等方面，具体有场地平整、路基开挖、地下室开挖、地坪填土、路基填筑及基坑回填。

1. 土石方开挖

（1）开挖施工前，应完成支护结构、地面排水、地下水控制、基坑及周边环境监测、施工条件验收和应急预案准备等工作的验收，合格后方可进行土石方开挖。

（2）施工前应检查支护结构质量、定位放线、排水和地下水控制系统，以及对周边影响范围内地下管线和建筑物保护措施的落实。

（3）施工中应检查平面位置、水平标高、边坡坡率、压实度、排水系统、地下水控制系统、分层开挖厚度、支护结构变形情况，并随时观测周围环境变化。

（4）施工后应检查平面几何尺寸、水平标高、边坡坡率、表面平整度和基底土性等。

2. 土石方回填

（1）施工前应检查基底的垃圾、树根等杂物清除情况，测量基底标高、边坡坡率，检查验收基础外墙防水层和保护层等。回填料应符合设计要求，并应确定回填料含水量控制范围、铺土厚度、压实遍数等施工参数。

（2）施工中应检查排水系统，每层填筑厚度、辗迹重叠程度、含水量控制、回填土有机质含量、压实系数等。

（3）填方工程质量检验标准应符合柱基、基坑、基槽、管沟、地（路）面基础层、场地平整等填方工程质量检验标准的规定。

二、地基工程质量控制要点

地基工程主要包括素土、灰土地基，砂和砂石地基，土工合成材料地基，强夯地基，砂石桩复合地基，水泥土搅拌桩复合地基。下面简单介绍一下砂石桩复合地基和水泥土搅拌桩复合地基质量控制要点。

1. 砂石桩复合地基

砂石桩复合地基质量控制要点：（1）施工前应检查砂石料的含泥量及有机质含量；（2）施工中应检查每根砂石桩的桩位、填料量、标高、垂直度；（3）施工结束后，应进行复合地基承载力、桩体密实度等相关检验。

2. 水泥土搅拌桩复合地基

水泥土搅拌桩复合地基质量控制要点：（1）施工前应检查水泥及外掺剂的质量、桩位、搅拌机的工作性能；（2）施工中应检查机头提升速度、水泥浆或水泥注入量、搅拌桩的长度及标高；（3）施工结束后，应检验桩体的强度和直径，以及单桩与复合地基的承载力。

三、基础工程质量控制要点

基础工程主要包括无筋扩展基础、钢筋混凝土扩展基础、筏形与箱形基础、钢筋混凝土预制桩基础、泥浆护壁成孔灌注桩基础和钢桩基础等。

1. 无筋扩展基础

无筋扩展基础质量控制要点：（1）施工前应对放线尺寸进行检验；（2）施工中应对砌筑质量、砂浆强度、轴线及标高等进行检验；（3）施工结束后，应对混凝土强度、轴线位置、基础顶面标高等进行检验；（4）无筋扩展基础质量检验标准应符合相关规定。

2. 钢筋混凝土扩展基础

钢筋混凝土扩展基础质量控制要点：（1）施工前应对放线尺寸进行检验；（2）施工中应对钢筋、模板、混凝土、轴线等进行检验；（3）施工结束后，应对混凝土强度、轴线位置、基础顶面标高进行检验。

3. 筏形与箱形基础

筏形与箱形基础质量控制要点：（1）施工前应对放线尺寸进行检验；（2）施工中应对轴线、预埋件、预留洞中心线位置、钢筋位置及钢筋保护层厚度进行检验；（3）施工结束后，应对筏形与箱形基础的混凝土强度、轴线位置、基础顶面标高及平整度进行验收。

4. 钢筋混凝土预制桩基础

钢筋混凝土预制桩基础质量控制要点：（1）施工前应检验成品桩构造尺寸及外观质量；（2）施工中应检验接桩质量、锤击及静压的技术指标、垂直度及桩顶标高等；（3）施工结束后应对承载力及桩身完整性等进行检验。

5. 泥浆护壁成孔灌注桩基础

泥浆护壁成孔灌注桩基础质量控制要点：（1）施工前应检验灌注桩的原材料及桩位处的地下障碍物处理资料；（2）施工中应对成孔、钢筋笼制作与安装、水下混凝土灌注等各项质量指标进行检查验收；（3）施工后应对桩身完整性、混凝土强度及承载力进行检验。

混凝土搅拌桩

6. 钢桩基础

钢桩基础质量控制要点：（1）施工前应对桩位、成品桩的外观质量进行检验；（2）施工中应进行打入（静压）深度、收锤标准、终压标准及桩身（架）垂直度检查，接桩质量、接桩间歇时间及桩顶完整状况检查，电焊质量检查，锤击数、贯入度、桩顶标高、桩尖标高等检查；（3）施工结束后应进行承载力检验。

任务二　主体结构质量管理

课前认知

本任务主要介绍混凝土工程、砌体工程和钢结构工程质量控制要点。通过学习，学生可了解主体结构分部质量管理基础知识。

装配式外墙板制作

理论学习

一、混凝土工程质量控制要点

混凝土工程主要包括模板、钢筋、混凝土、现浇结构等分项工程。

1. 模板分项工程

（1）一般规定。

模板分项工程应编制施工方案及爬升式、工具式、高大模板支架工程的施工方案，还应按有关规定进行技术论证。模板及支架应根据安装、使用和拆除工况进行设计，并满足承载力、刚度和整体稳固性要求。

梁支模

（2）模板安装。

1）主控项目：①进场时应抽样检验模板和支架材料的外观、规格和尺寸；②现浇混凝土结构模板及支架的安装质量应符合现行国家有关标准的规定和施工方案的要求；③后浇带处的模板及支架应独立设置，全数检查；④支架竖杆和竖向模板安装在土层上时，土层应坚实、平整。

2）一般项目：①模板安装质量应符合规定，即模板的接缝应严密；模板与混凝土的接触面应平整、清洁；②隔离剂不得影响结构性能及装饰施工；③模板的起拱应符合现行国家标准规定和设计、施工方案的要求。

2. 钢筋分项工程

（1）一般规定。

浇筑混凝土之前，应进行钢筋隐蔽工程验收。

框架梁

（2）材料。

1）主控项目：钢筋和成型钢筋进场时，应抽取试件做屈服强度、抗拉强度、伸长率、弯曲性能和重量偏差检验。2）一般项目：钢筋应平直、无损伤，表面不得有裂纹、油污、颗粒状或片状老锈；成型钢筋的外观质量和尺寸偏差应符合现行国家相关标准规定。

（3）钢筋连接。

1）主控项目：钢筋的连接方式、连接接头及焊接接头的力学性能与弯曲性能应符合相关标准规定。2）一般项目：钢筋接头的位置及外观质量、箍筋的设置应符合设计要求和行业标准规定。

悬挑梁

（4）钢筋安装。

1）主控项目：受力钢筋的牌号、规格、数量、安装位置、锚固方式应符合设计要求。2）一般项目：钢筋安装允许偏差及检验方法应符合相关规定。

约束边缘端柱

3. 混凝土分项工程

（1）一般规定。

混凝土强度应按现行规定分批检验评定，划入同一检验批的混凝土，施工持续时间不宜超过 3 个月，检验评定混凝土强度采用 28d 或设计规定龄期的标准养护试件；采用非标准尺寸试件应乘以尺寸折算系数。

（2）材料。

1）主控项目：水泥进场时，应对其品种、代号、强度等级、包装、出厂日期、水泥强度、安定性和凝结时间进行检验；混凝土外加剂进场时，应对其品种、性能、出厂日期及外加剂相关性能指标进行检验。2）一般项目：混凝土矿物掺合料进场时，应对其品种、性能、出厂日期及矿物掺合料相关技术指标进行检验；混凝土原材料中的粗集料、细集料质量，再生混凝土集料，混凝土拌制及养护用水应符合现行行业标准规定。

（3）混凝土施工。

1）主控项目：混凝土的强度等级应符合设计要求。2）一般项目：后浇带和施工缝的留设及处理方法、混凝土浇筑后养护时间及养护方法应符合施工方案要求。

4. 现浇结构分项工程

（1）主控项目：现浇结构外观质量不应有严重缺陷；现浇结构不应有影响结构性能或使用功能的尺寸偏差。

（2）一般项目：现浇结构的外观质量不应有一般缺陷；现浇结构的位置、尺寸允许偏差及检验方法应符合相关规定。

二、砌体工程质量控制要点

砌体工程主要包括砖砌体、石砌体、混凝土小型空心砌块砌体等分项工程。

1. 砖砌体分项工程

（1）一般规定：用于清水墙、柱表面的砖，应边角整齐、色泽均匀；砌体砌筑时，混凝土块体产品龄期不应少于 28 天；不同品种的砖不得在同一楼层混砌等。

（2）主控项目：砖和砂浆的强度等级必须符合设计要求；砌体灰缝砂浆应密实饱满等。

（3）一般项目：砖砌体组砌方法应正确，内外搭砌、上下错缝；砖砌体的灰缝应横平竖直、厚薄均匀等。

2. 石砌体分项工程

三顺一丁承重墙

（1）一般规定：石砌体采用的石材应质地坚实、无裂纹、无明显风化剥落；石材表面的泥垢、水锈等杂质，砌筑前应清除干净；砌筑毛石基础的第一皮石块应坐浆，并将大面向下等。

（2）主控项目：石材及砂浆强度等级应符合设计要求；砌体灰缝的砂浆饱满度不应低于 80%。

（3）一般项目：石砌体尺寸、位置的允许偏差及检验方法，石砌体的组砌形式应符合相关规定。

3. 混凝土小型空心砌块砌体分项工程

（1）一般规定：施工前，应按房屋设计图编绘小砌块平、立面排块图，并按排块图施工；施工采用的小砌块产品龄期不应少于 28 天。

（2）主控项目：小砌块和芯柱混凝土、砌筑砂浆的强度等级应符合设计要求；砌体水平灰缝的砂浆饱满度，应按净面积计算不得低于 90%；竖向灰缝的砂浆饱满度不得低于 80%；竖向凹槽部位应用砂浆填实，不得出现瞎缝、透明缝。

（3）一般项目：砌体的水平灰缝厚度和竖向灰缝宽度宜为 10mm；小砌块砌体尺寸、位置的允许偏差应符合规范要求。

三、钢结构工程质量控制要点

钢结构工程主要包括原材料，焊接工程，单层、多高层钢结构安装工程等。

1. 原材料

（1）一般规定。

钢结构（见图 2-2-1）用主要材料、零（部）件、成品件、标准件等产品应进行进场验收；进场验收检验批的划分原则宜与各分项工程检验批一致，或根据工程规模及进料实际情况来划分检验批。

（2）钢板。

1）主控项目：钢板的品种、规格、性能及见证抽样复验结果等应符合国家现行标准规定并满足设计要求。

2）一般项目：钢板厚度及其允许偏差、钢板平整度、钢板表面外观质量等应符合国家现行标准规定。

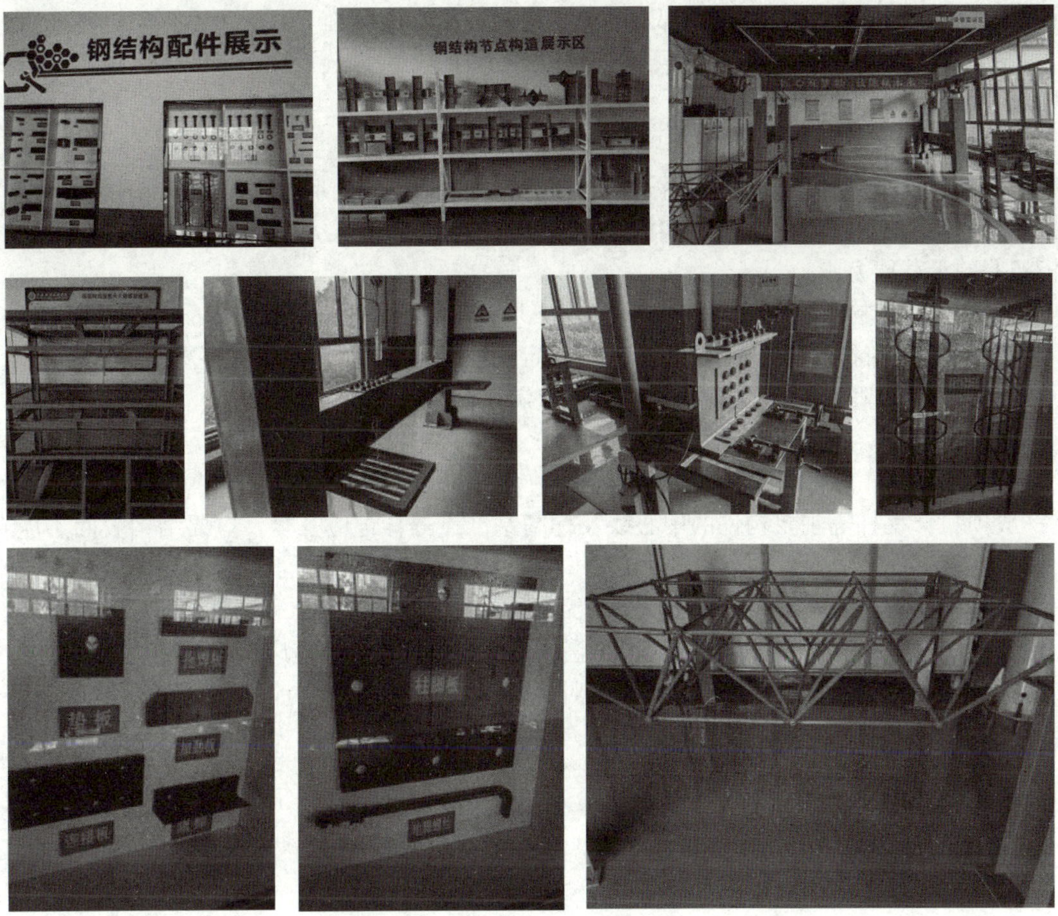

图 2-2-1　钢结构

（3）焊接材料。

1）主控项目：焊接材料的品种、规格、性能及抽样复验结果，应符合国家现行标准规定并满足设计要求。

2）一般项目：①焊钉及焊接瓷环的规格、尺寸及允许偏差，焊钉机械性能和焊接性能复验结果应符合国家现行标准规定并满足设计要求；②焊条不应有药皮脱落、焊芯生锈等缺陷，焊剂不应受潮结块。

（4）连接用紧固标准件。

1）主控项目：钢结构连接用高强度螺栓扭矩系数和紧固轴力检验、拉力载荷试验，应符合国家现行标准规定并满足设计要求。

2）一般项目：①高强度螺栓镀层厚度应满足设计要求；②高强度螺栓、螺母、垫圈表面不应生锈和沾染脏物；③普通螺栓、射钉、锚栓、地脚锚栓等紧固标准件及螺母、垫圈等，其品种、规格、性能等应符合国家现行产品标准规定。

2. 焊接工程

（1）一般规定。

钢结构焊接工程的检验批可划分为一个或若干个检验批；焊缝冷却到环境温度后方可进行外观检测；焊缝施焊后应做出标志。

（2）钢构件焊接工程。

1）主控项目：焊接材料与母材应匹配；严禁无证焊工施焊；根据焊接工艺规程进行全过程质量控

制；设计要求的一、二级焊缝应进行内部缺陷无损检测。

2）一般项目：焊缝外观质量及尺寸要求应符合规定。

3. 单层、多高层钢结构安装工程

（1）一般规定。

钢结构安装检验批应在原材料及构件进场验收合格的基础上进行验收。结构安装测量校正、高强度螺栓连接副、冬雨期施工及焊接，应在实施前制定相应的施工工艺或方案；安装时施工荷载等，严禁超过梁、桁架等的承载能力。

（2）基础和地脚螺栓（锚栓）。

1）主控项目：建筑物的定位轴线、基础上柱的定位轴线和标高应满足设计要求。

2）一般项目：地脚螺栓（锚栓）规格、位置应满足设计要求和保护措施。

（3）钢柱安装。

1）主控项目：钢柱几何尺寸应满足设计要求。

2）一般项目：钢柱等主要构件的中心线及标高基准点等标记应齐全，主要结构表面不应有疤痕、泥沙等。

（4）主体钢结构。

1）主控项目：主体钢结构整体立面偏移和整体平面弯曲的允许偏差应符合相关规定。

2）一般项目：主体钢结构总高度可按相对标高或设计标高进行控制，其允许偏差应符合相关规定。

任务三　屋面质量管理

课前认知

本任务主要介绍找坡层、找平层、隔离层、板状材料保温层、卷材防水层等主要内容。通过学习，学生可了解屋面质量管理的基础知识。

理论学习

一、找坡层和找平层

1. 一般规定

（1）装配式钢筋混凝土板的板缝嵌填施工，应符合下列要求：

1）嵌填混凝土模板缝时应清理干净并保持湿润；2）当板缝宽度大于 40mm 或上窄下宽时，板缝内应按设计要求配置钢筋；3）板端缝应按设计要求增加防裂的构造措施。

（2）找坡层宜采用轻骨料混凝土、水泥砂浆或细石混凝土；找坡材料应分层铺设和适当压实，表面应平整。

2. 主控项目

找坡层和找平层所用材料的质量及配合比、排水坡度，应符合设计要求。

3. 一般项目

找平层应抹平、压光；卷材防水层的基层与凸出屋面结构的交接处，找平层应做成圆弧形且整齐平顺。

二、隔离层

1. 一般规定

（1）块体材料、水泥砂浆或细石混凝土保护层与卷材、涂膜防水层之间，应设置隔离层。（2）隔离层可采用干铺塑料膜、土工布、卷材或铺抹低强度等级砂浆。

2. 主控项目

（1）隔离层所用材料的质量及配合比应符合设计要求。（2）隔离层不得有破损和漏铺现象。

3. 一般项目

（1）塑料膜、土工布、卷材应铺设平整。（2）低强度等级砂浆表面应压实、平整，不得有起壳、起砂现象。

三、板状材料保温层

1. 一般规定

（1）板状材料保温层采用干铺法施工时，板状保温材料应紧靠在基层表面上铺平垫稳；分层铺设的板块上下层接缝应相互错开，板间缝隙应采用同类材料的碎屑嵌填密实。

（2）板状材料保温层采用粘贴法施工时，胶粘剂应与保温材料的材性相容，并贴严、粘牢。

2. 主控项目

板状保温材料的质量、厚度应符合设计要求。

3. 一般项目

板状保温材料铺设应紧贴基层，铺平垫稳。

四、卷材防水层

1. 一般规定

当屋面坡度大于25%时，卷材应采取满粘和钉压固定措施；卷材铺贴方向、搭接缝，冷（热）粘法、热熔法、自粘法、焊接法、机械固定法等铺贴卷材应符合规定要求。

高聚物改性沥青防水卷材

2. 主控项目

卷材防水层不得有渗漏和积水现象；防水卷材及配套材料的质量，卷材防水层在檐口、檐沟、天沟、水落口、泛水、变形缝和伸出屋面管道的防水构造，应符合设计要求。

3. 一般项目

卷材的搭接缝应严密；卷材防水层的铺贴方向应正确；屋面排气道应纵横贯通，安装牢固。

任务四　装饰装修质量管理

课前认知

本任务主要介绍装饰装修分部质量控制依据，装饰装修分部质量控制要点和验收内容等。通过学习，学生可了解装饰装修质量管理基础知识（室内装饰装修结构见图2-4-1）。

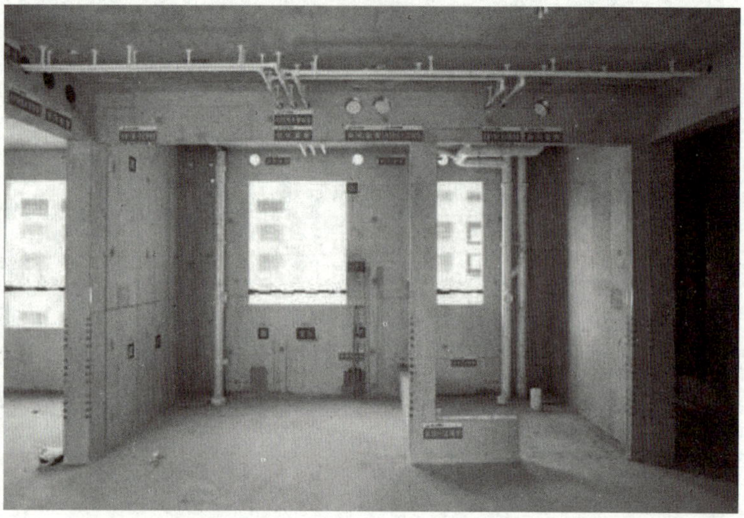

图 2-4-1　室内装饰装修结构

理论学习

一、装饰装修分部质量控制要点

装饰装修分部质量控制的主要依据是《建筑装饰装修工程质量验收标准》GB 50210—2018、《建筑工程施工质量验收统一标准》GB 50300—2013 等。

1. 基本要求

（1）应出具完整的施工图设计文件、主体和承重结构设计方案。

（2）防火、防雷、抗震、防冻、防毒等符合安全规定。

（3）装修前对基层进行处理。

（4）管道、设备安装及调试应在施工前完成。

（5）隐蔽工程验收应有记录、照片等。

2. 抹灰工程

（1）验收时检查抹灰工程的施工图、设计说明，材料的产品合格证书、性能检验报告、进场验收记录，隐蔽工程验收记录，施工记录。

（2）复检砂浆的拉伸粘结强度、聚合物砂浆的保水率。

（3）防水、防潮时，应采用防水砂浆。

（4）无脱层、空鼓、爆灰、裂缝等情况。

3. 外墙防水工程

（1）验收时增加检查内容，包括施工方案及安全技术措施文件、雨后或现场淋水检验记录、施工单位资质证书、操作人员上岗证书。

（2）复验防水砂浆的粘结强度和抗渗性能、防水涂料的低温柔性和不透水性、防水透气膜的不透水性。

（3）涂膜防水层不得有流坠、露底、气泡、皱折和翘边等缺陷。

4. 门窗工程

（1）验收时检查特种门及其配件的生产许可文件。

（2）复验人造木板门的甲醛释放量及建筑外窗的气密性能、水密性能、抗风压性能等。

5. 吊顶工程

（1）吊顶的标高、尺寸、起拱和造型符合设计要求。

（2）面层材料的材质、品种、规格、图案、颜色、性能应符合设计要求和标准规定。

6. 轻质隔墙工程

（1）隐蔽工程验收，包括骨架隔墙中设备管线的安装及水管试压、木龙骨防火和防腐处理等。

（2）检验批，如板材隔墙、骨架隔墙（每批 10%，3 间）、活动隔墙、玻璃隔墙（每批 20%，6 间）。

7. 饰面板工程

（1）验收时检查后置埋件的现场拉拔检验报告、满粘法施工的外墙石板和外墙陶瓷板粘结强度检验报告。

（2）复验室内用花岗石板的放射性、室内用人造木板的甲醛释放量、水泥基粘结料的粘结强度和外墙陶瓷板的吸水率等。

8. 饰面砖工程

（1）验收时检查外墙饰面砖施工前粘贴样板和外墙饰面砖粘贴工程饰面砖粘结强度检验报告。

（2）隐蔽工程应验收基层和基体及防水层。

9. 幕墙工程

（1）验收时应检查幕墙工程的施工图，所用材料、构件、组件、紧固件及其他附件的产品合格证书、性能检验报告、进场验收记录、复验报告，隐蔽工程验收记录，幕墙构件、组件和面板的加工制作检验记录，幕墙安装施工记录等。

（2）复验铝塑复合板的剥离强度，中空玻璃的密封性能，防火、保温材料的燃烧性能等。

（3）隐蔽工程验收预埋件或后置埋件、锚栓及连接件，幕墙四周、幕墙内表面与主体结构之间的封堵等。

10. 涂饰工程

（1）基层处理应符合下列规定：新建筑物的混凝土或抹灰基层，即有建筑墙面在用腻子找平或直接涂饰涂料前，应涂刷抗碱封闭底漆，或清除疏松的旧装修层等。

（2）厨房、卫生间墙面的找平层应使用耐水腻子。

11. 裱糊与软包工程

（1）验收时检查应增加饰面材料的样板及确认文件，饰面材料及封闭底漆、胶粘剂、涂料的有害物质限量检验报告等。

（2）石膏板基层、接缝及裂缝处应贴加强网布后再刮腻子。壁纸、墙布阴角处应顺光搭接，阳角处应无接缝。

12. 细部工程

（1）细部工程应对花岗石的放射性和人造木板的甲醛释放量进行复验。

（2）每部楼梯应划分一个检验批。护栏、扶手和室外花饰每个检验批应全数检查。

二、装饰装修分部工程质量验收

（1）检验批的合格判定：1）抽查样本均应符合标准主控项目的规定；2）抽查样本的 80% 以上应符合标准一般项目的规定。其余样本不得有影响使用功能或明显影响装饰效果的缺陷，其中有允许偏差的检验项目，其最大偏差不得超过标准规定允许偏差的 1.5 倍。

（2）当建筑工程只有装饰装修分部工程时，该工程应作为单位工程验收。

（3）室内环境质量应符合《民用建筑工程室内环境污染控制规范》GB 50325—2020 的规定。

任务五　给排水及采暖质量管理

课前认知

给排水分部工程施工质量直接关系到建筑物的使用功能和安全性。通过学习本任务，学生可了解给排水分部工程施工质量管控要点及验收要求，以及常见质量问题及通病防治。

课前认知：建筑给水系统

建筑给排水及采暖工程质量通病及防治措施 1

建筑给排水及采暖工程质量通病及防治措施 2

建筑给排水及采暖工程质量通病及防治措施 3

建筑给排水及采暖工程质量通病及防治措施 4

建筑给排水及采暖工程质量通病及防治措施 5

理论学习

一、给排水分部工程施工阶段质量管控要点

1. 给水系统施工质量管控要点

（1）给水管道安装（见图 2-5-1）。

生活给水系统所涉及的材料必须达到饮用水卫生标准；管道安装的支吊架预制加工形式正确，支吊架位置设置合理；管道安装完成后应进行强度和严密性试压等。

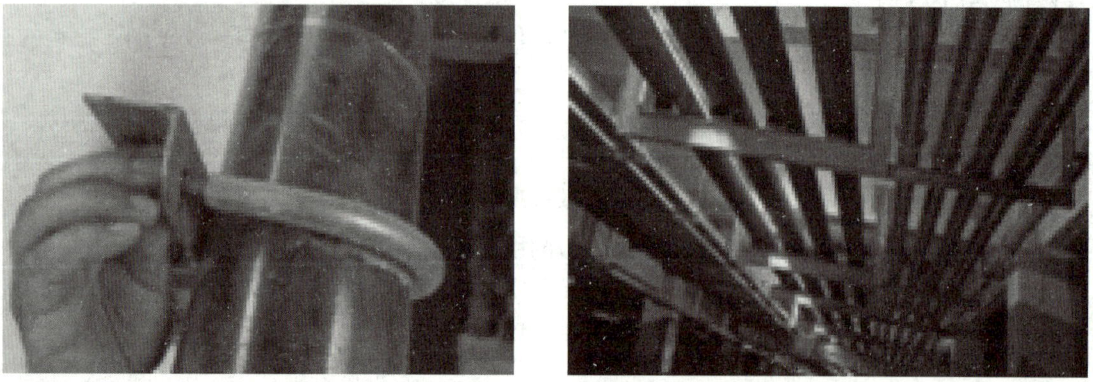

图 2-5-1　给水管道安装图

（2）阀门及配件安装（见图 2-5-2）。

核对阀门的规格、型号、材质，并确定安装方向；阀门安装前按照规范进行强度、严密性检验试验；阀门安装要便于操作、维修等。

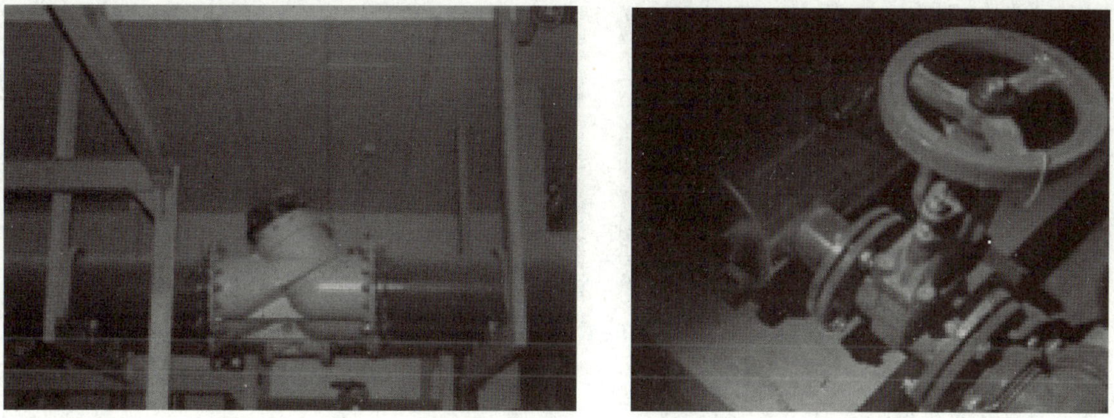

图 2-5-2　阀门及配件安装图

（3）水表安装。

水表安装前应当报送计量检定；水表进出水口前后安装的直线管段应符合规范要求；水表安装完后，要缓慢放水充满管道等。

（4）室内消火栓系统安装。

消火栓及配件应验收合格；消火栓箱门应开启灵活，开启方向为逃生方向、角度应大于 120°；消火栓栓口朝外且在门开启侧，即“开门见栓”。

消防管道

（5）末端试水装置安装（见图 2-5-3）。

末端试水装置类产品中的试水阀、试水喷嘴，应采用耐腐蚀性能不低于黄铜的金属材料制作；末端试水装置的出水，应采取孔口出流的方式排入排水管道；每个分区管网的供水最不利处必须设置末端试水装置，每个防火分区系统末端均需安装末端试水阀，且有明显标识。

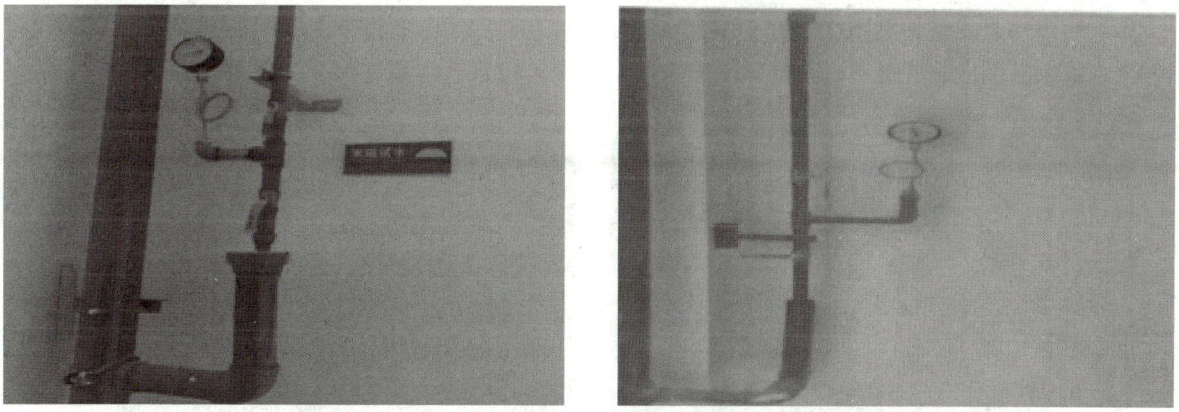

图 2-5-3　末端试水装置安装图

（6）报警阀安装。

报警阀应安装在便于操作的明显位置，确保易于接近和维护；水力警铃安装在公共通道或值班室的外墙上，警铃启动时，警铃声强度不小于 70dB；湿式报警阀应垂直安装，以确保其正常工作并符合设计要求。

（7）喷淋头安装（见图 2-5-4）。

喷淋头型号的选择及喷淋头的位置，应符合规范要求；喷淋头的装饰盖应与吊顶表面紧密贴合；安装完成后应对系统进行试压。

报警阀安装

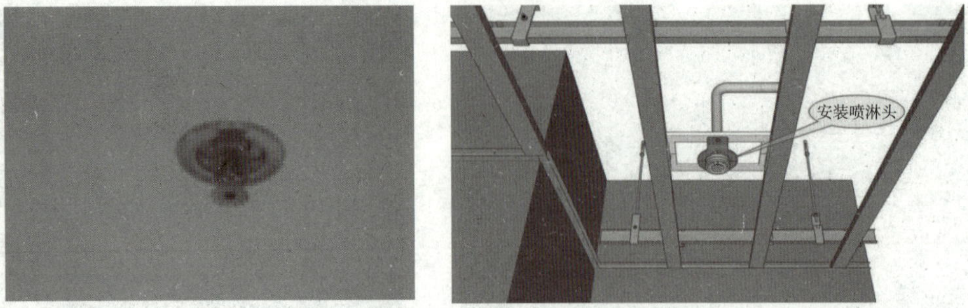

图 2-5-4　喷淋头安装图

（8）洁具安装（见图 2-5-5）。

主体结构施工阶段采用预埋止水节的方式预留洁具下水接口，砌体阶段预埋给水点。精装阶段安装蹲便器、台下盆，应注意安装事项及要求。

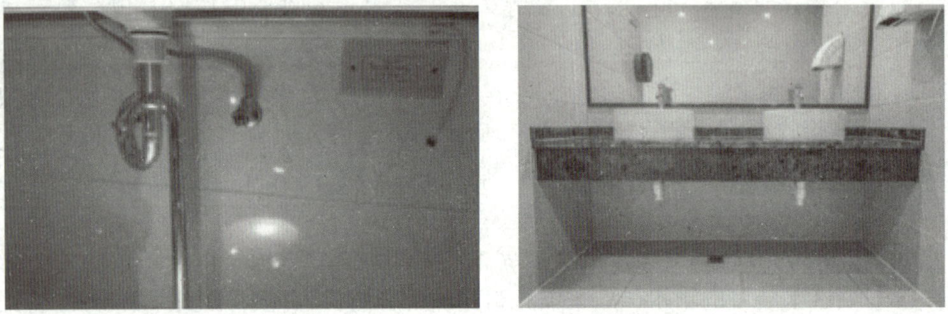

图 2-5-5　洁具安装图

（9）给水水泵安装（见图 2-5-6）。

给水水泵安装应综合排布，基础施工完成后对强度、位置、标高、尺寸、螺栓孔位置进行验收。

图 2-5-6　给水水泵安装图

（10）消防水泵安装（见图 2-5-7）。

消防水泵安装应进行水平度检测；水泵的进、出管道应有各自的支架；水泵吸入管变径连接时，采用偏心异径管件并采用管顶平接；水泵出水管变径连接时，采用同心异径管件并采用同轴连接。

（11）水箱安装（见图 2-5-8）。

连接件与箱体同材质，防电化学腐蚀；水箱应有明确标识，并说明水箱的有效容积和尺寸；密闭水箱（罐）的水压在试验 10min 内压力不降，不渗不漏。

图 2-5-7 消防水泵安装图

图 2-5-8 水箱安装图

（12）锅炉及辅助设备安装（见图 2-5-9）。

两台及两台以上锅炉共用一个烟囱时，每台锅炉的烟道上均应配备风阀或挡板装置；锅炉的汽、水系统安装完毕后，必须进行水压试验和特种设备验收。

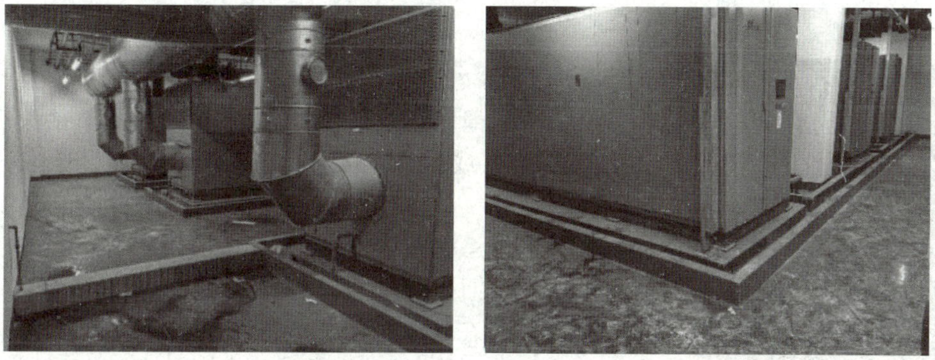

图 2-5-9 锅炉及辅助设备安装图

（13）建筑中水系统安装（见图 2-5-10）。

中水处理站应设置事故通风系统；中水用于多种用途时，应按不同用途水质标准进行分质处理；钢板池（箱）内、外壁及其附配件均应采取可靠的防腐蚀措施。

图 2-5-10 建筑中水系统安装图

2. 排水系统施工质量管控要点及验收要求

（1）排水系统施工质量管控要点。

1）排水管道安装（见图 2-5-11）。

检查口朝向应便于检修；管道坡度应满足设计或规范要求；安装未经消毒处理的含菌污水管道，不得与其他排水管道直接连接；采用塑料排水管时穿越防火分区位置需设置阻火圈。

2）雨水管道及配件安装（见图 2-5-12）。

雨水管道不得与生活污水管道相连接；雨水斗管的连接应固定在屋面承重结构上；雨水斗边缘与屋面相连处应严密不漏等。

图 2-5-11　排水管道安装图

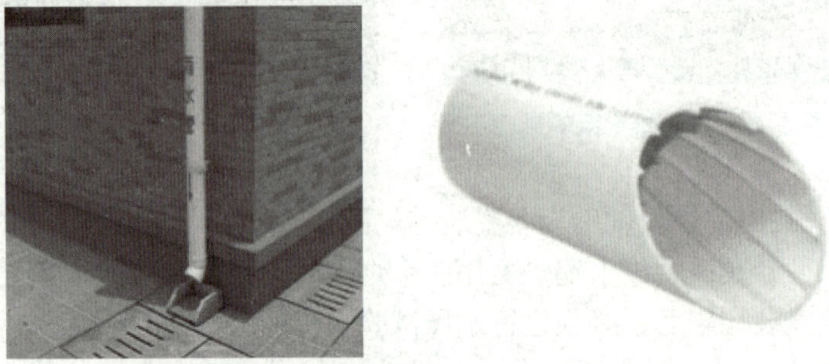

图 2-5-12　雨水管道及配件安装图

图 2-5-13　潜污泵安装图

3）潜污泵安装（见图 2-5-13）。

潜污泵与管路连接采用硬连接时必须加设软接头；潜污泵管道采用螺纹连接或沟槽连接，阀门连接方式应与管道系统安装方式一致。

（2）排水系统施工验收要求。

1）主控项目（排水）。

排水管道在隐蔽前必须做灌水试验；生活污水铸铁管道和塑料管道的坡度必须符合设计规定；排水塑料管要设伸缩节和通球试验。

2）主控项目（雨水排水）。

室内雨水管道安装后应做灌水试验；塑料雨水管道伸缩节安装应符合设计要求等。

二、常见质量问题及通病防治

1. 管道堵塞

存在问题：使用了不合格的产品，在安装前没有进行漏水、压力试验的抽检；施工过程不按图纸施工，违反设计要求、技术规范。

防治措施：施工前对进场材料进行严格的检验；在管道安装前，应疏通管腔，按设计图纸、技术规范规定进行安装。

2. 管道渗漏（见图 2-5-14）

图 2-5-14　管道渗漏图

存在问题：管道安装接口不牢，连接不紧密；管道水压试验前未按规范检查管道安装质量；管道安装完成（或压力试验）后，因成品保护不力、回填方式不正确、沉降不均匀等，造成管线的损坏。

防治措施：管道安装应按设计选用管材、与管件相匹配的产品及管道连接方式，严格按照施工工艺进行施工和管道压力试验；按规范回填并分层夯实。

3. 管道穿过楼板处未按规范要求设置套管（管道穿过楼板处设置套管见图 2–5–15）

存在问题：施工遗漏，未按图纸施工；为节省材料及工序，不设套管及未做封堵处理。

防治措施：施工时做好交底及管理工作，严格按照图纸及施工工序施工。

4. 管道支架固定不规范（管道支架固定见图 2–5–16）

存在问题：不同材质的支架、管箍与管道之间未按规范要求加非金属隔垫或衬套；U 形管箍规格选用不当，管箍直径不一，外露丝扣长短不一。

防治措施：碳钢支架、管箍与不锈钢管道之间，塑料管、复合管采用金属支架，应在管道与支架之间加非金属垫或套管；按设计及管道规格选用合适的 U 形管箍，加强进场材料的检查。

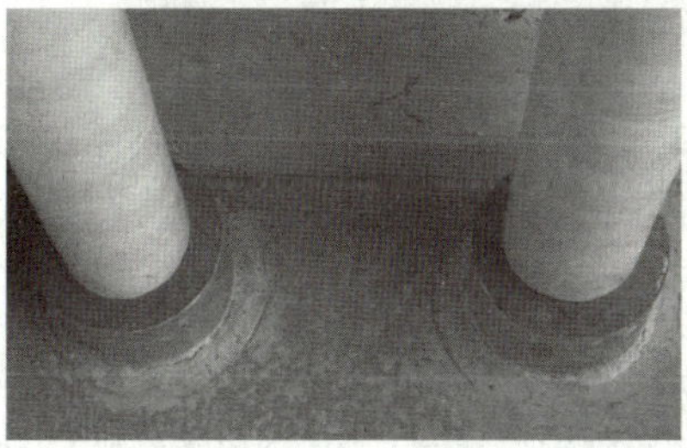

图 2–5–15　管道穿过楼板处设置套管图

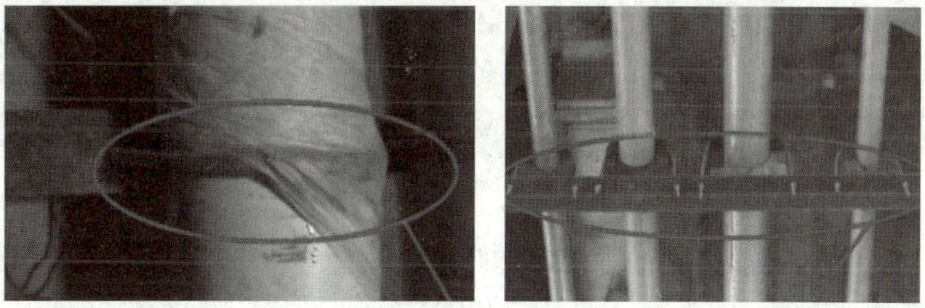

图 2–5–16　管道支架固定图

5. 管道支架安装间距过大，管道局部塌腰（管道支架安装见图 2–5–17）

存在问题：未按照图纸规范要求施工；未考虑管道的受力。

防治措施：在水平与垂直段上对支架位置进行定位；支架安装要保证标高与坡度正确、牢固，不得有扭斜现象；弯曲的管道安装前需要调直。

6. 给水管安装不合规（见图 2–5–18）

图 2–5–17　管道支架安装图

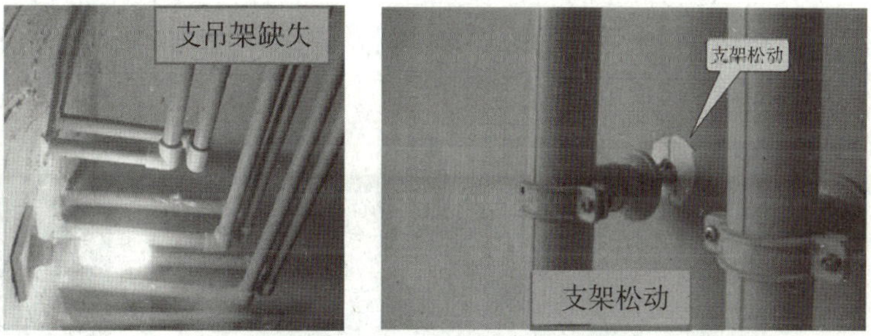

图 2–5–18　给水管安装不合规图

存在问题：施工前未做好技术交底，或为了节省材料及工序，施工不到位；钻孔过大，膨胀管过短，支座处墙体为空心砖。

防治措施：施工前做好技术交底，严格按照图纸及规范安装支吊架；合理选择钻头；管道提前定位的情况下，砌体施工时将支座处的砖改成实心砖或砼。

7. 给水管道沉降缝处未做补偿处理（补偿处理见图 2–5–19）

存在问题：关键工序、重点部位交底不到位；施工过程检查不到位。

防治措施：采用橡胶软管或金属波纹管连接两侧的管道；采用活动支架法时，在沉降缝两侧设置吊架。

图 2-5-19 给水管道沉降缝处补偿处理图

注：①②金属软接一端设置活动吊架，另外一端设置防晃吊架；③给水管道穿越伸缩缝、沉降缝、变形缝时，应在墙体两侧采取柔性连接，柔性软接应为金属软接，不应为波纹补偿器；④在管道或保温层外皮上、下部留不小于 150mm 的净空。

8. 预埋套管未做固定防偏位措施（预埋套管固定防偏位安装见图 2-5-20）

存在问题：施工时，套管未与模板固定牢固，预埋套管在浇筑过程中被挤压偏位。

防治措施：安装时套管可用铁丝、铁钉固定牢固；在混凝土浇筑过程中，需要全程监控，发现偏位及时纠正。

9. 型钢、钢管焊接质量差（型钢、钢管焊接见图 2-5-21）

存在问题：焊接材料、参数选择不当；操作工人焊接水平差。

防治措施：选用合适的焊接材料及焊接参数；选用适合的电流；操作时电弧不要拉得过长；电焊特种作业人员须持证上岗。

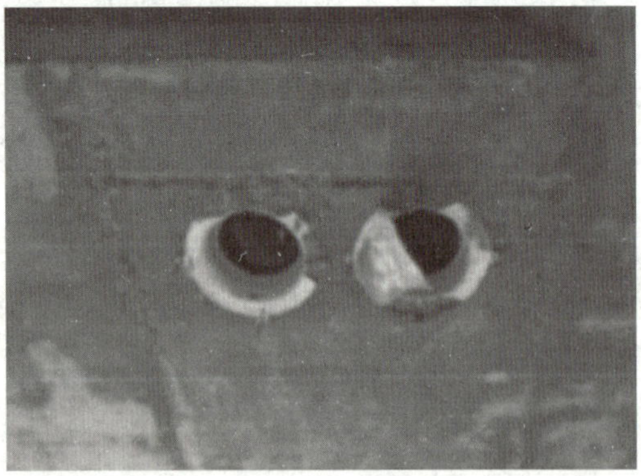

图 2-5-20 预埋套管固定防偏位安装图

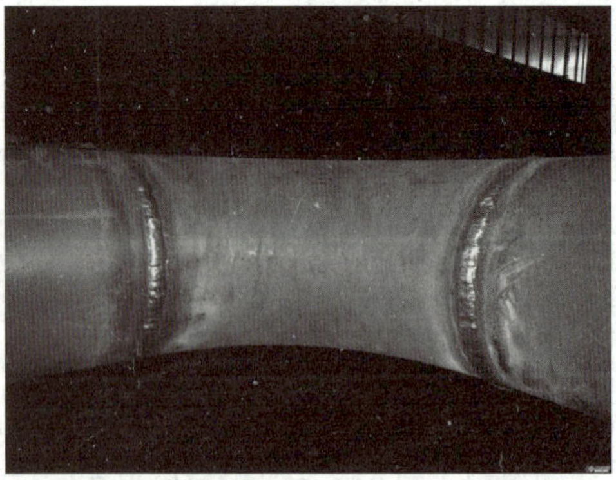

图 2-5-21 型钢、钢管焊接图

10. 未做绝热处理（管道绝热处理见图 2-5-22）

存在问题：未按图纸及规范要求施工；管道、设备保温厚度、平整度不符合要求。

防治措施：根据设计图纸及规范要求，针对不同地区、不同温差应选择不同的保温厚度；法兰、变径等凸出部位单独下料保温等。

11. 排水管未设置存水弯（见图 2–5–23）

存在问题：未按照图纸要求施工。

防治措施：无自带存水弯的卫生洁具与生活污水管道排水口以下应设存水弯；严禁采用活动机械密封代替水封。

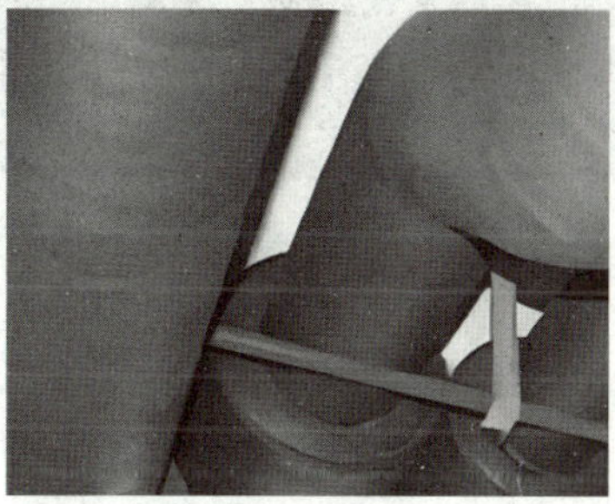

图 2–5–22　管道绝热处理图

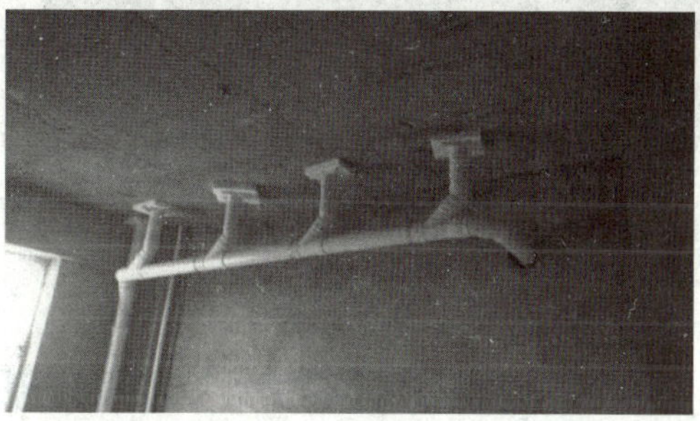

图 2–5–23　排水管未设置存水弯图

12. 排水立管底部无加强措施（见图 2–5–24）

存在问题：未考虑管道竖向的受力。

防治措施：排水立管底部应设支墩、支架或采取其他固定措施。

13. 水泵吸水管上采用同心异径管安装（水泵吸水管偏心异径管安装见图 2–5–25）

存在问题：未按照图纸及规范要求施工。

防治措施：吸水管变径连接时，应采用偏心异径管安装，并应采用管顶平接。

图 2–5–24　排水立管底部无加强措施图

图 2–5–25　水泵吸水管偏心异径管安装图

14. 使用软接头强行对接管（管道对接偏差见图 2–5–26）

存在问题：管道对接不同心，或垂直度存在偏差。

防治措施：严禁用软接头管变形的方法来调整管道安装超差；按设计要求将限位装置调到规定位置。

15. 喷淋头安装不合规（见图 2–5–27）

存在问题：盲目施工，喷淋头安装未按规范要求进行施工。

防治措施：安装时应遵循规范要求进行施工。

图 2-5-26　管道对接偏差图

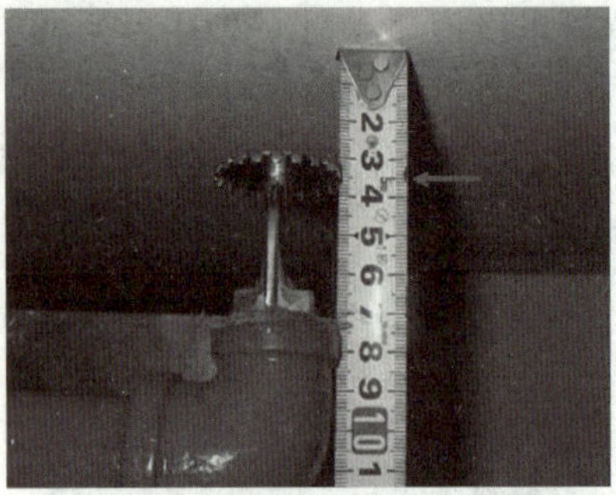

图 2-5-27　喷淋头安装不合规图

任务六　电气分部工程质量管理

课前认知

电气工程是建筑工程的重要组成部分，做好电气工程的施工不但能为建筑工程提供良好的电气线路、电气设备安装等方面的支持，同时也能够满足建筑工程的需要，使建筑工程在整体质量和建设水平上得到全面的提高。

本任务首先介绍电气分部工程施工阶段质量管控要点及验收要求。在施工阶段，确保施工人员具备足够的技术能力和工艺水平，能够按照设计要求进行施工；严格执行相关的安全规范和操作规程，确保施工过程中的安全防护和操作规范；电气工程施工完成后，进行必要的质量检验和测试，以验证施工质量和性能；对施工过程中发现的问题及不符合要求的情况进行及时纠正和处理。

通过学习本任务，学生可了解电气分部工程常见质量问题及通病防治措施。

电气质量通病及预防措施 1　电气质量通病及预防措施 2　电气质量通病及预防措施 3　电气质量通病及预防措施 4　电气质量通病及预防措施 5　电气质量通病及预防措施 6

理论学习

一、电气分部工程施工阶段质量管控要点及验收要求

桥架安装

1. 桥架安装

（1）水平安装的支架间距宜为 1.5～3.0m，垂直安装的支架间距不应大于 2m（见图 2-6-1）。

图 2-6-1 支架安装间距示例图

（2）采用金属吊架固定时，圆钢直径不得小于 8mm，并应有防晃支架，在离分支或端部 0.3 ~ 0.5m 处应有固定支架（见图 2-6-2）。

图 2-6-2 金属吊架固定图

（3）当直线段钢制或塑料梯架、托盘和槽盒长度超过 30m，铝合金或玻璃钢制梯架、托盘和槽盒长度超过 15m 时，应设置伸缩节（见图 2-6-3）；当梯架、托盘和槽盒跨越建筑物变形缝处时，应设置补偿装置。

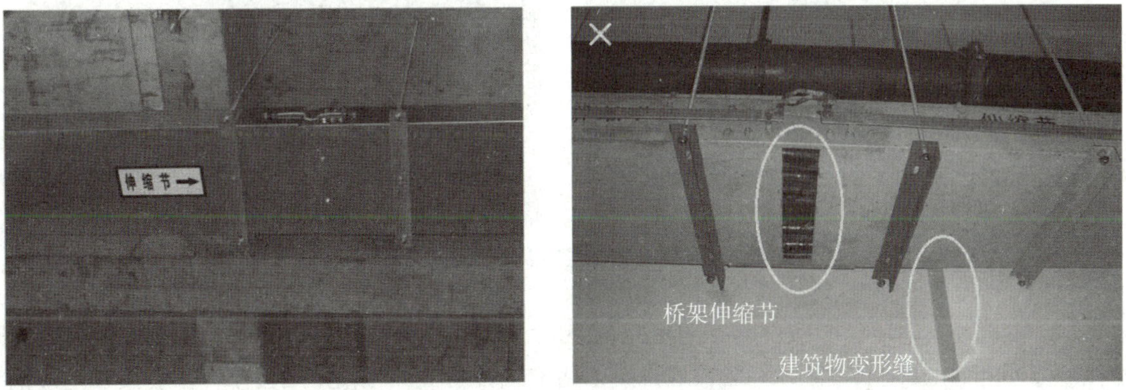

（a）正确做法 （b）错误做法

图 2-6-3 伸缩节设置图

（4）敷设在电气竖井内穿楼板处和穿越不同防火区的梯架、托盘和槽盒，应有防火封堵措施（见图 2-6-4）。

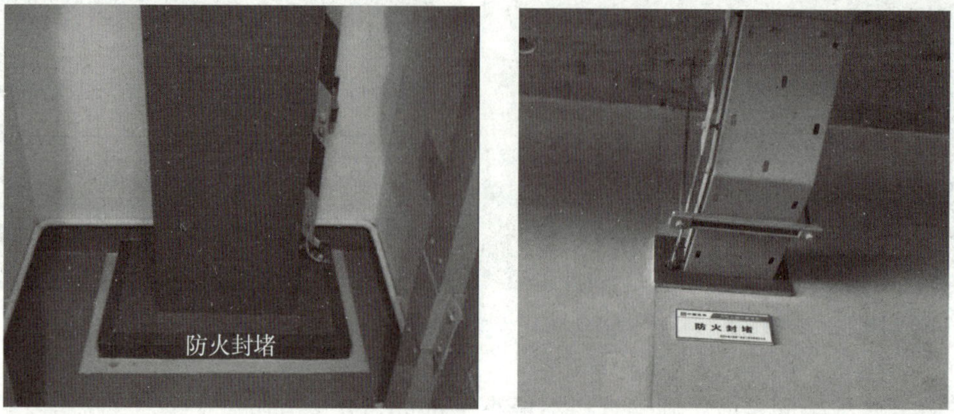

图 2-6-4 防火封堵示例图

2. 导管与桥架连接

（1）金属导管应与保护导体可靠连接（见图 2-6-5）。

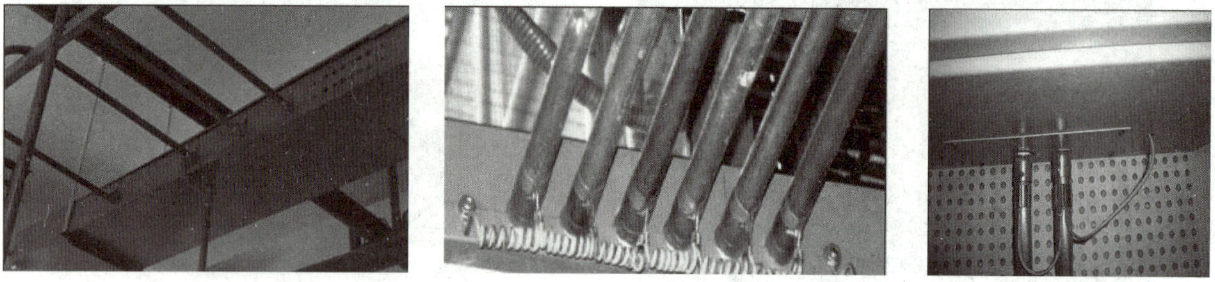

图 2-6-5 金属导管与保护导体连接示例图

（2）可弯曲金属导管及柔性导管敷设应符合有关规定（见图 2-6-6）。

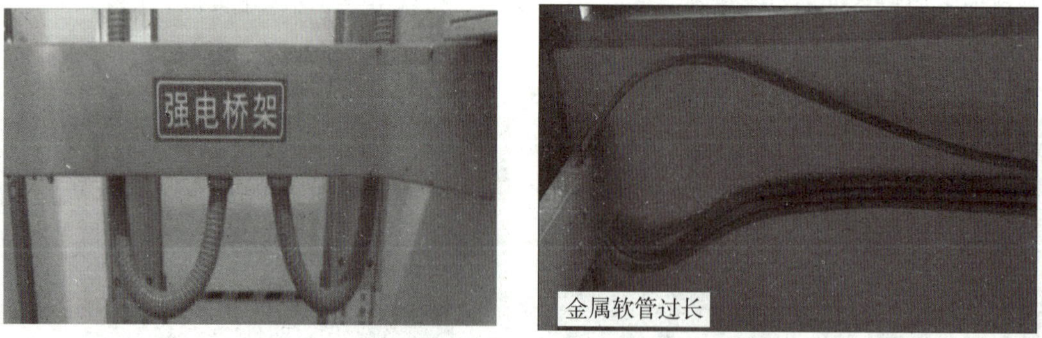

图 2-6-6 可弯曲金属导管及柔性导管敷设示例图

（3）套接紧定式钢导管明敷设时，固定点与终端、弯头中点、电气器具或盒（箱）体边缘的距离宜为 150 ~ 300mm。套接紧定式钢导管由底部进入落地式箱（柜）时，排列应整齐。套接紧定式钢导管与盒（箱）体连接时，应一孔一管，管径与盒（箱）体敲落孔应吻合。导管与桥架等连接处做法示例如图 2-6-7 所示。

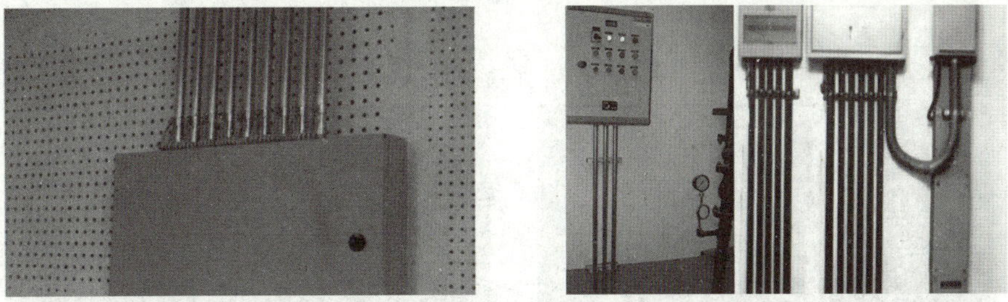

（a）正确做法

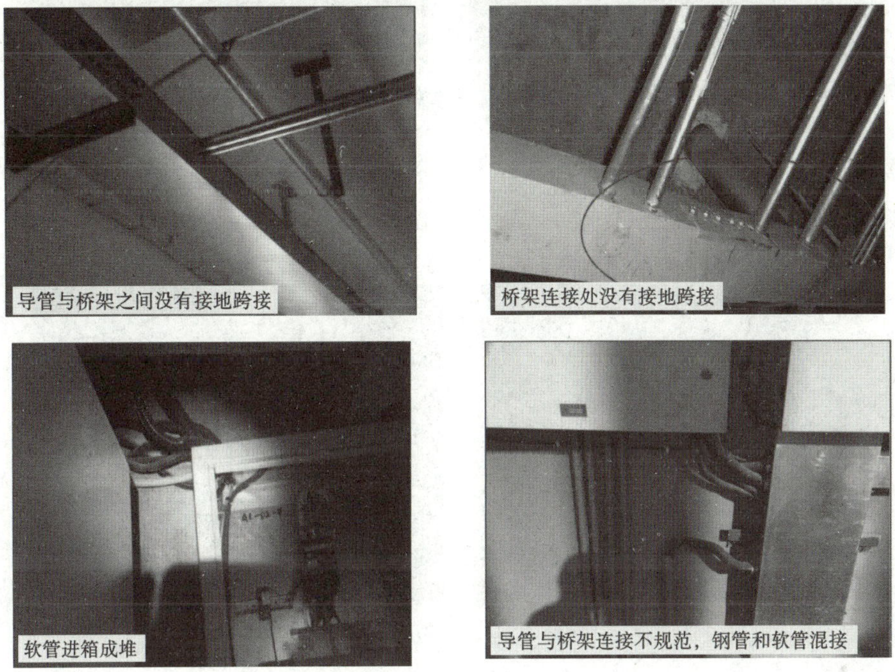

（b）错误做法

图 2-6-7　导管与桥架等连接处做法示例图

3. 配电柜安装

（1）当配电装置的长度大于 6m 时，其柜（屏）后通道应设两个出口（配电室安全出口见图 2-6-8）。

配电柜安装

图 2-6-8　配电室安全出口

（2）在变压器、配电装置和裸导体的正上方不应布置灯具，灯具不得采用吊链和软线吊装（配电室内灯具安装见图 2-6-9)。

图 2-6-9　配电室内灯具安装图

(3)变压器室等房间应设置防止雨、雪和蛇、鼠等从采光窗等处进入室内的设施(如防鼠挡板，见图 2-6-10)。

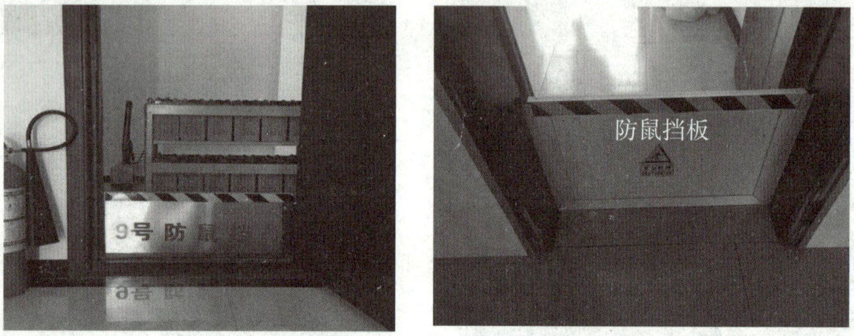

图 2-6-10　防鼠挡板

(4)箱式变电所及落地式配电箱(见图 2-6-11)的基础应高于室外地坪；对于金属箱式变电所及落地式配电箱，箱体应与保护导体可靠连接，且有标识。

图 2-6-11　落地式配电箱

(5)柜、台、箱、盘应安装牢固，且不应设置在水管的正下方。

4. 母线槽安装

(1)母线槽直线段安装应平直(见图 2-6-12)。

(2)水平或垂直敷设的母线槽固定点应每段设置 1 个，且每层不得少于 1 个支架(母线槽安装见图 2-6-13)。

(3)母线槽段连接口(见图 2-6-14)不应设置在穿越楼板或墙体处，并应采

母线槽安装

取防火封堵措施。

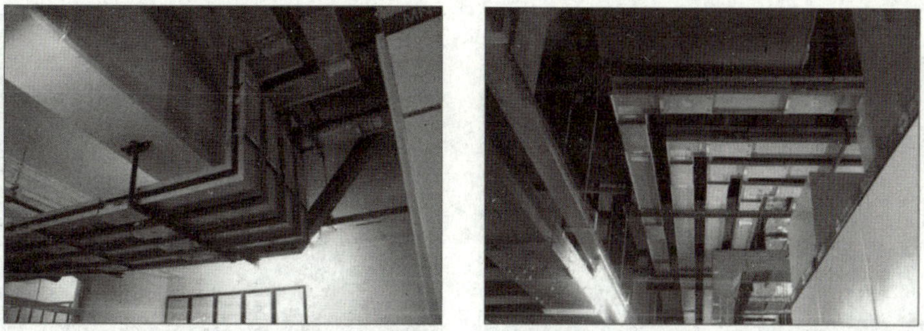

图 2-6-12　母线槽直线段安装示例图

图 2-6-13　母线槽安装示例图

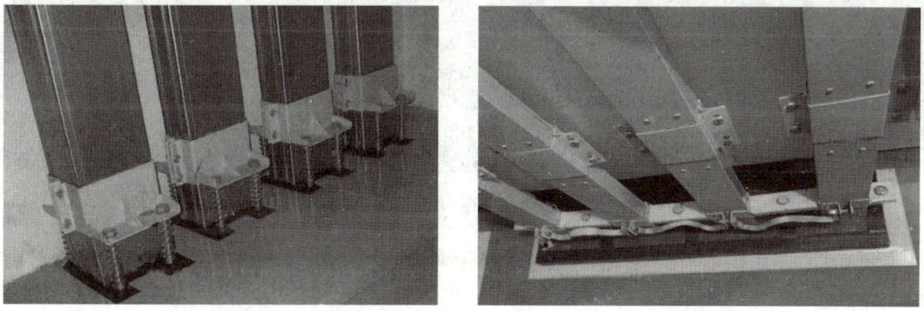

图 2-6-14　母线槽段连接口

5. 电缆敷设

（1）金属电缆支架必须与保护导体可靠连接（金属电缆支架安装见图 2-6-15）。

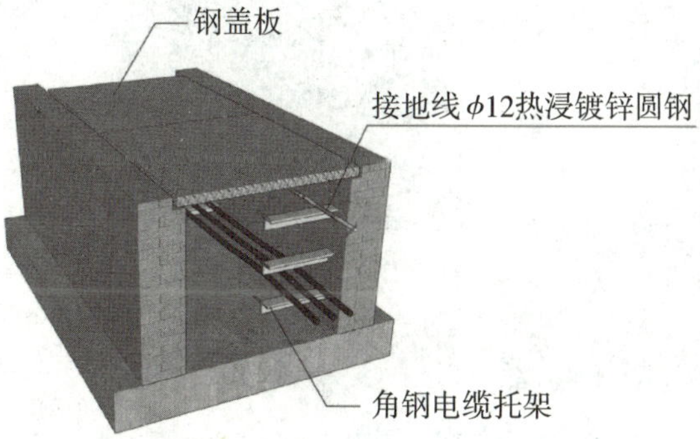

图 2-6-15　金属电缆支架安装示例图

（2）当电缆支架与预埋件焊接固定时，焊缝应饱满；当采用膨胀螺栓固定时，螺栓应适配且连接紧固，防松零件齐全，支架安装应牢固、无明显扭曲（见图 2-6-16）。

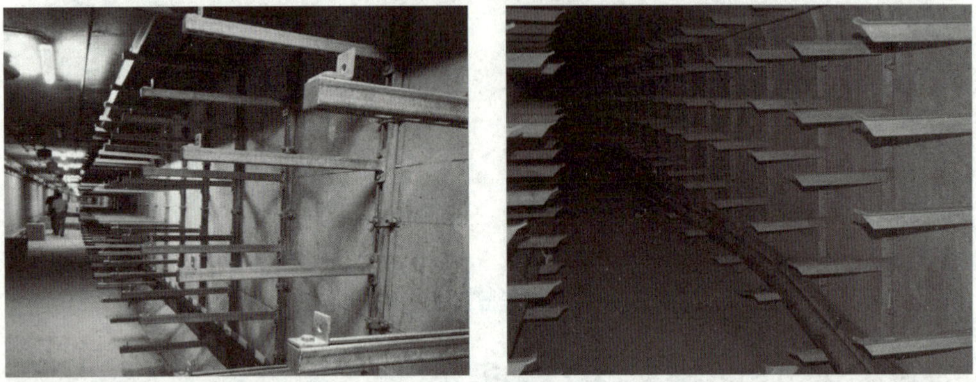

图 2-6-16　电缆支架与预埋件焊接固定图

（3）电缆敷设排列应顺直、整齐，并宜少交叉（见图 2-6-17）。

图 2-6-17　电缆敷设示例图

（4）电缆在托盘和梯架内敷设（见图 2-6-18）时，电缆总截面面积与托盘和梯架横截面面积之比，电力电缆不应大于 40%，控制电缆不应大于 50%。

（5）最下层电缆支架距沟底（见图 2-6-19）、地面的最小净距不应小于表 2-6-1 中的相关规定。

图 2-6-18　电缆在托盘和梯架内敷设示例图

图 2-6-19　最下层电缆支架距沟底的最小净距要求

表 2-6-1　最下层电缆支架距沟底、地面的最小净距

电缆敷设场所及其特征		垂直净距（mm）
电缆沟		50
隧道		100
电缆夹层	非通道处	200
	至少在一侧不小于 800mm 宽通道处	1 400
公共廊道中电缆支架无围栏防护		1 500
室内机房或活动区间		2 000
室外	无车辆通过	2 500
	有车辆通过	4 500
屋面		200

6. 配电箱安装

（1）照明配电箱安装应符合下列规定：

箱内配线应整齐、无铰接（见图 2-6-20）；箱内宜分别设置中性导体（N）和保护接地导体（PE）汇流排（见图 2-6-21）等。

图 2-6-20　箱内配线整齐、无铰接

图 2-6-21　中性导体（N）和保护接地导体（PE）汇流排

（2）照明配电箱安装应符合有关规定（见图 2-6-22）。

（3）明装配电箱安装（见图 2-6-23）。

明装配电箱安装在混凝土墙上时，应采用膨胀螺栓固定。

（4）暗装配电箱安装（见图 2-6-24）。

暗装配电箱箱盖应紧贴墙面，箱涂层完整；当配电箱背后水泥砂浆厚度小于 30mm 时，需要钉铁丝网，防止背后墙面空鼓和开裂；当箱体宽度大于 600mm 时，需要在预制混凝土过梁；配电箱应做好重复接地。

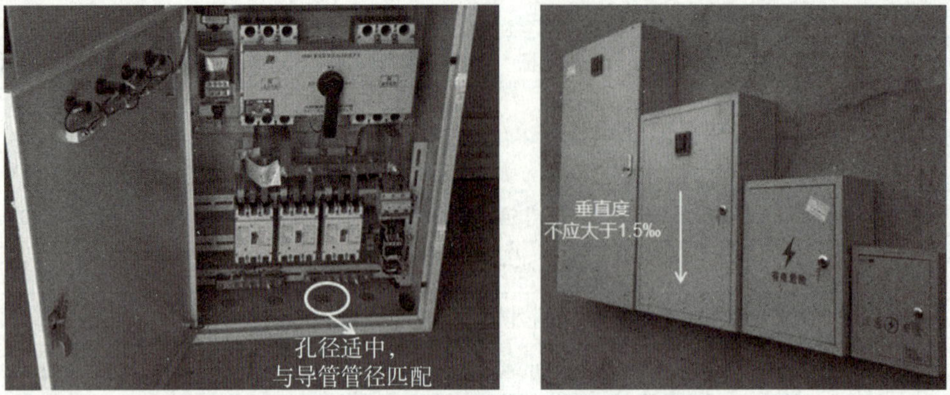

图 2-6-22　照明配电箱安装示例图

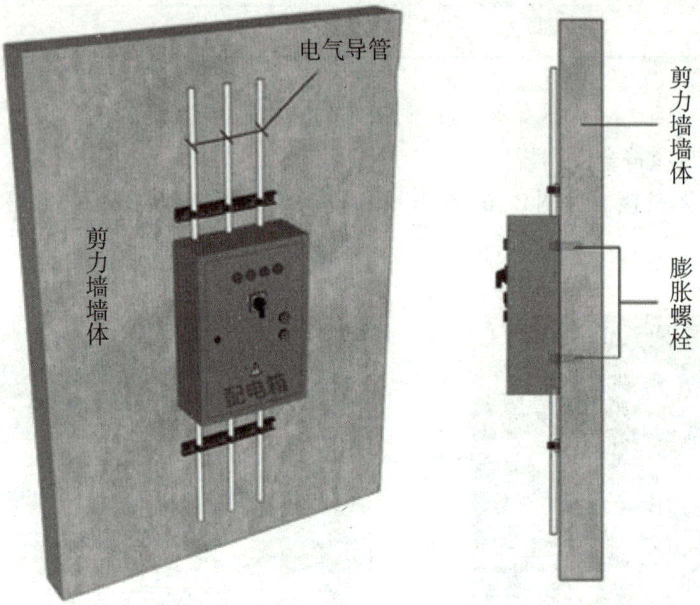

图 2-6-23　明装配电箱安装示例图

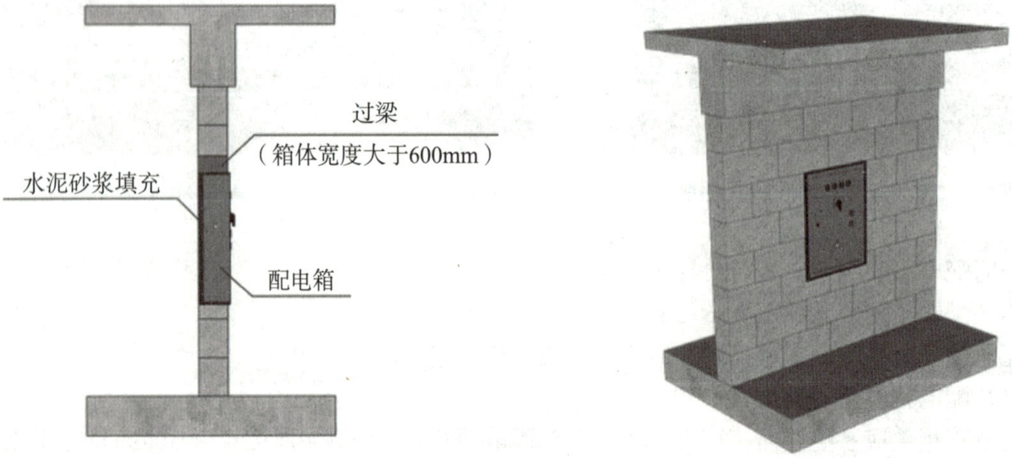

图 2-6-24　暗装配电箱安装示例图

7. 开关、插座安装

（1）对于单相二孔插座（见图 2-6-25），面对插座的右孔或上孔应与相线连接，左孔或下孔应与中性导体（N）连接；对于单相三孔插座（见图 2-6-26），面对插座的右孔应与相线连接，左孔应与中性导体（N）连接。

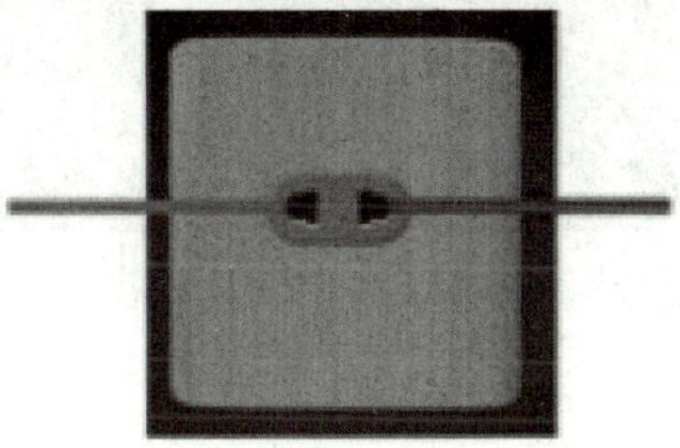

（a）二级插座

（b）二级扁形插头

图 2-6-25　单相二孔插座

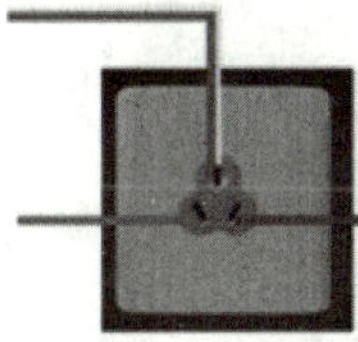

（a）三级插座

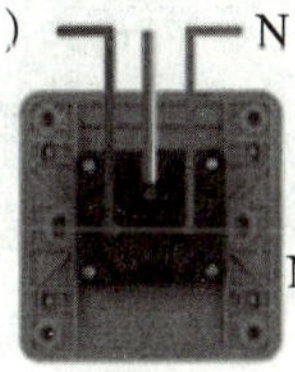

（b）三级插座接线

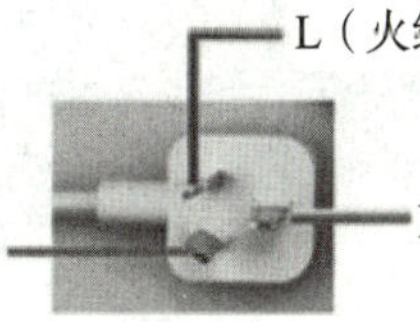

（c）三角插头

图 2-6-26　单相三孔插座

（2）单相三孔、三相四孔及三相五孔插座（见图 2-6-27）的保护接地导体（PE）应接在上孔。

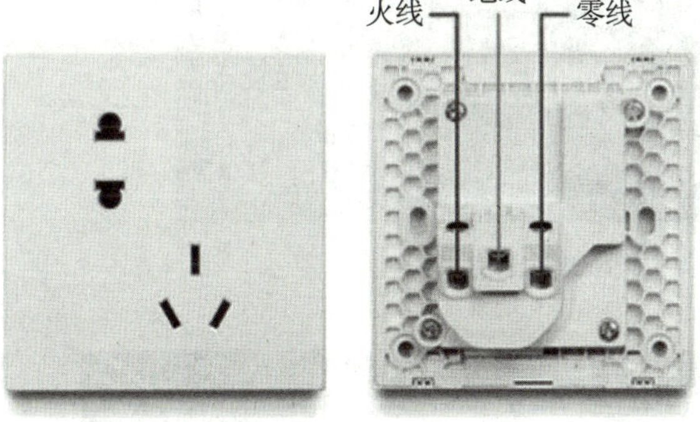

（a）斜五孔插座

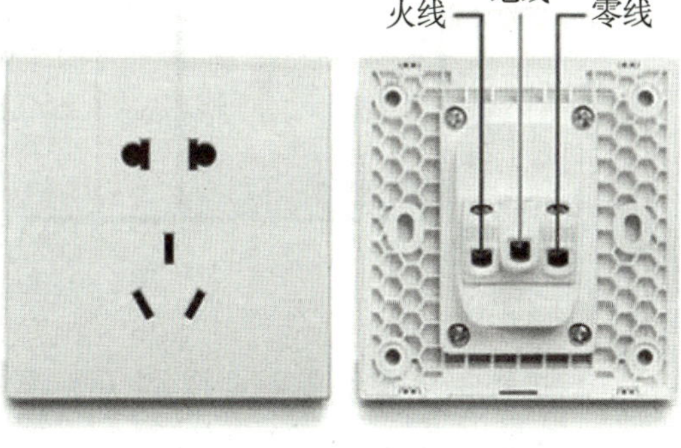

（b）正五孔插座

图 2-6-27　三相五孔插座

（3）安装的插座盒（见图 2-6-28）或开关盒应与饰面平齐。

（4）插座安装（见图 2-6-29）高度应符合设计要求，同一室内相同规格并列安装的插座高度宜一致；地面插座应紧贴饰面，盖板应固定牢固、密封良好。

（5）照明开关安装位置应便于操作（见图 2-6-30）；相同型号并列安装的照明开关高度宜一致（见图 2-6-31）。

图 2-6-28　插座盒安装示例图

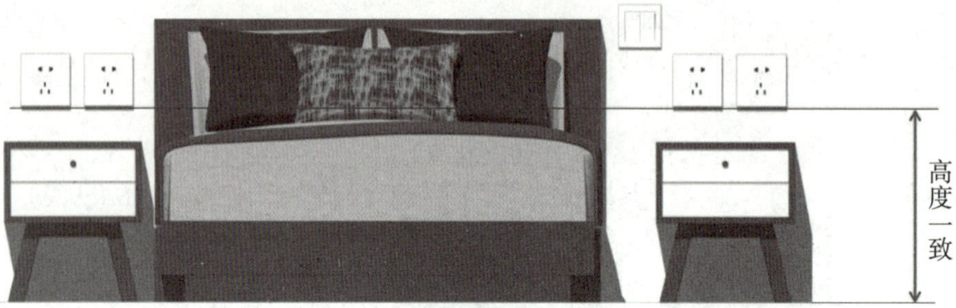

图 2-6-29　插座安装示例图

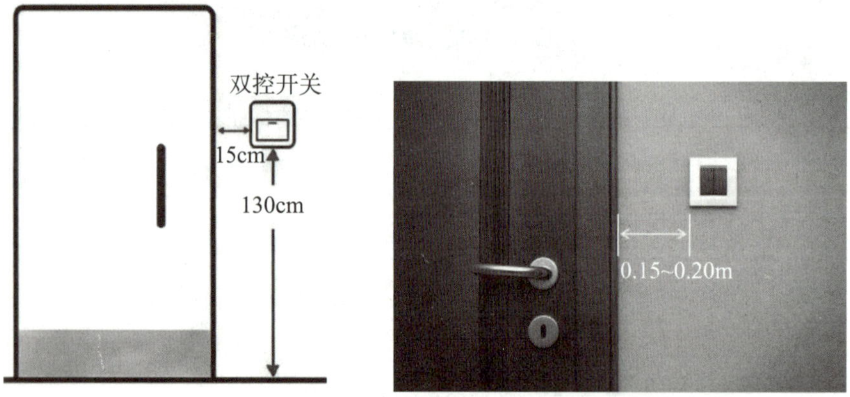

图 2-6-30　照明开关安装位置示例图

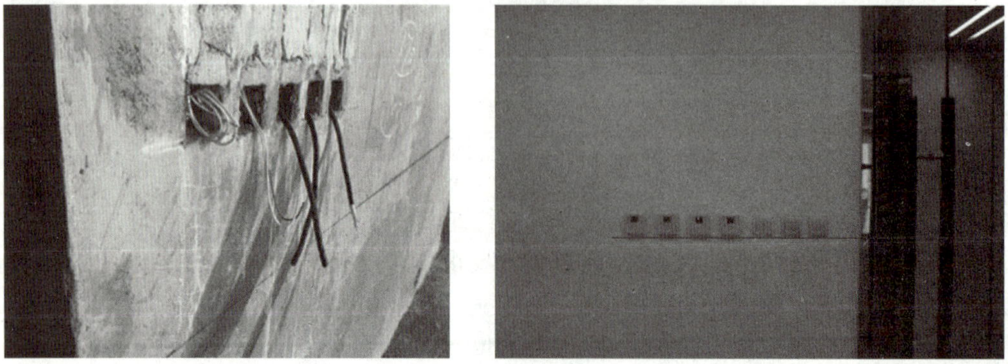

图 2-6-31　相同型号并列安装的照明开关高度一致

8. 火灾自动报警系统施工

（1）点型感烟、感温、一氧化碳、家用及独立式火灾探测警报器的安装（见图 2-6-32），应符合有关规定。

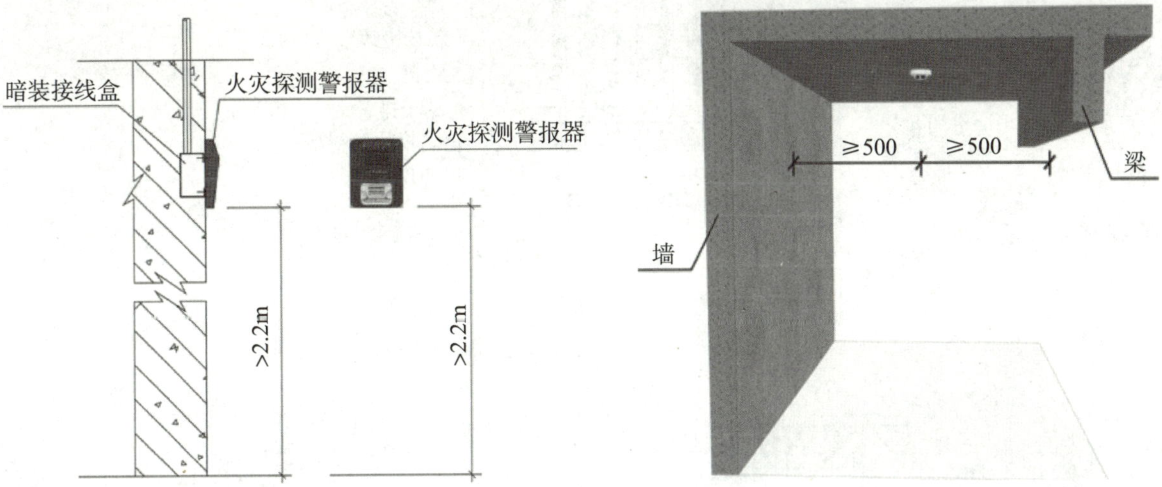

图 2-6-32　火灾探测警报器安装示例图

（2）手动火灾报警按钮（见图 2-6-33）、消火栓按钮、防火卷帘手动控制装置、气体灭火系统现场启动和停止按钮的安装，应符合有关规定。

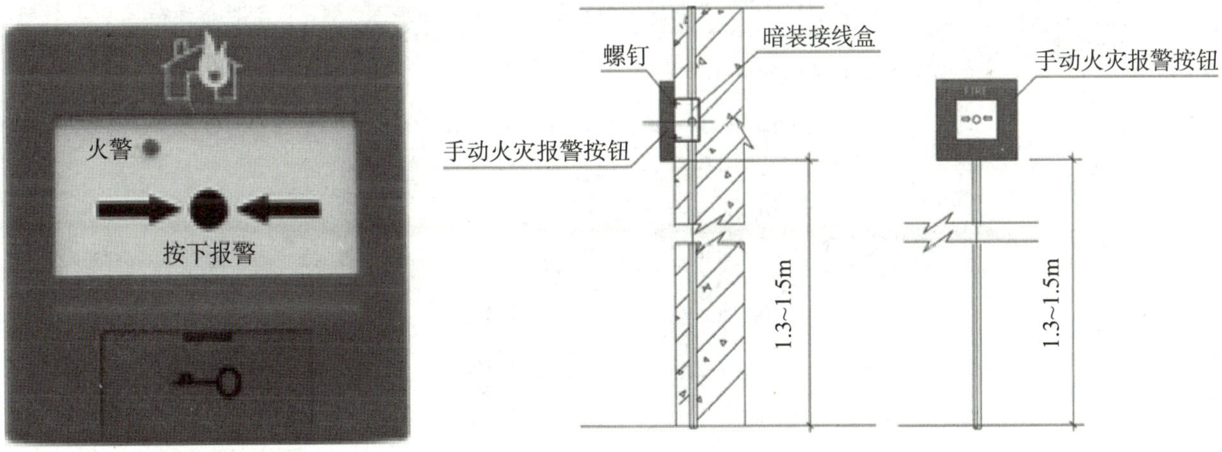

（a）手动火灾报警按钮

（b）手动火灾报警按钮安装示例图

图 2-6-33　手动火灾报警按钮及安装

（3）消防模块或模块箱的安装应符合有关规定（见图 2-6-34）。

（4）消防电话分机和消防电话插孔的安装应符合有关规定（见图 2-6-35）。

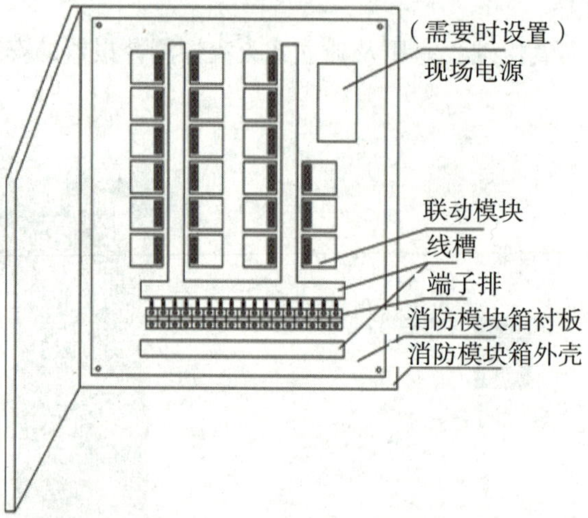

（a）消防模块内部设备

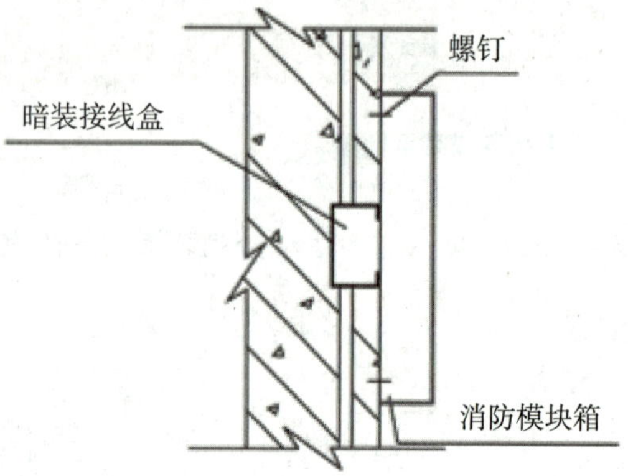

（b）消防模块箱明装示例图 1

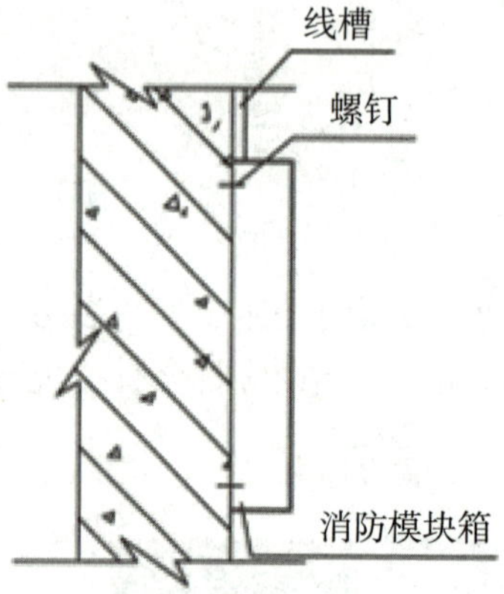

（c）消防模块箱明装示例图 2

图 2-6-34　消防模块箱安装示例图

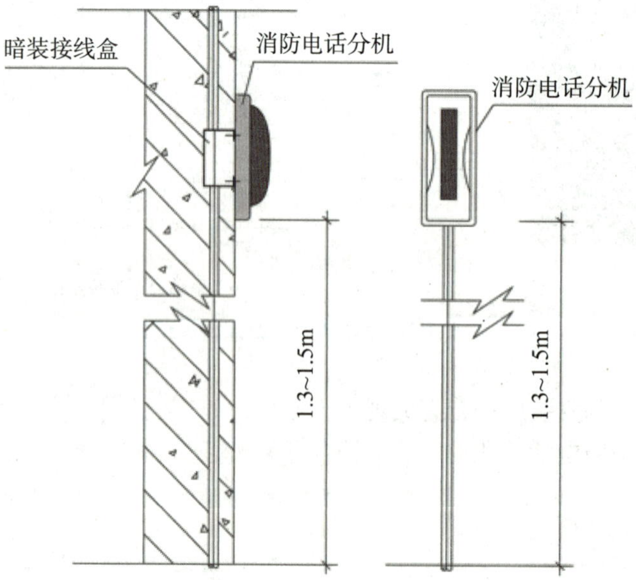

（a）消防电话分机安装示意图

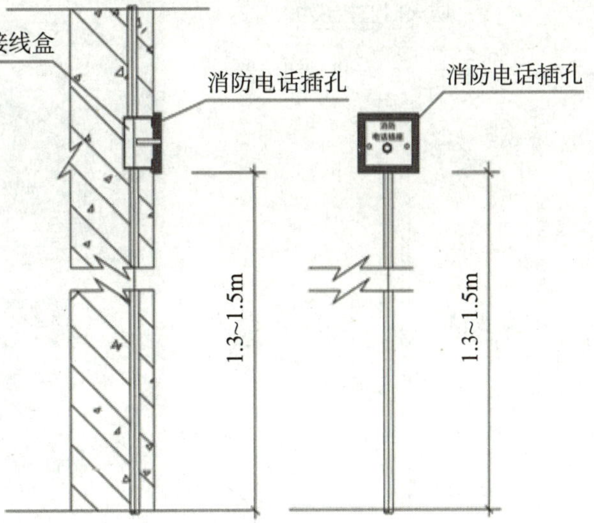

（b）消防电话插孔安装示意图

图 2-6-35 消防电话分机和消防电话插孔安装示例图

（5）消防应急广播扬声器、火灾探测警报器、喷洒光警报器、气体灭火系统手动与自动控制状态显示装置的安装，应符合有关规定（见图 2-6-36）。

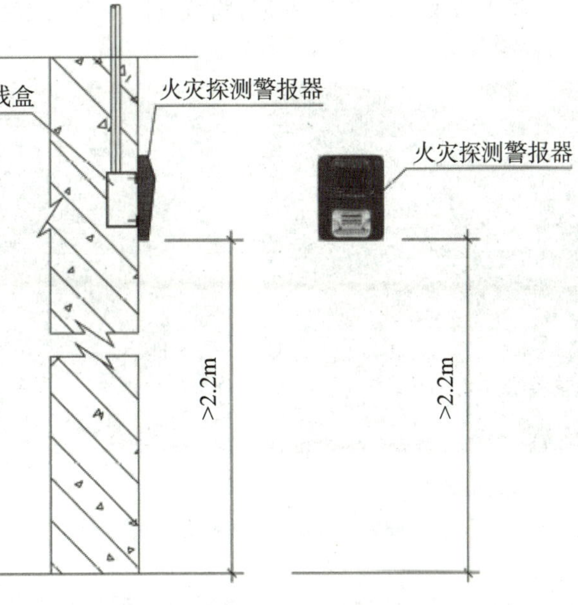

图 2-6-36 火灾探测警报器安装示例图

（6）防火门监控模块（见图 2-6-37）与机械闭门器、电磁释放器、门磁开关等现场部件的安装，应符合有关规定。

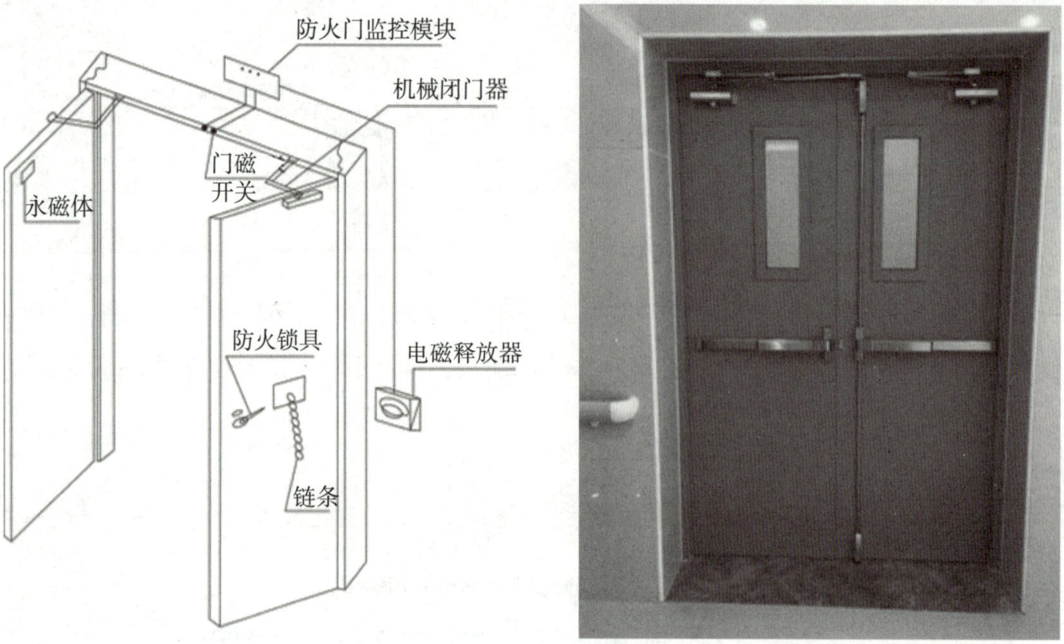

图 2-6-37　防火门监控模块

二、电气分部工程常见质量问题及通病防治

1. 配电箱安装常见质量问题及通病防治

（1）箱体安装内陷，管口入箱太长，没有用锁母将线管固定在箱体上（见图 2-6-38）。

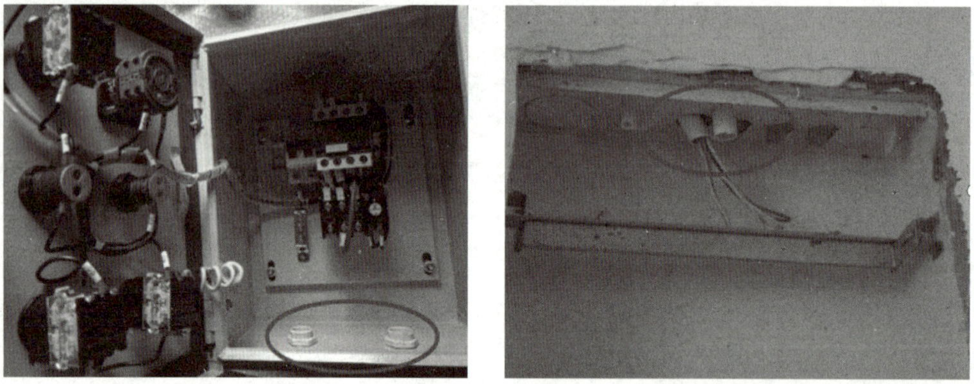

（a）正确做法　　（b）错误做法

图 2-6-38　配电箱安装示例图

图 2-6-39　配电箱孔洞质量通病

（2）配电箱孔洞未设置过梁，线管未整理，未装箱先穿线，违反施工程序，留下质量隐患（见图 2-6-39）。

（3）箱体开孔与管径适配，管口用专用锁母固定在配电箱箱体上（见图 2-6-40）。

（4）配电箱排列整齐有序，设置专用接地和接零端子（见图 2-6-41）。

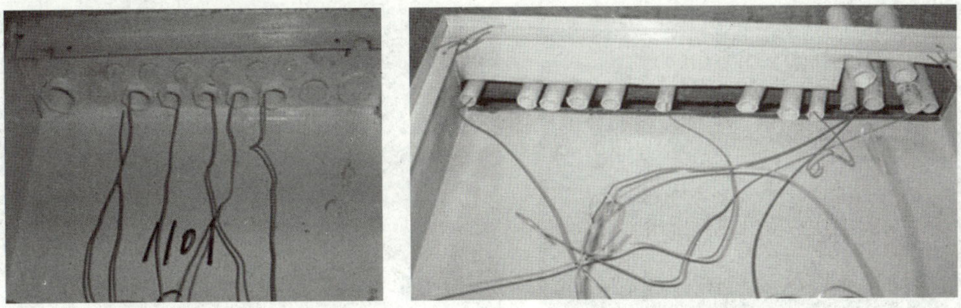

（a）正确做法　　（b）错误做法

图 2-6-40　箱体开孔安装示例图

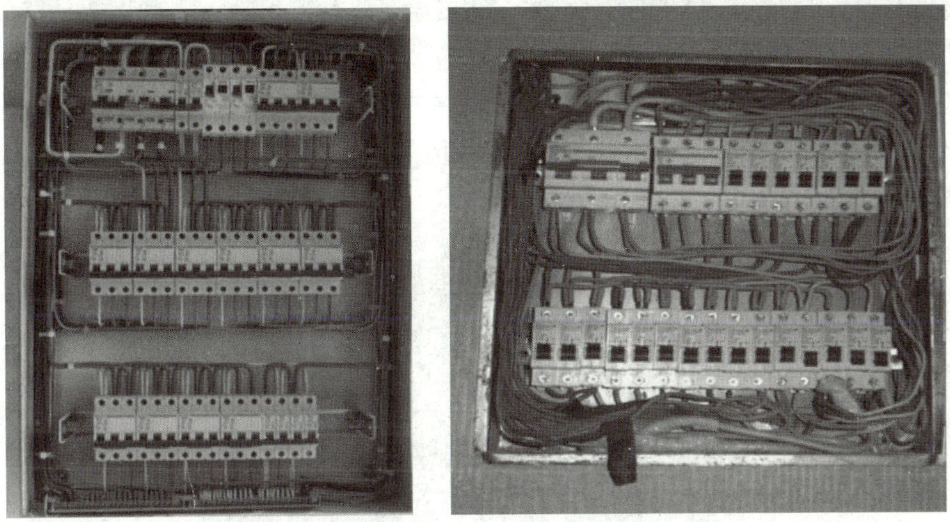

（a）正确做法　　（b）错误做法

图 2-6-41　配电箱排列安装示例图

2. 电气导管预埋施工常见质量问题及通病防治

（1）导管预埋整齐有序（见图 2-6-42）。

（a）正确做法　　（b）错误做法

图 2-6-42　导管预埋安装示例图 1

（2）预埋导管统一材质型号（见图 2-6-43）。

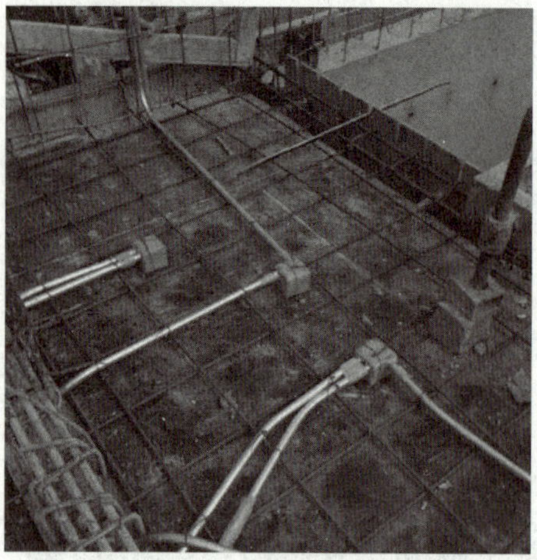

（a）正确做法

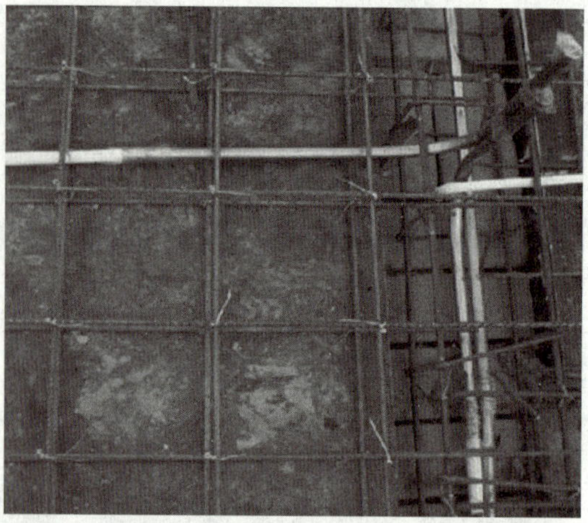

（b）错误做法

图 2-6-43　导管预埋安装示例图 2

（3）除设计要求外，对于暗配的导管，导管表面埋设深度与建筑物、构筑物表面的距离不应小于 15mm（见图 2-6-44）。

图 2-6-44　导管表面预埋深度质量通病

（4）镀锌钢管连接采用专门的连接件，严禁使用电焊焊接（见图 2-6-45）。

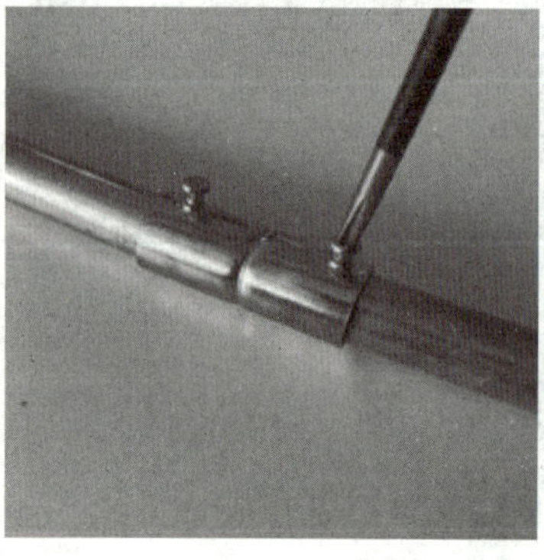

（a）正确做法

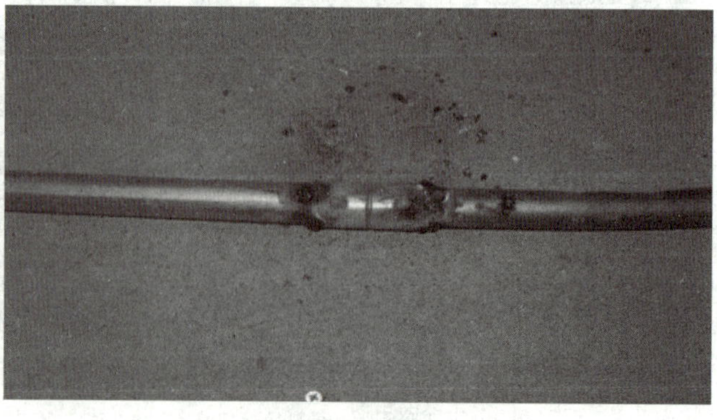

（b）错误做法

图 2-6-45　镀锌钢管连接示例图

（5）直埋电缆的上、下应有细沙或软土，回填土应无石块、砖头等尖锐硬物（见图 2-6-46）。

（a）正确做法　　（b）错误做法

图 2-6-46　直埋电缆敷设示例图

3. 桥架安装常见质量问题及通病防治

（1）钢制桥架超 30m 应加伸缩节，跨建筑伸缩缝必须加补偿装置（见图 2-6-47）。

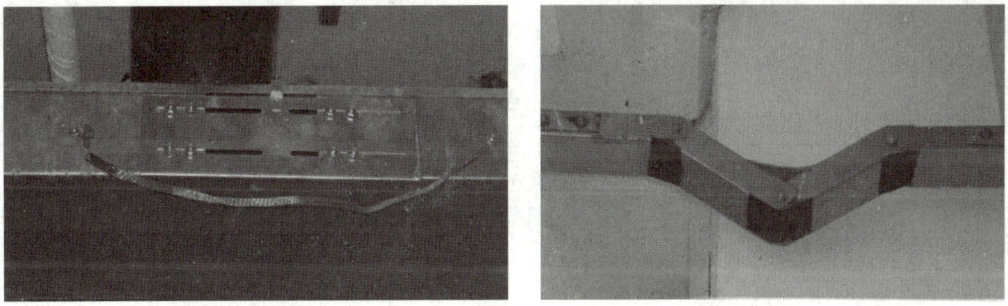

（a）正确做法　　（b）错误做法

图 2-6-47　钢制桥架安装示例图

（2）桥架按类别排列整齐，严禁安装得弯弯曲曲（见图 2-6-48）。

（a）正确做法　　（b）错误做法

图 2-6-48　桥架按类别排列示例图

4. 火灾自动报警系统常见质量问题及通病防治

感烟探测器接线安装注意事项见有关规定，其安装示例图如图 2-6-49 所示。

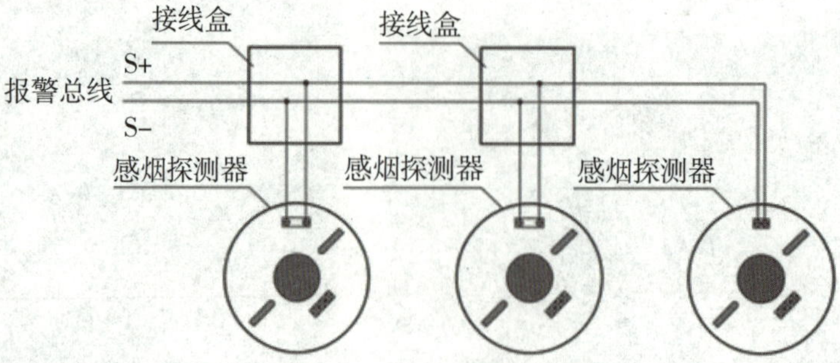

（a）正确做法

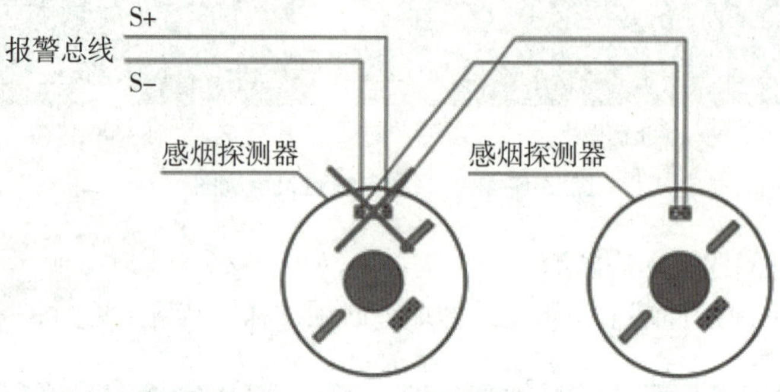

（b）错误做法

图 2–6–49　感烟探测器接线安装示例图

注：不允许利用感烟探测器接线端子作回路分线盒。

任务七　通风与空调分部质量管理

课前认知

通风与空调系统的质量管理是确保建筑物功能完善、环境舒适、能源高效利用及维护用户健康的关键环节。良好的通风系统不仅能够提供新鲜的空气，排出室内污染物，还能有效调节室内的温度和湿度，创造一个适宜的居住或工作环境。本任务将从以下方面进行介绍。

（1）介绍通风与空调分部工程施工质量管控要点及验收要求。施工过程中的质量控制是确保通风与空调系统质量的关键，包括对风管、风机、风口安装及保温等工序质量管控，确保施工符合规范要求。

（2）介绍通风与空调分部工程常见质量问题及防治。通风与空调系统施工中常见质量问题包括材料厚度不足、材料选择不合规、安装尺寸偏差等。了解常见问题，有助于我们提前做好预防措施，避免二次返工及留下安全隐患。

通风与空调安装工程质量控制重点及常见问题防治 1

通风与空调安装工程质量控制重点及常见问题防治 2

通风与空调安装工程质量控制重点及常见问题防治 3

通风与空调安装工程质量控制重点及常见问题防治 4

理论学习

一、通风与空调分部工程施工质量管控要点及验收要求

1. 风管（角钢法兰连接）

管控要点包括实测实量、观感质量要求及工艺要求等。地下室风管（角钢法兰连接）安装示例如图 2–7–1 所示。

风管（角钢法兰连接）

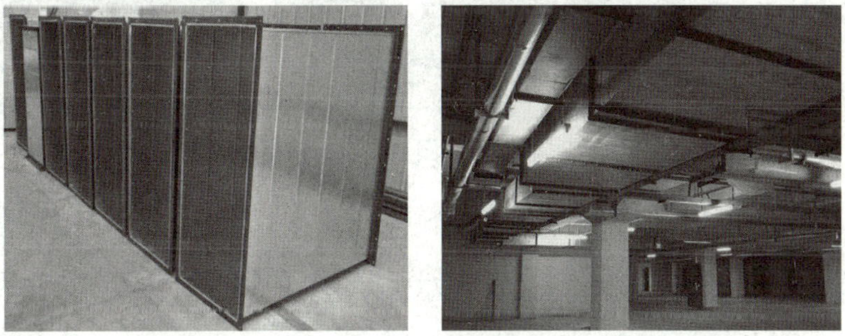

图 2–7–1　地下室风管（角钢法兰连接）安装示例图

2. 风管（共板法兰连接）

管控要点包括实测实量、观感质量要求及工艺要求等。地下室风管（共板法兰连接）安装示例如图 2–7–2 所示。

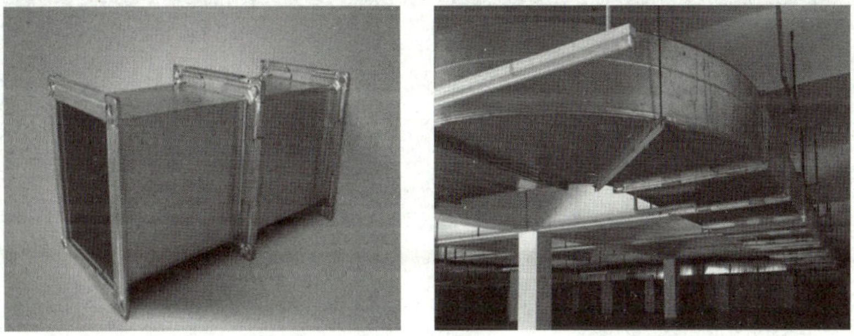

图 2–7–2　地下室风管（共板法兰连接）安装示例图

3. 加压风机

管控要点包括实测实量、观感质量要求及工艺要求等。层面加压风机安装示例如图 2–7–3 所示。

图 2–7–3　层面加压风机安装示例图

4. 防排烟风机

管控要点包括实测实量、观感质量要求及工艺要求等。防排烟风机安装示例如图 2-7-4 所示。

图 2-7-4　防排烟风机安装示例图

5. 检修口、风口

管控要点包括实测实量、观感质量要求及工艺要求等。风口安装示例如图 2-7-5 所示。

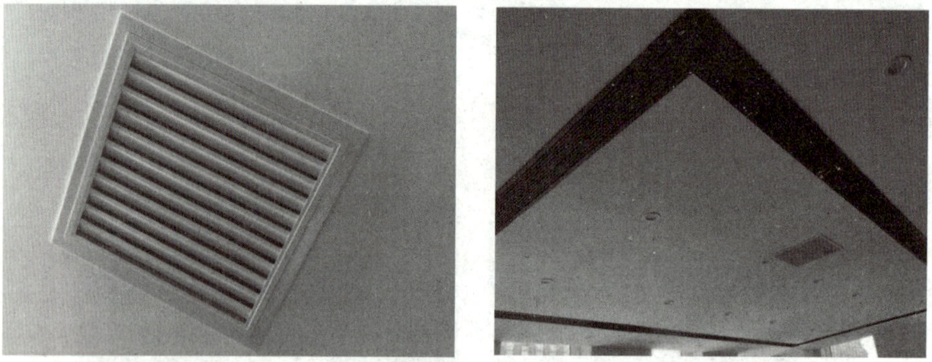

图 2-7-5　风口安装示例图

6. 保温

管控要点包括实测实量、观感质量要求及工艺要求等。管道保温做法示例如图 2-7-6 所示。

图 2-7-6　管道保温做法示例图

7. 外立面百叶（见图 2-7-7）

管控要点包括实测实量、观感质量要求及工艺要求等。

图 2-7-7　外立面百叶

二、通风与空调分部工程常见质量问题及防治

1. 风管与配件制作

风管与配件制作

（1）存在问题：风管法兰表面不平整（见图 2-7-8），同一批次加工的相同规格法兰螺栓孔不重合，法兰不具备互换性。

防治措施：法兰的下料尺寸必须准确；法兰按要求的螺栓间距分孔后，将样板按孔的位置进行正反方向旋转，以检验其互换性。法兰钻孔时，可将定位后的螺栓孔中心用样冲定点，防止钻头打滑产生位移。法兰成品展示如图 2-7-9 所示。

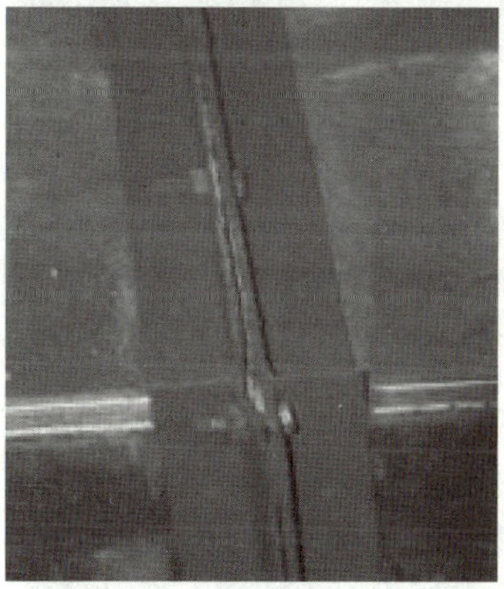

图 2-7-8　风管法兰表面不平整

图 2-7-9　法兰成品展示

（2）存在问题：风管翻边不足（见图 2-7-10）、不均匀，风管翻边不平整，法兰与风管轴线不垂直，法兰接口处不严密。

防治措施：在展开下料过程中应对矩形风管严格进行角方；更换法兰；采取加衬套管的方法补救；风管在套入法兰前，应按规定的翻边尺寸严格进行角方，无误后，方可进行铆接翻边（见图 2-7-11）。

（3）存在问题：风管的宽高比不符合要求（见图 2-7-12）。

防治措施：专业技术人员按设计标准和施工验收规范进行；风管的制作应按全国风管系列表选编的规格进行。金属风管管径应为外径或外边长；非金属风管管径应为内径或内边长（见图 2-7-13）。

图 2-7-10　风管翻边不足

图 2-7-11　风管翻边均匀

图 2-7-12　风管的宽高比不符合要求

图 2-7-13　风管尺寸合适

（4）存在问题：风管密封垫片及风管连接不符合要求（见图 2-7-14）。

防治措施：对于不同功能的风管系统选用不同的合格的密封垫片，严格按照施工工艺施工；法兰周边的螺栓紧固须对称、依次拧紧（见图 2-7-15）。

图 2-7-14　风管密封垫片材质不符

图 2-7-15　风管垫片选型合适，连接可靠

2. 风管部件制作

存在问题：风管柔性短管长度过长，安装成型后表面扭曲、塌陷、褶皱、不正（见图 2-7-16），用柔性短管作找正、找平的异径连接管。

防治措施：设备与管路安装定位准确；现场安装避免过紧或过松；选用防腐、防潮、不透气、不易霉变的柔性材料（见图 2-7-17）。

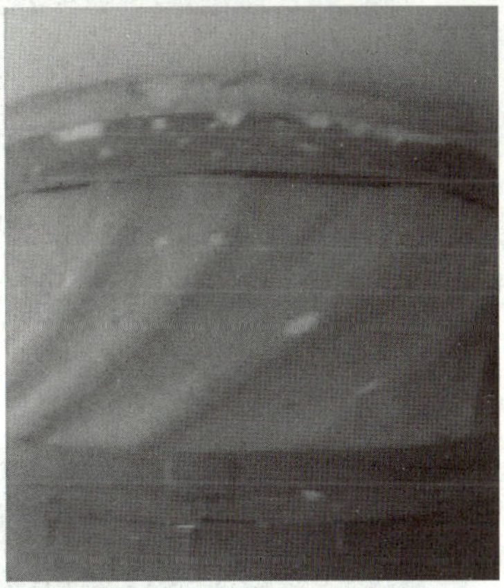

图 2-7-16　风管柔性短管成型质量差

图 2-7-17　风管柔性短管成型展示

3. 风管系统安装

（1）防火阀安装。

存在问题：防火阀未单独设置支吊架（见图 2-7-18），防火阀距墙表面大于 200mm。

防治措施：防火阀直径或边长尺寸大于或等于 630mm 时，宜设置独立支吊架（见图 2-7-19）。排烟阀（排烟口）及手控装置（包括预埋套管）的位置应符合设计要求。防火阀、排烟阀（口）的安装方向、位置应正确。

风管系统安装

图 2-7-18　防火阀未单独设置支吊架

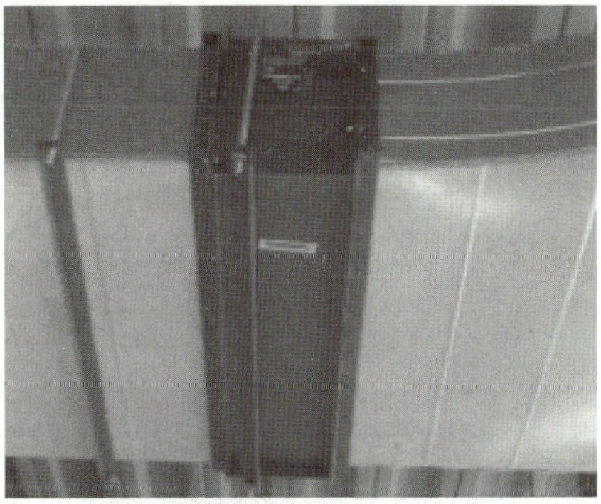

图 2-7-19　防火阀单独支吊架展示

（2）风管支吊架安装。

存在问题：风管支吊架的间距过大，未设置防晃支架（见图 2-7-20）。

防治措施：严格执行规范要求的风管支吊架间距，螺旋风管的支吊架间距可为一般水平风管支吊架间距的 1.25 倍，组合法兰风管的间距为 2 ~ 3m（见图 2-7-21）。

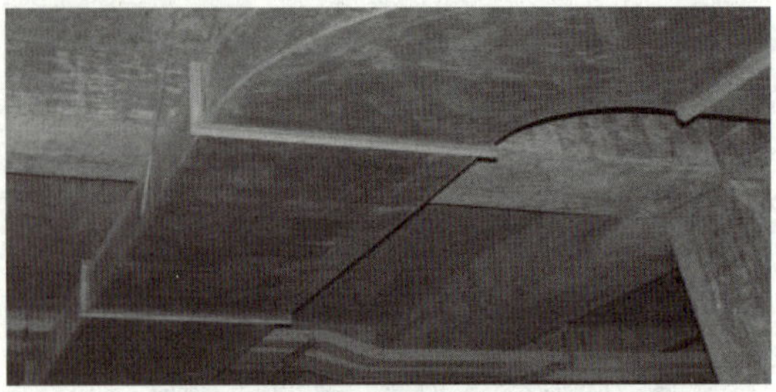

图 2-7-20　风管支吊架未设置防晃支架

图 2-7-21　风管支吊架布置合理

（3）风管穿越防火、防爆的墙体或楼板处。

存在问题：风管穿越防火、防爆的墙体或楼板处，未设置预埋管或防护套管（见图 2-7-22）。

防治措施：风管穿越防火、防爆的墙体或楼板处，应设置预埋管或防护套管（见图 2-7-23）；监理发现问题应要求施工单位补设。

图 2-7-22　风管穿越防火、防爆的墙体处未设置防护套管

图 2-7-23　风管穿越墙体处设置防护套管

4. 管道安装

存在问题：冷凝水管道安装倒坡或空调机组冷凝水管未按要求设置水封（见图 2-7-24）。

防治措施：严格按照规范要求执行检验措施；空调机组的排水管应按机内负压的大小验算设置水封（见图 2-7-25）。

图 2-7-24　未按要求设置水封

图 2-7-25　按要求设置水封

任务八　智能化分部工程质量管理

课前认知

智能化分部工程的意义主要体现在提高建筑设施的自动化控制程度、优化运行效率、提升安全性和应对突发事件的能力，从而创造更智能、舒适和健康的生活或工作环境。

（1）学习智能化分部工程施工阶段质量管控要点及验收要求。施工过程中需要关注每个环节的质量控制，确保每个步骤都符合规范和标准，并进行必要的质量检验和测试。

（2）了解智能化分部工程常见质量问题及防治。智能化分部工程常见质量问题主要包括设备安装不规范、管线材料混用、设备接线不规范、井道设备箱布局不合理等。

机柜安装

理论学习

一、智能化分部工程施工阶段质量管控要点及验收要求

1. 机柜、配线箱等设备安装

机柜、配线箱等设备的规格、容量、位置应符合设计要求，安装应符合有关规定（见图 2-8-1）。

图 2 8 1　机柜、配线箱等设备安装示例图

2. 缆线桥架安装

缆线桥架的安装应符合有关规定，其安装示例如图 2-8-2 所示。

3. 接地体安装

机柜、配线箱、配线设备屏蔽层及金属导管、桥架使用的接地体应符合设计要求，就近接地，并应保持良好的电气连接（见图 2-8-3）。

4. 缆线敷设

缆线敷设应有余量以适应成端、终接、检测和变更，有特殊要求的应按设计要求预留长度，并应符合有关规定（见图 2-8-4）。

图 2-8-2　缆线桥架安装示例图

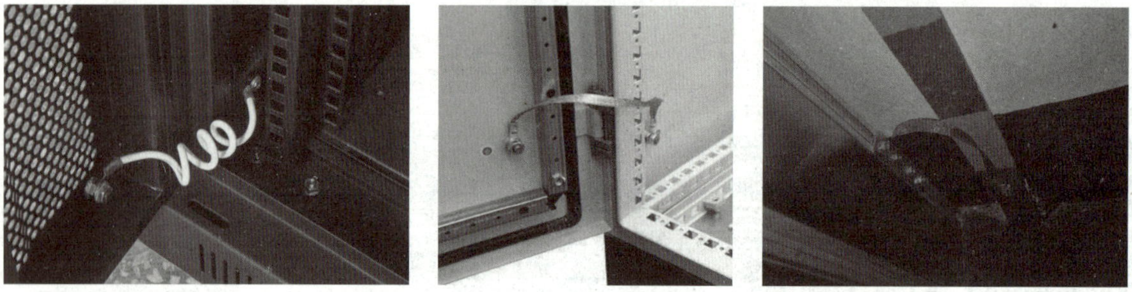

图 2-8-3　接地体安装示例图

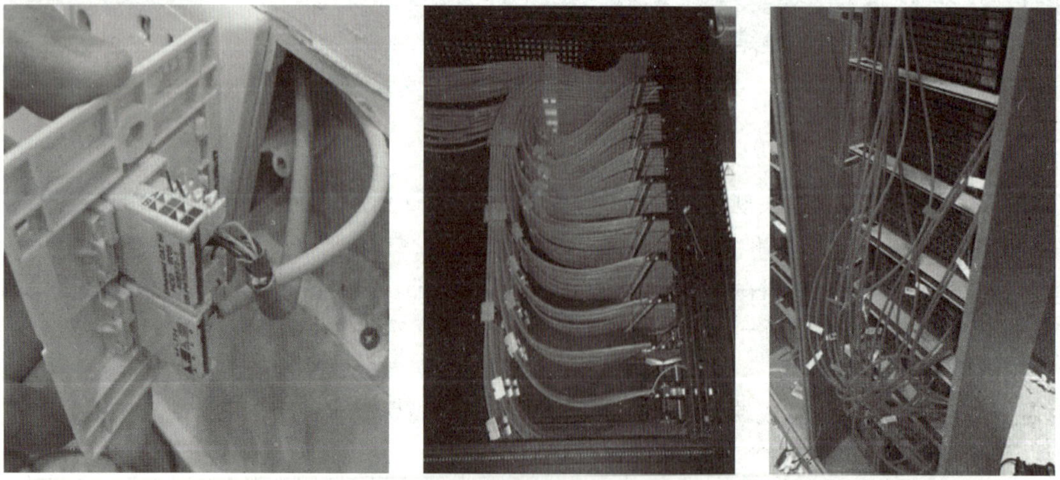

图 2-8-4　缆线敷设示例图

5. 缆线弯曲（见图 2-8-5）

缆线的弯曲半径应符合有关规定。

图 2-8-5　缆线弯曲示例图

6. 缆线与其他管线的间距

缆线与其他管线的间距应符合设计要求，并应符合有关规定。

7. 预埋槽盒和暗管敷设缆线

预埋槽盒和暗管敷设缆线应符合有关规定，钢管预埋、聚氯乙烯导管预埋及补偿装置示例如图 2-8-6 至图 2-8-8 所示。

图 2-8-6　钢管预埋示例图

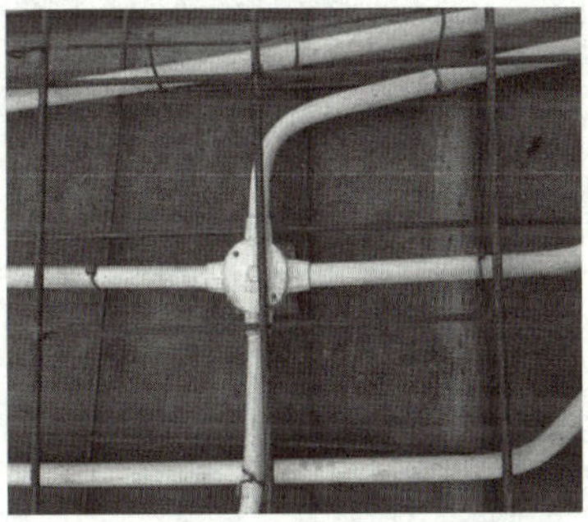

图 2-8-7　聚氯乙烯导管预埋示例图

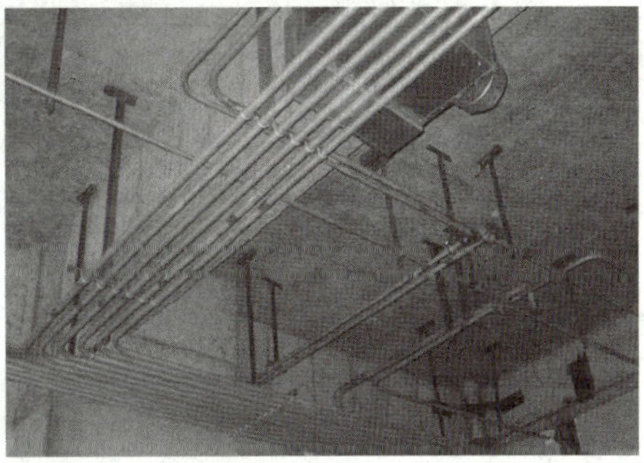

图 2-8-8　补偿装置示例图

8. 设置缆线桥架敷设缆线

设置缆线桥架敷设缆线应符合有关规定（见图 2-8-9）。

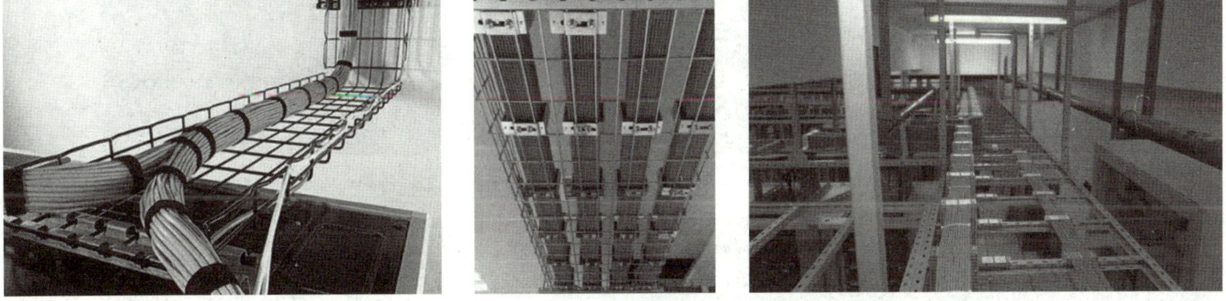

图 2-8-9　缆线桥架敷设缆线示例图

9. 金属导管、槽盒明敷设

金属导管、槽盒明敷设时应符合有关规定（见图 2-8-10）。

图 2-8-10　金属导管、槽盒明敷设示例图

10. 预埋暗管保护

预埋暗管保护应符合有关规定（见图 2-8-11）。

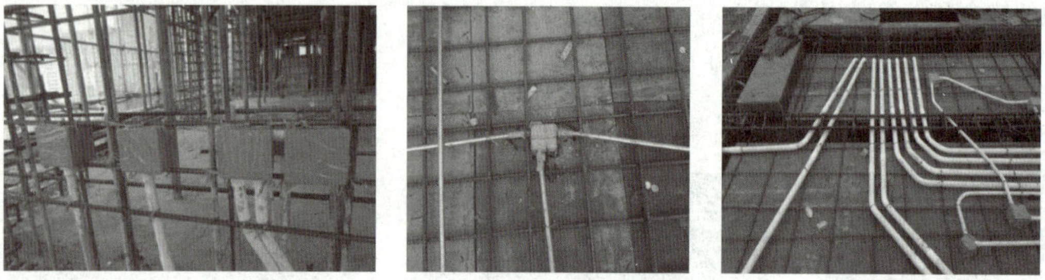

图 2-8-11　预埋暗管保护示例图

11. 桥架安装

桥架安装应符合有关规定（见图 2-8-12）。

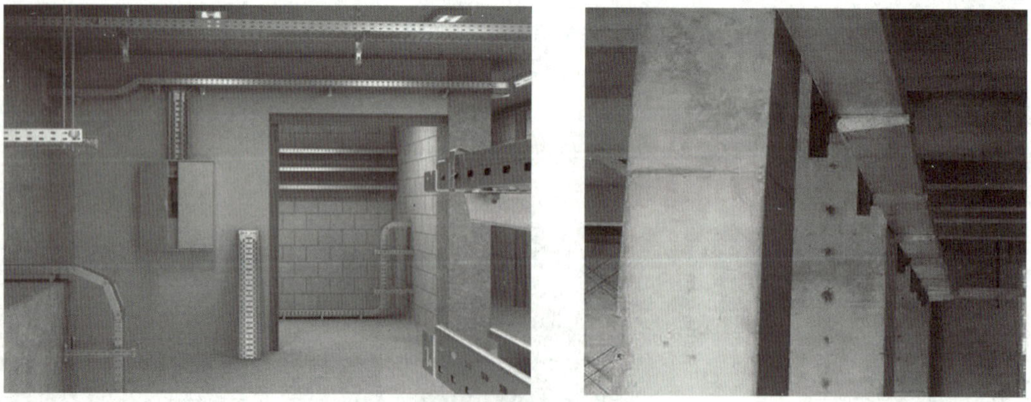

图 2-8-12　桥架安装示例图

12. 设置桥架保护

设置桥架保护应符合有关规定，支吊架设置、转弯处缆线桥架安装及活动地板下缆线敷设示例如图 2-8-13 至图 2-8-15 所示。

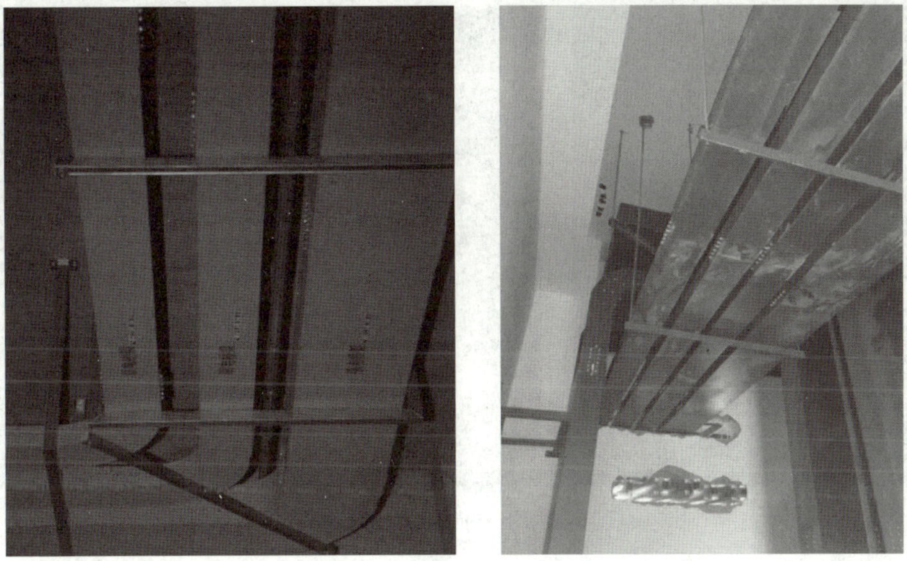

图 2-8-13　支吊架设置示例图

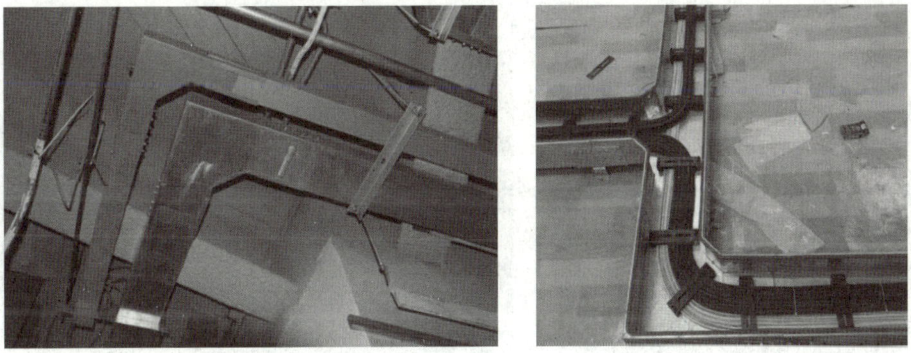

图 2-8-14　转弯处缆线桥架安装示例图

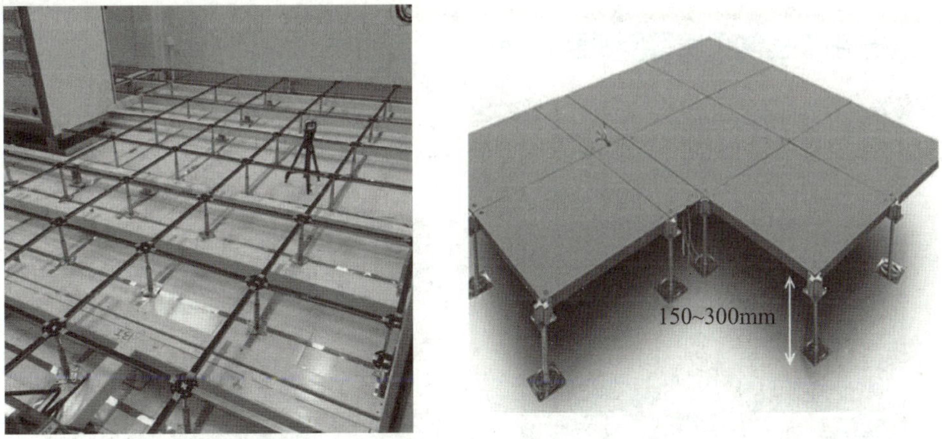

图 2-8-15　活动地板下缆线敷设示例图

13. 对绞线连接

对绞线连接应符合有关规定（见图 2-8-16）。

图 2-8-16　对绞线连接示例图

14. 光纤终接与接续

光纤终接与接续应符合有关规定（见图 2-8-17）。

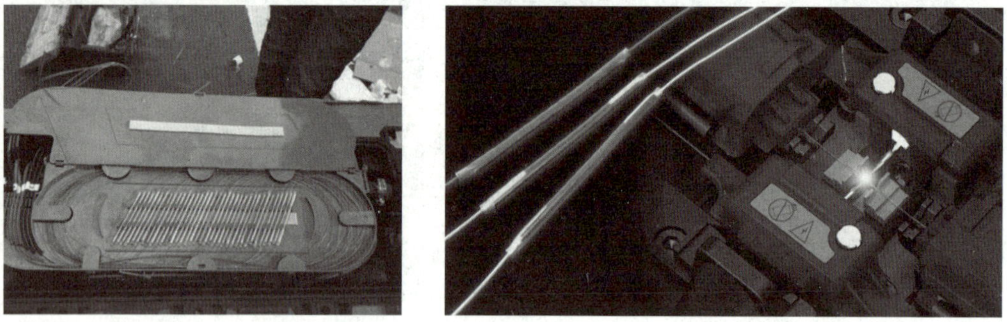

图 2-8-17　光纤终接与接续示例图

二、智能化分部工程常见质量问题及防治

1. 探测器安装

当探测器位置距墙、梁的距离不符合要求时，要及时调整（见图 2-8-18）。

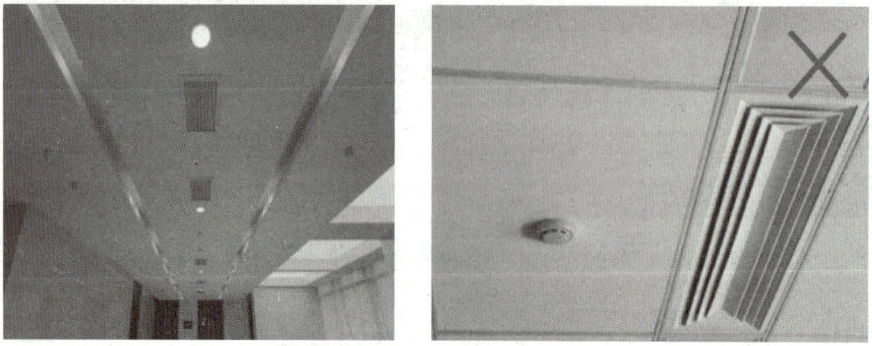

（a）正确做法　　（b）错误做法

图 2-8-18　探测器安装示例图 1

在吊顶上安装探测器，当固定材料强度低时，应采取适当措施进行加固（见图 2-8-19）。

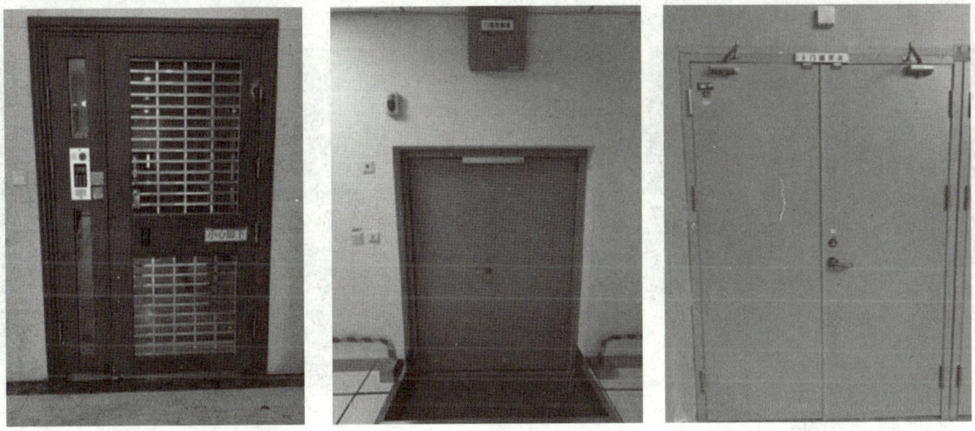

（a）读卡器安装　（b）设备底盒预埋　（c）磁力锁安装

图 2-8-19　探测器安装示例图 2

2. 火灾自动报警导线

在吊顶内敷设火灾自动报警导线时，必须采用耐火绝缘导线；铜芯绝缘导线、电缆的最小截面和电压，进场绝缘导线的型号、规格等，应符合设计要求。

3. 门禁系统安装

结构施工预埋时，按照施工规范预埋好执行器部分设备底盒和线管，底盒和线管应在墙体内暗敷；单开门磁力锁应安装于保护区内门框上靠近门开启侧，双开门磁力锁安装在保护门内门框上的中间位置。

4. 电梯平层

在平衡系统调整后及静载试验完成后进行平层的调整；在电梯中加 50%的额定重量，以楼层中层为基准层，调整感应器和铁板位置等。

5. 层门指示灯

层门指示灯盒和召唤盒安装前应与装饰工程密切配合；指示灯预埋盒施工时应保持方正平整。

不同电压等级回路的电线、电缆敷设

6. 线缆敷设

（1）机柜内线缆应分别绑扎在机柜两侧埋线架上，应排列整齐、美观，缆线端连接牢固（见图 2-8-20），信息点标识应准确。配线架打线牢固，线对保持扭绞状态良好。

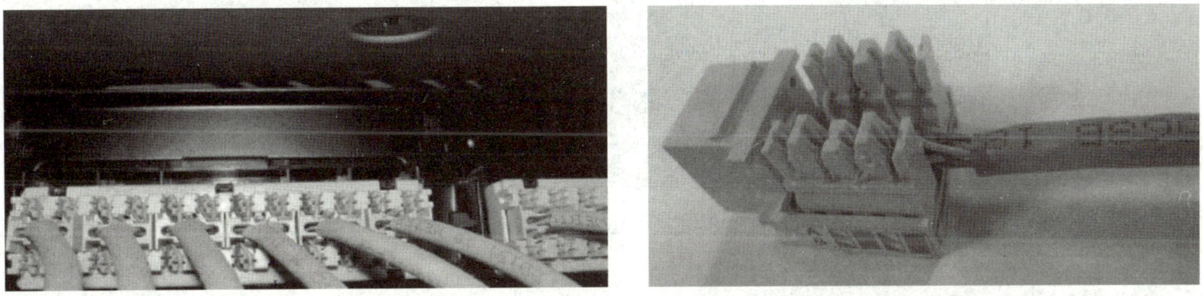

（a）机柜内线缆排列整齐、美观　（b）缆线端连接牢固

图 2-8-20　机柜内线缆、缆线端连接示意图

（2）线缆要理顺并绑扎好；电力电缆和信号线严禁在同一线管内敷设。要在图纸上标明每个回路的编号；线缆预留要考虑适应终端、检测和变更等情况（见图 2-8-21）。

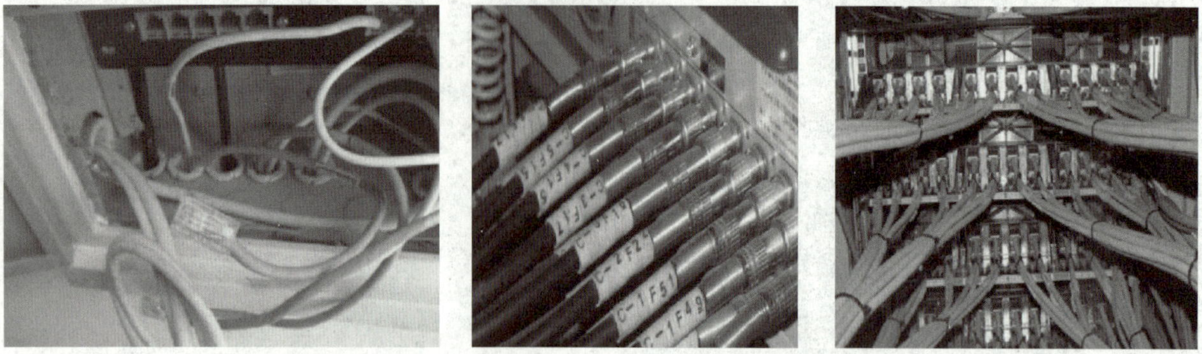

（a）错误做法　　（b）正确做法

图 2-8-21　线缆敷设示例图

7. 线缆

当广播系统的线缆与通信线或电力线共管或共槽时，容易造成信号干扰，应用专用线槽和线管敷设；广播系统具备消防应急广播功能，采用阻燃线槽、阻燃线管和阻燃线缆敷设。不同电压等级回路的线缆分槽敷设；不同系统的线缆分槽敷设，并清晰标记（见图 2-8-22）。

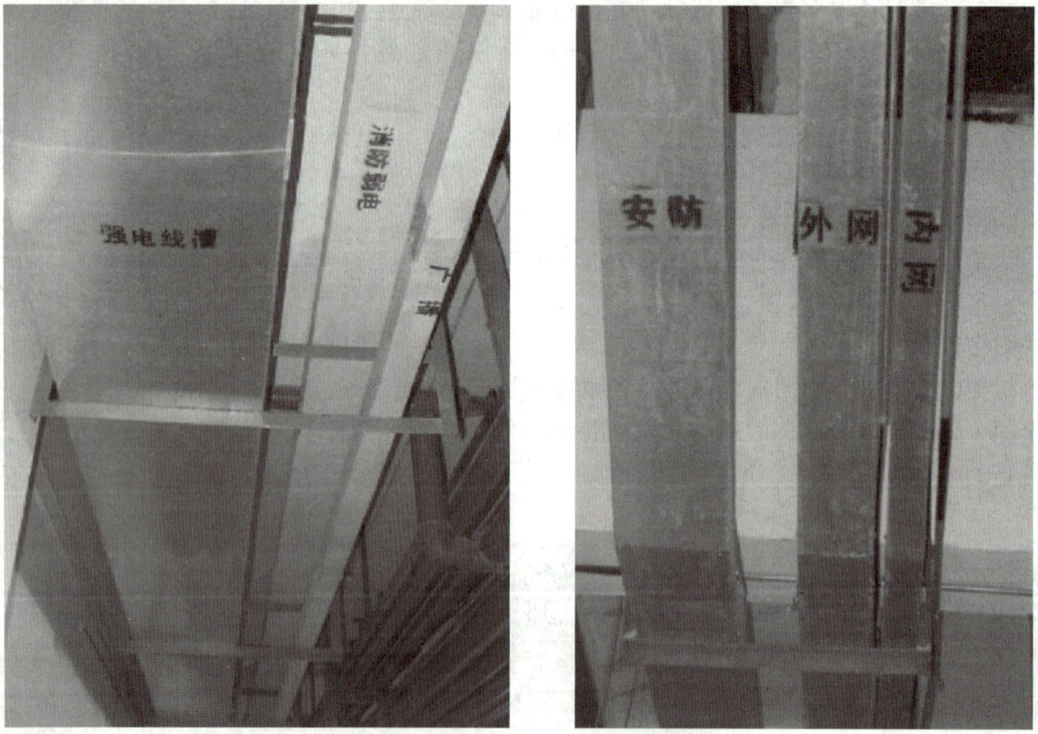

图 2-8-22　线缆分槽敷设示例图

8. 设备安装

（1）常见问题：视频线缆与电缆接插件（BNC 接头）连接不牢固；视频线缆屏蔽层与同轴电缆接

插件（BNC 接头）外壳接触不良。

防治措施：规范施工，消除线路接头中存在的毛刺、剪痕或回钩现象。做接头时视频线的屏蔽层与 BNC 接头的屏蔽外壳、线芯与 BNC 接插件插针孔分别进行上锡处理，确保连接牢固（见图 2-8-23）。

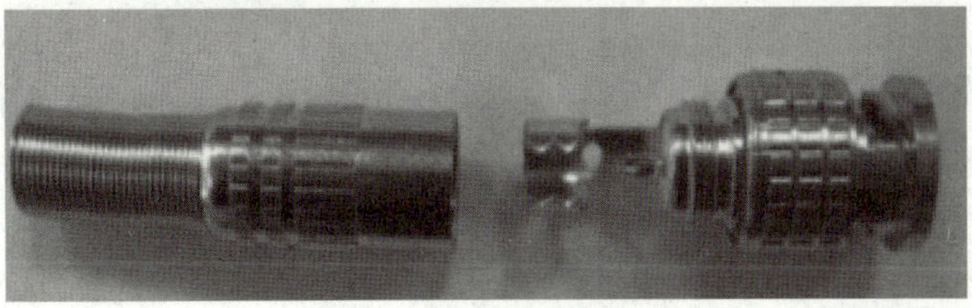

（a）消除毛刺和剪痕

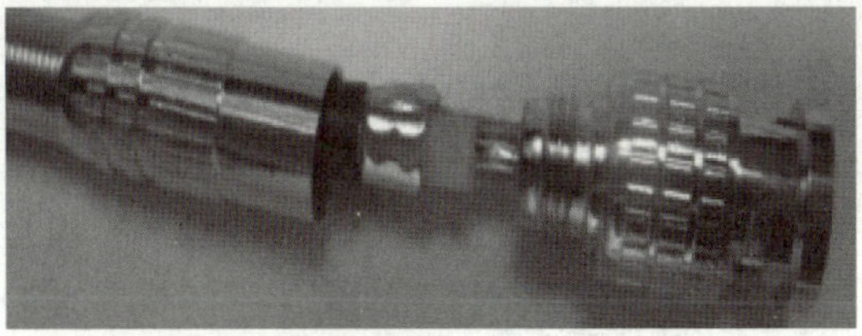

（b）BNC 接头的屏蔽层与线芯都进行上锡焊接，连接良好

（c）视频线通过 BNC 接头与设备可靠连接

图 2-8-23　视频线缆与 BNC 接头连接示例图

（2）常见问题：电视监控系统（见图 2-8-24）图像质量差、模糊不清。

防治措施：放线后要用仪表测试视频线路的信号，加装放大器或均衡器。镜头焦距安装前要调试好，适当避开遮挡物。摄像机的安装方位不要正对着强光，要选择有良好逆光补偿效果的摄像机。

（3）常见问题：火灾探测器（见图 2-8-25）安装位置不当，造成误报或不报警；探测器与灯具等布局不合理，影响美观。

防治措施：施工期间加强检查及监督，合理确定线盒的位置；根据现场的情况合理调整安装位置和角度。

图 2-8-24　电视监控系统示例图

正确做法

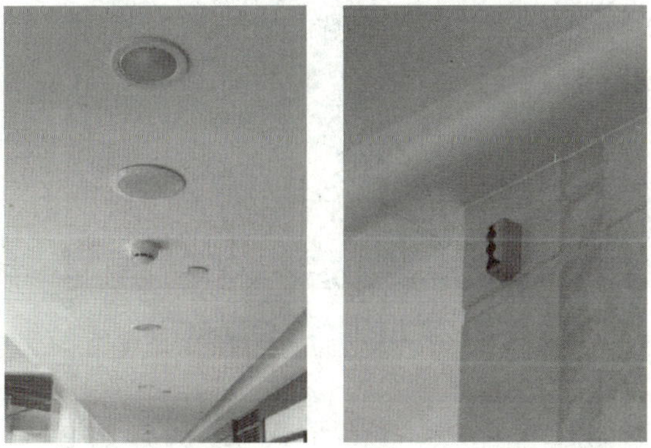

图 2-8-25　火灾探测器安装示例图

任务九 建筑节能分部工程质量管理

课前认知

节能工程质量管控要点

节能分部工程是建筑工程施工中重要的一环。它关乎建筑的功能，以及后期使用中的表现。本任务将深入讲解建筑节能分部工程质量管理要点。

理论学习

图 2-9-1 新型节能建筑示例图

建筑节能分部工程具体是指在建筑物的规划、设计、新建（改建、扩建）、改造和使用过程中，执行节能标准，采用节能型的技术、工艺、设备、材料和产品，提高保温隔热性能和采暖供热、空调制冷制热系统效率，加强建筑物用能系统的运行管理，利用可再生能源，在保证室内热环境质量的前提下，减少供热、空调制冷制热、照明、热水供应的能耗。新型节能建筑示例如图 2-9-1 所示。

一、节能工程设计

节能工程设计主要包括墙体、幕墙、门窗、屋面、地面、通风与空调等。

1. 墙体节能工程

墙体节能工程主要是指建筑外围护结构采用板材、浆料、块材及预制复合墙板等墙体保温材料或构件的建筑节能工程。

外保温构造做法通常为：饰面层 + 保温抹面砂浆 + 岩棉板 + 水泥砂浆 + 专用砌筑砂浆 + 蒸压加气混凝土砌块基层墙体（见图 2-9-2）。

图 2-9-2 某工程墙体外保温示例图

内保温构造做法通常为：饰面层 + 保温抹面砂浆 + EPS 复合石膏保温板 / 无机保温板 + 水泥砂浆 + 专用砌筑砂浆 + 基层墙体（见图 2-9-3）。

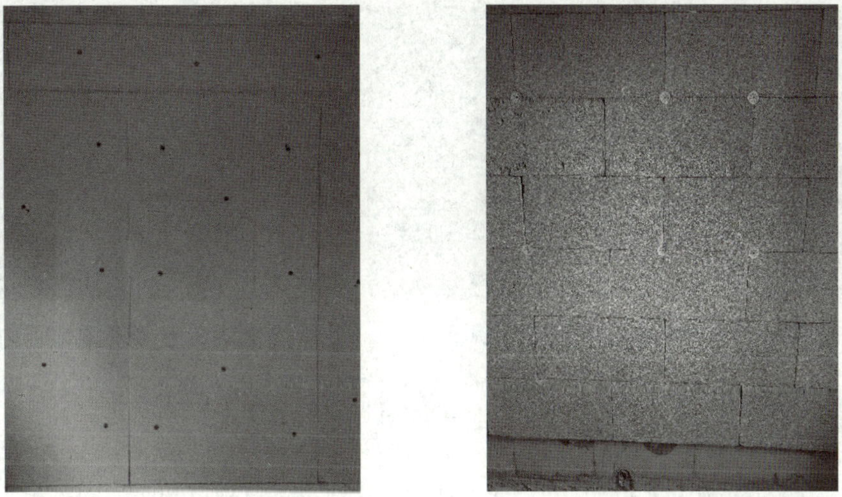

（a）墙体内保温工程（EPS 复合石膏保温板）　　（b）墙体内保温工程（无机保温板）

图 2-9-3　某工程墙体内保温示例图

2. 幕墙节能工程

幕墙节能工程是指通过建筑幕墙来提高建筑能源利用效率和降低能耗的一项工程，主要包括利用高性能隔热材料、采用低辐射及高透明的玻璃等措施，以及进行系统升级，实现节能的目的（见图 2-9-4）。

3. 门窗节能工程

门窗节能工程是指通过采用先进的材料、设计、制造工艺等技术手段，提高门窗的保温、隔热、通风等性能，以达到降低建筑能耗、提高室内舒适度的目的（见图 2-9-5）。

图 2-9-4　某建筑幕墙节能工程示例图

图 2-9-5　某建筑门窗节能工程示例图

4. 屋面节能工程

屋面节能工程主要指采用板材、现浇、喷涂等保温隔热方法建造的建筑屋面。屋面保温构造做法通常为：饰面层 + 细石混凝土 + 挤塑聚苯乙烯泡沫塑料保温板 + 防水层浆 + 找平层 + 轻集料混凝土找坡 + 钢筋混凝土屋面板（见图 2-9-6）。

5. 地面节能工程

地面节能工程是指通过采用先进技术和手段，对建筑物地面进行改造和优化，以提高地面的保温、隔热性能和舒适度，达到节能减排的目的（见图 2-9-7）。楼地面保温构造做法通常为：现浇 LC15 全轻混凝土 + 钢筋混凝土楼板。

图 2-9-6　某建筑屋面节能工程示例图

图 2-9-7　某建筑地面节能工程示例图

图 2-9-8　某建筑通风与空调节能工程示例图

6. 通风与空调节能工程

通风与空调节能工程是指对通风系统和空调系统的节能设计和施工要求进行规范和实施的工程（见图 2-9-8）。

二、节能工程质量管理要点

1. 技术管控

施工前，应根据工程特点编制、报审节能专项施工方案，各施工工序应严格执行并按施工技术标准进行质量控制。

2. 材料及设备进场验收

对进入施工现场的材料、设备等进行外观质量检查和规格、型号、技术参数及质量证明文件核查，并形成相应验收记录（见图 2-9-9）。

（a）保温板进场验收　（b）多联机进场验收

图 2-9-9　材料及设备进场验收示例图

3. 施工管控

（1）墙体节能。

管控重点包括保温隔热材料的厚度不得低于设计要求；保温板材与基层之间及各构造层之间的粘结或连接必须牢固。膨胀套管的公称直径不应小于 8mm，公差为 ± 0.5mm。

（2）幕墙节能。

幕墙的气密性能应符合设计规定的等级要求；密封条应镶嵌牢固、位置正确、对接严密。某玻璃幕墙安装示例如图 2-9-10 所示。

（3）门窗节能。

外门窗框或附框与洞口之间的间隙应采用弹性闭孔材料填充饱满，并进行防水密封（见图 2-9-11）。

图 2-9-10　某玻璃幕墙安装示例图

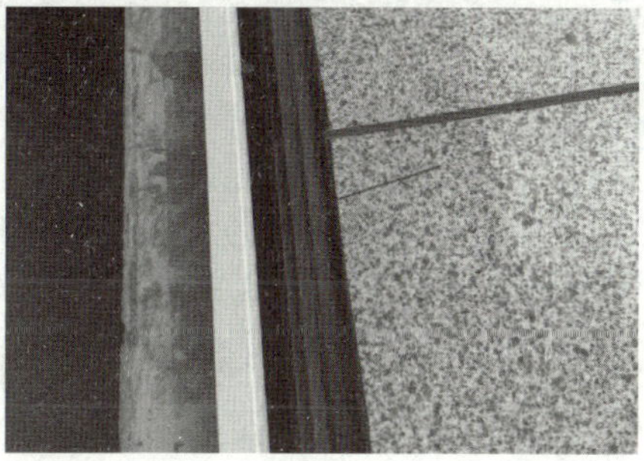
图 2-9-11　某窗框与洞口之间用防水材料密封示例图

（4）地面节能。

地面保温层的敷设方式、厚度应符合设计要求和有关标准规定（见图 2-9-12）。

（5）通风与空调节能。

通风与空调节能工程要注意空调设备应满足设计能耗、功率等要求；管道和设备保温厚度、平整度应根据不同地区、不同温差选择，离心玻璃棉保温风管示例如图 2-9-13 所示。

图 2-9-12　某楼地面保温混凝土施工示例图

图 2-9-13　离心玻璃棉保温风管示例图

任务十　电梯工程质量管理

课前认知

电梯工程是建筑工程施工中重要的一环。它关乎建筑的品质及用户的使用体验。本任务主要介绍电梯工程的质量管理要点。

（1）与电梯工程相关的构造性能：品牌、驱动系统、导轨、门系统、轿厢、对重、电气装置等。

（2）电梯安装中的质量管理：安装条件、安装工艺及施工操作规程，决定了电梯的安装质量。

电梯工程质量管理重点

（3）电梯工程验收的相关要求：土建交接检验、井道检验、机房检验等，关乎电梯后期的使用寿命，对于提高工程的整体质量、减少质量纠纷、延长电梯使用寿命等具有指导意义。

理论学习

一、基本知识

从国内建筑市场来看，电梯作为最基本的标配产品之一，对采购人员的工作提出了更加严格的要求，不仅需要具备电梯常识、品牌认知能力、市场洞察力，还要能根据项目定位，提出切实可行的采购方案，节省相应的采购成本，同时配合相关部门完成电梯的最终交付，并在产品投入使用之后妥善安排维保服务的对接。

二、质量管理重点

1. 进场验收

电梯设备进场时，需组织施工单位、监理单位、建设单位共同验收，检查随机文件，包括产品出厂合格证、装箱单、门锁装置、限速器、安全钳及缓冲器的型式试验证书、动力电路和安全电路的电气原理图及安装使用说明书。电梯进场验收示例如图 2-10-1 所示。

图 2-10-1　电梯进场验收示例图

2. 土建交接检验

（1）机房内部钢架结构及布置必须符合电梯土建布置图的要求。电梯机房钢架安装施工如图 2-10-2 所示。

（2）井道圈梁位置及配置。对于砌体井道，应按电梯图纸要求留置电梯圈梁和过梁，确保设备受力安全。电梯圈梁、过梁施工如图 2-10-3 所示。

图 2-10-2　电梯机房钢架安装施工图

图 2-10-3　电梯圈梁、过梁施工图

（3）主体结构施工时，应按电梯图纸要求在电梯机房楼板预留电梯钢丝绳孔、顶板预留吊钩，确保设备正常使用。图 2-10-4 为某电梯机房楼板预留孔、顶板预留吊钩施工图，图 2-10-5 为某电梯机房楼板预留孔、顶板吊钩预留施工图。

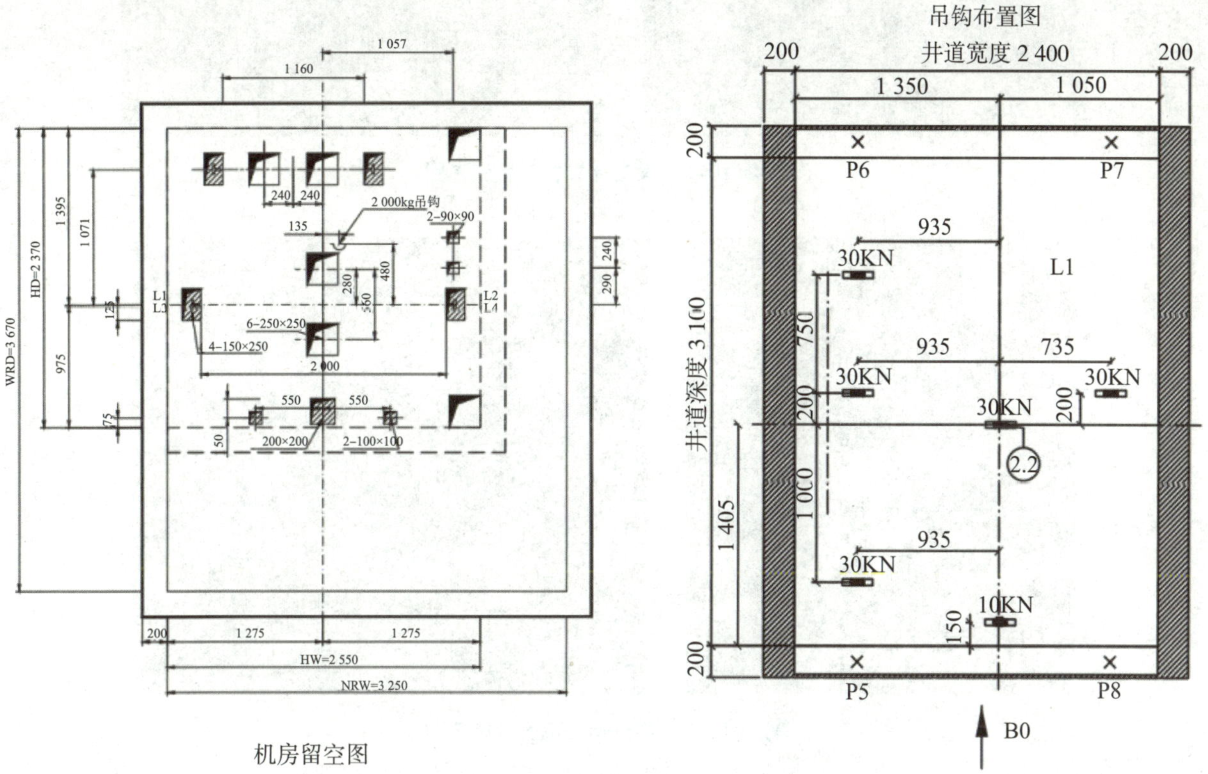

图 2-10-4 某电梯机房楼板预留孔、顶板预留吊钩施工图（单位：mm）

图 2-10-5 某电梯机房楼板预留孔、顶板预留吊钩施工图

（4）导轨安装。导轨安装位置必须符合土建施工图要求；导轨支架在井道壁上的安装应固定可靠，锚栓（如膨胀螺栓等）应固定在井道壁的混凝土构件上，其连接强度与承受振动的能力应满足电梯产品设计要求，混凝土构件的压缩强度应符合土建施工图要求。图 2-10-6 为某电梯导轨安装施工图。

（5）主机安装。所有电气设备及导管、线槽的外露可导电部位均必须可靠接地，接地支线应分别直接连接至接地干线接线柱上，不得互相连接后再接地。图 2-10-7 为某电梯主机安装施工图。

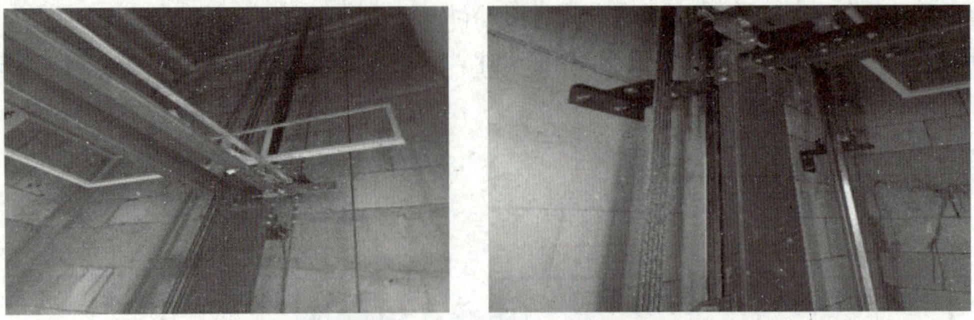

图 2-10-6　某电梯导轨安装施工图

图 2-10-7　某电梯主机安装施工图

项目三

建筑工程质量验收管理

学习目标

1. 知识目标

（1）了解建筑工程质量验收的流程及标准；

（2）熟悉验收现场管理的主要内容、现场准备及程序与组织；

（3）掌握建筑工程资料管理的分类、内容与注意事项。

2. 技能目标

（1）能够按照《建筑工程资料管理规程》要求，对施工过程资料和竣工资料进行科学的分类整理；

（2）能够执行建筑工程的质量验收流程，组织竣工验收小组并落实验收任务；

（3）能够审核、编制和完善竣工验收所需的技术文件，并确保文件的准确性和规范性；

（4）能够高效组织竣工验收的现场管理工作，处理验收过程中的问题并提出整改措施。

3. 素养目标

（1）培养严谨的工作态度，强化责任意识，注重资料管理的规范性；

（2）提升团队协作能力，增强在工程项目中有效沟通、协调的意识和能力；

（3）培养在工程验收中遵守职业规范的意识，确保验收合规性。

学习重点

（1）建筑工程施工过程的质量验收方法和标准；

（2）竣工资料的分类、收集、整理与归档要求；

（3）建筑工程竣工验收流程及各方职责分配；

（4）验收现场的管理技巧和问题处理方法。

学习难点

（1）确保竣工资料的全面性、真实准确性及可追溯性；

（2）有效管理施工过程和竣工资料的编号与归档，达到国家标准；

（3）在实际项目中协调多个参与方完成竣工验收任务；

（4）处理验收过程中发现的质量问题，并组织整改和再验收。

任务描述

（1）按照工程进度，分类收集施工过程资料与竣工资料，确保资料齐全；

（2）编制、编号并整理所有验收文件，符合国家档案管理规定；

（3）组织竣工验收小组，落实各参与单位职责，确保验收流程有序；
（4）检查、复核所有验收资料，确保内容的完整性和合规性；
（5）按要求完成竣工资料的归档和移交，确保签字盖章手续完备。

任务一　全套验收流程

课前认知

建筑工程质量验收是确保工程质量和安全的重要环节，掌握其验收流程，有助于施工现场健全质量管理体系、提高施工质量管理水平。本任务学习建筑工程质量验收的全套流程。

建筑工程质量验收可分为施工过程质量验收和竣工阶段质量验收两个主要部分。在施工过程中，质量验收主要通过检验批、分项工程、分部工程、单位工程等进行，以确保每个施工环节和单元都达到预定的质量标准。施工单位负责自检工作并提交相关验收记录，监理单位则对施工过程进行监督和复检。竣工验收是整个工程的最终检验阶段，确保所有施工内容完工、符合设计要求并能够投入使用。竣工验收的程序包括施工单位的自检、监理单位的预验收，以及最终由建设单位组织的全面验收。验收过程必须依据设计文件、合同要求及相关的法律法规进行，确保施工过程的合规性和工程质量的合格性。在竣工验收通过后，建设单位需要将相关材料提交给建设行政主管部门进行备案，以保证工程项目符合所有相关管理规定。

全套验收流程

理论学习

一、建筑工程质量验收划分

建筑工程质量验收可划分为单位工程、分部工程、分项工程和检验批等验收。

（1）单位工程：具备独立施工条件并能形成独立使用功能的建筑物或构筑物为一个单位工程；对规模较大的单位工程，可将其能形成独立使用功能的部分划分为一个子单位工程。

（2）分部工程：按专业性质、工程部位确定；当分部工程较大或较复杂时，按材料种类、施工特点、施工程序、专业系统及类别划分为若干子分部工程。

（3）分项工程：可按主要工种、材料、施工工艺、设备类别进行划分。

（4）检验批：可根据施工、质量控制和专业验收的需要，按工程量、楼层、施工段、变形缝进行划分。

施工前，应由施工单位制定分项工程和检验批的划分方案，并由监理单位审核。对于相关专业验收规范未涵盖的分项工程和检验批，可由建设单位组织监理、施工等单位协商确定。

室外工程可根据专业类别和工程规模按规范要求的规定划分子单位工程、分部工程和分项工程。

二、材料进场验收

1. 材料进场检验

（1）进场检验。对进入施工现场的建筑材料（如钢筋）、构配件、设备及器具，按相关标准规范的要求进行检验，并对其质量、规格及型号等是否符合设计及规范的要求做出确认的活动（见图 3-1-1）。

图 3-1-1　进场检验

（2）见证检验。施工单位在工程监理单位或建设单位的见证下，按照有关规定从施工现场随机抽取试样，送至具备相应资质的检测机构进行检验的活动。

2. 材料进场验收的具体要求

（1）验收人员。验收人员必须持证上岗，并具备相关专业知识，熟悉相关验收标准和规范，以便准确判断材料的质量。验收人员应具备较强的责任心和细致认真的工作态度，能够认真查验每一个材料，确保无遗漏。

（2）验收地点与时间。材料验收地点一般设在施工现场的仓库或材料堆场；材料进场验收的时间应与施工进场时间相一致，确保材料及时到位，不影响施工进度。

（3）验收内容与步骤。主要有核对材料信息、外观质量检验、尺寸规格测量、性能指标检测、数量核对等。

（4）验收记录与标识。验收人员应将验收结果记录在验收记录表中，明确材料的合格与否，并签字确认。合格的材料应及时入库，妥善保管，并做好标识。

（5）不合格材料处理。对于不合格的材料，必须建立档案，并立即通知供应商进行处理，要求其重新提供合格的材料。

（6）监督与检查。工程建设单位应加强对材料进场验收工作的监督，确保验收的公正性和准确性。工程建设单位应定期检查和抽查已验收的材料，以确保其符合质量要求。

三、验收流程

（1）检验批验收（见图 3-1-2）。

责任主体：施工单位质检员和监理工程师。

内容：对建筑工程中的最小验收单元（即检验批）进行质量检查，确保主控项目和一般项目的质量经抽样检查合格，并具有完整的施工操作依据和质量检查记录。

图 3-1-2　检验批验收

（2）隐蔽验收（见图 3-1-3）。

责任主体：施工单位项目技术负责人和监理工程师。

内容：对建筑工程中隐蔽的部分（如钢筋、水电等）进行验收，确保这些部分在隐蔽前已达到质量要求。

图 3-1-3　隐蔽验收

（3）分项工程验收。

责任主体：施工单位项目技术负责人和监理工程师。

内容：对建筑工程中的分项工程（如基础工程、主体结构等）进行验收，确保分项工程所含的检验批均符合合格质量的规定。

（4）分部工程验收。

责任主体：施工单位技术负责人、建设单位技术负责人、总监理工程师、设计单位项目负责人等。

内容：对建筑工程中的分部工程（如地基与基础分部、主体结构分部等）进行验收，确保分部工程符合合格质量的规定，并检查有关工程安全和功能的检验和抽样检测结果是否符合有关规定。

（5）单位工程验收。

单位工程中的分包工程完工后，分包单位应对所承包的工程项目进行自检，并应按有关标准规定的程序进行验收。

（6）竣工验收。

1）竣工验收准备阶段：施工单位完成建设工程设计和合同约定的各项内容，并自行组织有关人员进行检查评定。施工单位向建设单位提交工程验收报告，并附上完整的技术档案和施工管理资料，工程使用的主要建筑材料，建筑构配件和设备的进场试验报告，勘察、设计、施工、工程监理等单位分别签署的质量合格文件，以及施工单位签署的工程保修书。

2）验收阶段：建设单位收到工程竣工报告后，应由建设单位项目负责人组织监理、施工、设计、勘察等单位项目负责人进行单位工程验收。首先，组织勘察、设计、施工、监理等单位制定验收方案。各单位审阅工程档案资料，实地查验工程质量，并给出验收意见。验收合格后，建设单位提出工程竣工验收报告，并报建设行政管理部门备案。

3）注意事项：在整个验收流程中，应确保参加验收的各方人员具备规定的资格。验收应在施工单位自行检查评定的基础上进行，确保验收的公正性和准确性。当参加验收各方对工程质量验收意见不一致时，可请当地建设行政主管部门或工程质量监督机构协调处理。

任务二　验收现场管理

课前认知

验收现场管理的核心目的是确保建筑工程的质量符合设计要求和相关标准规范，通过严格的验收流程和管理措施，发现并解决潜在的质量问题，从而保障工程的安全性、可靠性和耐久性。本任务学习验收现场管理的内容及要求。

（1）验收资料准备：验收资料是工程实体验收的依据，是证明质量合格的一项重要支撑工作。

（2）验收现场准备：确保现场实体验收的顺利开展。

（3）验收程序与组织：了解各项验收工作的组织者、参与者，确保验收工作符合规定程序。

验收现场管理　专项工程竣工验收管理 1　专项工程竣工验收管理 2　专项工程竣工验收管理 3　专项工程竣工验收管理 4　专项工程竣工验收管理 5

理论学习

一、验收资料准备

施工单位需备齐相关验收资料，包括施工图纸、施工记录、质量检测报告等，确保资料内容齐全、真实、清楚。下面以几个分部验收需准备的资料为例。

1. 地基验槽准备资料

工程地勘报告（见图 3-2-1）、基础设计图、工程定位测量记录、基槽验线记录、地基承载力检测报告等。

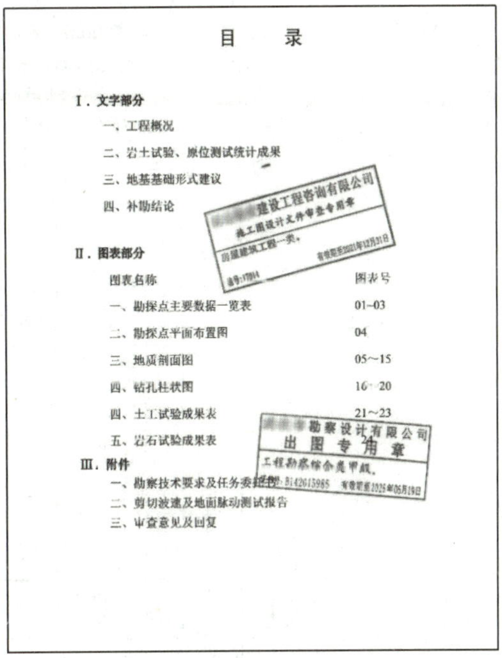
目　录

Ⅰ. 文字部分
一、工程概况
二、岩土试验、原位测试统计成果
三、地基基础形式建议
四、补勘结论

Ⅱ. 图表部分

图表名称	图表号
一、勘探点主要数据一览表	01~03
二、勘探点平面布置图	04
三、地质剖面图	05~15
四、钻孔柱状图	16~20
四、土工试验成果表	21~23
五、岩石试验成果表	

Ⅲ. 附件
一、勘察技术要求及任务委托书
二、剪切波速及地面脉动测试报告
三、审查意见及回复

图 3-2-1　工程地勘报告

2. 主体结构验收准备资料

工程地勘报告、结构施工图、混凝土抗压强度试验报告、混凝土试块强度统计、评定记录、钢筋原材试验报告、钢筋机械连接试验报告、钢筋焊接连接试验报告、主体结构实体检测报告［混凝土强度检测、钢筋分布检测、楼板厚度检测、拉结筋拉拔力、混凝土钢筋保护层厚度、工程沉降观测报告（见图 3-2-2）等］（见图 3-2-3）。

3. 建筑电气验收准备资料

电气施工图，主要材料、构配件、设备进场汇总表及报告，施工隐蔽记录，接地电阻测试记录，电气绝缘电阻测试记录，试运行记录，避雷装置检测报告及电气检测报告（见图 3-2-4）。

目录

图 3-2-2　工程沉降观测报告

1.1 检测目的

工程需要

1.2 检测参数及内容

检测参数：混凝土抗压强度、楼板厚度、钢筋保护层厚度、钢筋网格间距、后植筋拉拔。

具体检测内容如下：

1.2.1 混凝土抗压强度检测（回弹法）

采用回弹法检测该工程1#楼（负1层~屋面）主体结构墙及梁类构件的现龄期混凝土抗压强度，共检墙及梁88个构件，共880个测区。

1.2.2 楼板厚度检测

1#楼（负1层~屋面）主体结构楼板厚度，每块板取3点进行检测，共检测34块板。

1.2.3 钢筋保护层厚度检测

1#楼主体结构，对悬挑构件之外的梁板类构件，应各抽取构件数量的2%且不少于5个构件进行钢筋保护层厚度检测。

1#楼（负1层~屋面）主体结构保护层厚度，对非悬挑梁类构件共检测50个构件，对非悬挑板类构件共检测68个构件。

1.2.4 楼板钢筋网格间距检测

1#楼（负1层~屋面）主体结构板类构件的钢筋网格间距共检测34个构件。

1.2.5 后植筋拉拔检测

1#楼（负1层~屋面）主体结构的后植筋共检测100根。

1.3 检测依据

图 3-2-3　主体（混凝土）结构实体检测报告

2	UT521 接地电阻测量仪	A65-005	DW540-232045435	2023.05.24	——
3	SYL 试压泵、0-2.5MPa 精密压力表	A6X1-006 A6X1-007	LX069-232026483 LX069-232026486	2023.04.17 2023.04.17	——

2. 检测方法和过程

本工程绝缘电阻、接地电阻、水压按《建筑电气工程施工质量验收规范》（GB50303—2015）及《建筑给水排水及采暖工程施工质量验收规范》（GB50242—2002）标准进行检测。

3. 检测结果（及分析）

3.1 线路绝缘检测

该建筑共 271 个线路回路，本次检测抽取了总数的 20%共 55 个回路进行了线路绝缘检测，检测结果见表 2、表 3：

表 2　线路绝缘检测结果

检验结果													
序号	回路编号	线路规格	绝缘电阻值（MΩ）										
1	AP1-Z1 WP1	4*25+1*16	规范要求	AB	BC	CA	AN	BN	CN	APE	BPE	CPE	NPE
			≥1	553	518	493	452	485	551	507	564	518	562
2	AP1-Z2 WP2	4*35+1*16	规范要求	AB	BC	CA	AN	BN	CN	APE	BPE	CPE	NPE
			≥1	491	533	545	480	439	594	437	549	572	601
3	AL1-1SP1 N1	4*35+1*16	规范要求	AB	BC	CA	AN	BN	CN	APE	BPE	CPE	NPE
			≥1	455	572	585	629	570	567	512	605	558	516
4	AL1-1SP1 N2	5*16	规范要求	AB	BC	CA	AN	BN	CN	APE	BPE	CPE	NPE
			≥1	544	565	515	455	571	531	459	604	584	546
5	AL1-1SP1 N3	4*25+1*16	规范要求	AB	BC	CA	AN	BN	CN	APE	BPE	CPE	NPE
			≥1	439	489	524	542	627	577	539	452	569	522
6	AL1-1SP2 N1	4*35+1*16	规范要求	AB	BC	CA	AN	BN	CN	APE	BPE	CPE	NPE
			≥1	594	573	501	527	621	488	600	595	450	520
7	AL1-1SP2 N3	5*16	规范要求	AB	BC	CA	AN	BN	CN	APE	BPE	CPE	NPE
			≥1	528	600	433	570	626	565	505	584	549	445

图 3-2-4　电气检测报告

二、验收现场准备

（1）按照验收程序和规定及验收方案，提前明确验收内容、时间、地点、参与人员，确保验收组织符合程序要求。

（2）针对现场验收准备，要注意细节，如隐蔽工程，确保自检问题得到完全解决。

（3）安排记录人员与验收组随行，做好疑问解答、验收意见记录，以便指导现场整改及资料交档。

三、验收程序与组织

（1）检验批应由专业监理工程师组织施工单位项目专业质量检查员、专业工长等进行验收。

（2）分项工程应由专业监理工程师组织施工单位项目专业技术负责人等进行验收。

（3）分部工程应由总监理工程师组织施工单位项目负责人和项目技术负责人等进行验收。勘察、设计单位项目负责人和施工单位技术、质量部门负责人应参加地基与基础分部工程的验收。

（4）设计单位项目负责人和施工单位技术、质量部门负责人应参加主体结构、节能分部工程的验收。

（5）单位工程中的分包工程完工后，分包单位应对所承包的工程项目进行自检，并应按相关标准规定的程序进行验收。验收时，总包单位应派人参加，分包单位应将所分包工程的质量控制资料整理完整，并移交给总包单位。

（6）单位工程完工后，施工单位应组织有关人员进行自检。总监理工程师应组织各专业监理工程师对工程质量进行竣工预验收。当存在施工质量问题时，应由施工单位整改。整改完毕后，由施工单位向建设单位提交工程竣工报告，申请工程竣工验收。

（7）建设单位收到工程竣工报告后，应由建设单位项目负责人组织监理、施工、设计、勘察等单位项目负责人进行单位工程验收。

任务三　资料管理要点

课前认知

建筑工程资料管理是确保工程质量、施工安全及后续维护的重要依据。在资料管理的过程中需要确保资料的真实性、完整性、准确性、及时性和规划性。

（1）学习资料的分类及内容：指导管理人员在资料管理过程中需收集资料的种类。

（2）学习资料管理的具体要求：明确各类资料管理的具体要求，以确保资料的完整性。

资料管理要点

工程资料
形成步骤

建筑施工资料
管理流程图

理论学习

一、资料的分类及内容

1. 基建文件

基建文件包括项目建议书、可行性研究报告、项目评估研究资料、征占用地的批准文件、规划意见书、建设用地规划许可证、国有土地使用证等。

2. 监理资料

监理资料是监理单位在工程建设监理活动过程中所形成的全部资料，包括监理规划、监理实施细则、旁站监理方案、监理月报、监理会议纪要、监理工作总结等。

3. 施工资料

施工资料是施工单位在工程施工过程中所形成的全部资料，包括施工技术资料、施工物资资料、施工测量资料、施工记录资料、施工试验资料、施工管理资料、检验批验收资料、竣工验收资料及工程变更资料等。

二、资料管理的具体要求

1. 分级管理

工程档案资料应实行分级管理，由建设、勘察、设计、监理、施工等单位的主管（技术）负责人组织各自单位的工程资料管理进行全过程工作。

2. 专业负责

在工程建设过程中，工程资料的收集、整理和审核工作应由熟悉业务的专业技术人员负责。

3. 统一格式

所用表格应按相关规定统一格式，若有特殊要求需要增加表格时，应按有关规定统一归类，一般验收资料均可在施工验收规范中获取。

4. 资料审核

对所有需交档的施工资料，应由资料员收集并进行初审，再报送技术负责人进行审核，主要核对工程的文件格式是否符合规范用表要求，资料中的参数是否与设计图纸、施工方案相符。资料严禁涂改、伪造、随意抽撤或损毁。

（1）工程准备阶段文件按建设程序、专业、形成单位等立卷；监理文件按单位工程、分部工程、专业、阶段等立卷。

（2）施工文件按单位工程、分部工程、专业、阶段等立卷。

（3）竣工图按单位工程、专业等立卷。

（4）竣工验收文件按单位工程、专业等立卷。

（5）小型工程或专业工程中，文件材料数量少，各种文件材料难以独立成卷的，文字材料、图纸可组成混合卷。文字材料应排列在前，图纸应排列其次。

三、资料管理的注意事项

1. 确保资料的真实性与完整性

真实性：工程资料应真实反映工程质量的实际情况，不得伪造、篡改或隐瞒。所有记录、报告和数据都应基于实际观察和测试结果，确保信息的准确性。

完整性：资料应包含所有必要的文件和记录，从项目启动到竣工验收的全过程文件都需妥善保存。

这包括施工合同、设计图纸、施工记录、检测报告、验收报告等，以确保资料的全面性和系统性。

2. 遵循资料的规范性与标准化

标准格式：使用统一的标准格式进行资料的填写和整理，如使用规定的表格、图纸和报告模板等。这有助于提高工作效率，确保资料的规范性和可读性。

签章手续：所有资料都应经过相关人员的签字确认，并加盖相关单位的公章。签字和盖章应清晰、完整，确保资料的合法性和有效性。

3. 注重资料的时效性与同步性

时效性：资料应随着工程进度的推进及时收集、整理和归档，确保资料的时效性和准确性。避免资料滞后或遗漏，导致工程问题无法及时发现和解决。

同步性：资料应与工程进度保持同步，确保资料的更新与工程进度相匹配。这有助于工程管理人员及时了解工程进展，做出正确的决策和安排。

4. 加强资料的保密性与安全性

保密性：对于涉及商业秘密、个人隐私等敏感信息的资料，应严格保密，避免泄露给无关人员或机构。

安全性：加强对资料室的管理，确保资料的安全存放和保管。同时，采取必要的防火、防盗、防潮等措施，防止资料损坏或丢失。

5. 建立完善的归档与保存制度

归档制度：建立完善的资料归档制度，明确资料的分类、编号、归档和借阅流程，确保资料的分类科学合理，便于查询和利用。

保存期限：根据资料的性质和重要性，设定合理的保存期限。对于重要的工程资料，应采取长期保存措施，如电子化存储、备份等，确保资料的长期可读性和可利用性。

6. 提高资料管理人员的专业素质

培训与教育：定期对资料管理人员进行培训和教育，提高其专业素质和管理能力。这包括资料管理知识、相关法律法规、软件操作技能等方面的培训。

责任意识：增强资料管理人员的责任意识，明确其职责和权限。要求资料管理人员严格遵守规章制度，认真履行职责，确保资料管理的规范性和有效性。

综上所述，建筑工程资料管理涉及多个方面和环节，需要工程管理人员全面考虑和细致操作。通过加强资料的真实性、规范性、时效性、保密性及建立完善的归档与保存制度等方面的管理，可以有效提高资料管理水平和效率，为工程项目的顺利进行提供有力的保障。

项目四

建筑工程质量创优管理

学习目标

1. 知识目标

（1）了解优质工程的定义与分类；

（2）熟悉各类优质工程的申报要求、资料及流程；

（3）掌握各类优质工程的质量验收要点；

（4）会分析创优工程优秀做法案例。

2. 技能目标

（1）掌握优质工程的申报要求和流程；

（2）会分析施工技术的创新应用、项目管理的有效性及质量控制的严格性等优秀做法，并以图片形式进行展示。

3. 素养目标

（1）通过学习，培养质量第一的意识；

（2）培养对创优工程重点关注的质量管控要点及标准做法的强烈意识，为今后的工作实践奠定坚实的基础。

学习重点

（1）优质工程的定义及分类；

（2）各类优质工程的申报要求；

（3）各类优质工程的申报资料；

（4）各类优质工程的申报流程；

（5）各类优质工程的质量验收要点；

（6）分析创优工程优秀做法案例。

学习难点

（1）优质工程的申报资料和申报流程；

（2）创优工程重点关注的质量管控要点及标准做法。

任务描述

（1）记住优质工程及类型特点；

（2）深入理解各类优质工程的申报要求；

（3）熟悉优质工程的申报资料内容和申报流程；

（4）掌握各类优质工程质量验收要点；
（5）分析和应用创优工程优秀做法。

任务一　优质工程的定义及分类

课前认知

在建筑工程领域，工程质量是衡量项目成功与否的重要标准之一。为了表彰优秀工程，提升行业水平，各级政府及行业协会设立了不同层级的优质工程奖项，主要分为市级优质工程、省级优质工程和国家级优质工程三大类。本任务学习优质工程的定义及分类。

通过学习，学生能够区分不同级别的优质工程，并理解它们各自的评选标准和要求，为今后的学习和实践奠定基础。

建筑工程优质工程
分类解析

理论学习

一、优质工程的定义

优质工程是指在设计、施工、监理等多个方面达到高标准的工程项目，它们通常代表了同期国内领先的工程质量和管理水平。在我国，优质工程奖分为市级、省级和国家级三个层级，每个层级都有其特定的评选标准。

二、优质工程的分类

1. 市级优质工程

市级优质工程是地方政府为表彰市内高质量工程项目而设立的奖项。例如，杭州市的“西湖杯”就是杭州市建设工程优质工程的代表；其他还有武汉市的“黄鹤奖”、长沙市的“橘洲杯”、苏州市的“姑苏杯”等。市级优质工程的评选标准通常包括工程质量、设计和施工技术等方面，且工程需在市内注册登记。市级优质工程的评选标准具体包括以下几个方面：

（1）工程质量：工程质量必须达到优良的水平，无质量隐患或安全事故。

（2）设计和施工技术：工程设计应先进合理，施工工艺应符合国家和行业标准。

（3）合法性：工程建设必须遵守所有相关的法律法规，建设程序合法合规。

（4）规模和投资：对申报工程的规模和投资额度有一定的要求。

（5）竣工验收：工程必须通过合法的竣工验收程序，并投入使用一定时间。

（6）技术创新和环保：鼓励采用新技术、新材料、新工艺，推动技术进步，并符合环保和节能要求。

（7）社会和经济效益：工程项目应具有良好的社会和经济效益，对促进社会发展和综合国力提升有正面的影响。

（8）申报程序：通常包括企业自愿申报、地方主管部门推荐、专家评审、公示等环节。

（9）其他要求：如无拖欠农民工工资、无违反法定建设程序等。

具体评选标准和程序，需参考当地建设主管部门发布的最新评选办法或通知。

2. 省级优质工程

省级优质工程由各省、自治区、直辖市建设行政主管部门或相关行业协会组织评选，其评选标准和影响力均高于市级优质工程。此类奖项的评选，不仅是对工程项目本身质量的高度肯定，更是对企业综合实力和技术水平的认可，有助于企业在更广泛的区域内树立品牌形象，如江苏省的“扬子杯”、河南省的“中州杯”、湖北省的“楚天杯”、安徽省的“黄山杯”、湖南省的“芙蓉奖”、四川省的“天府杯”等。这些奖项的评选标准通常比较严格，除了工程质量外，还会考虑工程的设计理念、技术创新、环保成效等因素。参评项目往往是在省内具有示范作用的工程项目。省级优质工程的评选标准因地区而异，但通常包括以下几个方面：

（1）工程设计：工程设计应符合国家强制性标准和行业技术标准。

（2）工程质量：工程质量应达到省内一流水平，无质量隐患或安全事故。

（3）工程规模：不同省份对申报工程的规模有不同的要求。

（4）竣工验收：工程需通过合法的竣工验收程序，并投入使用一定时间。

（5）技术创新：鼓励采用新技术、新材料、新工艺，推动技术进步。

（6）环保和节能：工程项目应符合环保和节能要求，体现绿色施工理念。

（7）社会和经济效益：工程项目应具有良好的社会和经济效益，对促进社会发展和综合国力提升有正面的影响。

（8）申报程序：通常包括企业自愿申报、地方主管部门推荐、专家评审、公示等环节。

（9）其他要求：如无拖欠农民工工资、无违反法定建设程序等。

具体评选标准和程序，需参考当地建设主管部门发布的最新评选办法或通知。

3. 国家级优质工程

国家级优质工程是我国工程建设领域的最高荣誉，是由中国建筑业协会等国家级行业协会或国家建设主管部门组织评选的最高荣誉奖项。它代表了我国建筑工程质量的最高水平，是衡量建筑企业技术实力和市场信誉的重要标志，如国家优质工程奖和中国建设工程鲁班奖（国家优质工程）、中国土木工程詹天佑奖、中国建筑工程装饰奖、中国建筑工程钢结构金奖等。这些奖项的评选范围涵盖各个工程建设行业，包括但不限于冶金、有色、煤炭、石油、石化、化工、电力、水利、核工业、林业、航空航天、建材、铁路、公路、市政、水运、通信和房屋建筑等。国家级优质工程的评选标准注重工程质量的全面、系统管理，包括工程项目的勘察、设计质量、施工质量及监理质量。国家级优质工程的评选标准主要包括以下几个方面：

（1）建设程序的合法性：工程项目必须符合法定建设程序，诚信守诺，无违规违法行为。

（2）工程设计：工程设计应先进合理，获得省（部）级优秀工程设计奖或相关认定。

（3）工程质量：工程质量应达到可靠水平，获得工程所在地或所属行业省（部）级最高质量奖。

（4）科技创新：工程项目应达到同时期国内先进水平，获得省（部）级科技进步奖或科技示范工程，积极应用新技术。

（5）绿色建造：践行绿色建造理念，节能环保主要经济技术指标达到同时期国内先进水平。

（6）投产时间：通过竣工验收并投入使用 1 年以上 4 年以内。住宅项目竣工后投入使用满 3 年，入住率在 90% 以上。

（7）社会和经济效益：工程项目应达到同时期国内先进水平，具有显著的社会和经济效益。

（8）申报单位：参与评选的单位包括建设、勘察、设计、监理和施工等企业，由一个单位主申报，其他单位配合。

（9）推荐单位：项目由各行业工程建设协会、各省市建筑业协会或国务院国资委管理的中央企业等单位推荐。

（10）评审程序：包括初审、现场复查、评审会议、公示和审定等环节。

（11）其他要求：如无安全质量事故、无拖欠农民工工资等。

这些标准旨在评选出设计优、质量精、管理佳、效益好、技术先进、节能环保的工程项目，以推动工程建设行业的高质量发展。评选办法的详细内容和具体要求，需参考中国施工企业管理协会发布的最新《国家优质工程奖评选办法》。

任务二　优质工程的申报及验收要点

课前认知

本任务主要介绍优质工程的申报要求、申报资料、申报流程及验收要点。

通过本任务的学习，学生将了解如何准备和提交优质工程的申报材料，以及如何配合完成验收工作，为今后的学习和实践做准备。

优质工程的申报及验收要点

理论学习

一、市级优质工程的申报及验收要点

1. 市级优质工程的申报要求

具体申报要求和流程因地区而异，通常包括以下几个方面：

（1）受理范围：包括工业与民用建筑工程、市政工程等。

（2）申报条件：项目必须符合基本建设程序，已经取得建设行政主管部门颁发的施工许可证。工程设计应合理、先进，保证结构安全、耐久。工程质量应达到设计文件和合同要求，无质量安全隐患，满足使用功能。

（3）规模要求：不同地区对申报工程的规模有不同的要求。

（4）竣工验收：工程必须通过合法的竣工验收程序，并投入使用一定时间。

（5）申报程序：企业自愿申报，按照规定时间将工程项目申报表及资料报至相应行政主管部门。

（6）资料要求：申报资料通常包括工程项目申报表、施工许可证、竣工验收证明、监理工作总结、工程质量评估报告等。

（7）其他要求：如无拖欠农民工工资、无违反法定建设程序等。

2. 市级优质工程的申报资料

（1）申报表：填写完整的市级优质工程申报表。

（2）企业资料：企业资质证书、营业执照、工程项目经理执业资格证书等。

（3）工程资料：建设工程施工许可证、竣工验收备案资料、建筑节能验收资料、消防验收资料等。

（4）质量评价报告：施工过程质量评价报告，可能需要第三方机构出具。

（5）合同文件：总承包合同、分包合同（如有）。

（6）工程照片或视频：能反映工程全貌和主要部位质量情况的照片或视频资料。

（7）其他资料：根据具体要求可能还需要提供其他相关资料。

3. 市级优质工程的申报流程

（1）预申报：在工程开工前或规定时间内进行预申报。

（2）正式申报：在工程竣工验收后，按照要求提交完整的申报资料。

（3）资料审核：由相关部门对提交的申报资料进行审核，确保资料的完整性和合规性。

（4）现场复查：组织专家对工程项目进行现场复查，评估工程质量。

（5）评审：通过资料审核和现场复查的项目，将进入评审阶段，由专家组进行评审。

（6）公示：评审通过的项目将进行公示，接受社会监督。

（7）表彰：公示无异议后，对获奖项目进行表彰，颁发奖牌和证书。

4. 市级优质工程的验收要点

（1）工程实体质量：现场实体质量核查工作内容，包括对申报工程的实体质量进行现场查验、核实，并对实体质量做出评价。

（2）基本要求：通过对工程现场实体质量核查，复查组应能够确认申报工程实体质量的可靠性、质量水平的先进性。

（3）核查方法：一般采取抽查的方法进行，包括沿工艺流程从原料端开始到出产品端结束，再核查重要附属设备、设施。

（4）技术、质量档案文件：申报工程各单位应提供的技术、质量档案的文件，包括施工组织设计、技术交底记录、施工日志、设计变更及洽商记录等。

二、省级优质工程的申报及验收要点

1. 省级优质工程的申报要求

（1）申报对象：通常是企业申报截止日期前一年及以前竣工验收并交付使用的各类建设工程项目，包括房屋建筑、市政、园林、城市轨道交通、水利、电力、通信等建设工程项目，以及装饰装修、安装、钢结构等专业工程项目。

（2）工程规模：对申报工程的规模和投资额度有一定的要求。

（3）设计和施工：工程设计应符合国家强制性标准和行业技术标准，施工质量应达到省内同类型工程的先进水平。

（4）竣工验收：工程必须通过合法的竣工验收程序，并投入使用一定时间。

（5）技术创新和环保：鼓励采用新技术、新材料、新工艺，推动技术进步，并符合环保和节能要求。

（6）社会和经济效益：工程项目应具有良好的社会和经济效益，对促进社会发展和综合国力提升有正面的影响。

（7）申报程序：企业自愿申报，按照规定时间将工程项目申报表及资料报至相应行政主管部门。

（8）申报资料：包括但不限于工程项目申报表、施工许可证、竣工验收证明、监理工作总结、工程质量评估报告等。推荐单位应认真核实申报项目内容的真实性，坚持优中选优。

（9）其他要求：如无拖欠农民工工资、无违反法定建设程序等。

2. 省级优质工程的申报资料

省级优质工程的申报资料在不同省份有所差异，但通常包括以下几个方面：

（1）申报表：填写完整的省级优质工程申报表。

（2）项目资料：包括工程项目的基本情况、立项批复、法定建设程序文件、承包合同、竣工验收备案等资料。

（3）工程照片：反映工程项目概貌及主要部位的彩色照片，并附文字说明。

（4）汇报材料：介绍工程概况、特点、难点、施工关键技术、质量控制、新技术应用、科技创新、社会和经济效益、获得的荣誉奖项等。

（5）其他资料：如无质量安全事故、行政处罚和查实质量投诉的证明材料，申报承诺书等。

3. 省级优质工程的申报流程

省级优质工程的申报流程在不同省份有所差异，但通常包括以下几个方面：

（1）项目报备：在工程项目取得施工许可证后向省级建筑业协会报备，内容包括工程基本情况和创优策划方案等。

（2）自愿申报：企业自愿申报省级优质工程奖，在规定时间内按要求将工程项目申报表及资料报至项目所在地设区市相关的行政主管部门。

（3）初审推荐：各设区市行政主管部门对工程项目申报资料进行初审，择优推荐申报项目，签署意见后将工程项目申报资料报至省级主管部门。

（4）资料审核：省级建筑业协会或相应机构对申报资料进行审核。

（5）现场复查：组织专家对工程项目进行现场复查，评估工程质量。

（6）评审：通过资料审核和现场复查的项目，将进入评审阶段，由专家组进行评审。

（7）公示：评审通过的项目将进行公示，接受社会监督。

（8）表彰：公示无异议后，对获奖项目进行表彰，颁发奖牌和证书。

4. 省级优质工程的验收要点

（1）现场查验：实行全查制度，对推荐上报的工程项目资料进行复核，并对不合格的项目进行递补备查。

（2）视频答辩：申报单位应制作视频介绍项目情况，并做好接受视频答辩的准备。

（3）综合评价：评选委员会办公室对各区市申报工作进行综合评价，并按比例扣减不合格项目的地区下一年度申报数。

（4）监督投诉：提供监督投诉电话，确保评选工作的公正性。

三、国家级优质工程的申报及验收要点

1. 国家级优质工程的申报要求

（1）申报单位：参与国家优质工程奖评选的单位包括建设、勘察、设计、监理和施工等企业。申报时应由一个单位（建设、工程总承包或施工单位）自主申报，其他单位配合。

（2）推荐单位：项目由各行业工程建设协会和各省、自治区、直辖市及计划单列市建筑业协会推荐。

（3）评选条件：1）建设程序合法合规，诚信守诺；2）创优目标明确，质量管理体系健全；3）工程设计先进，获得省（部）级优秀工程设计奖；4）工程质量可靠，获得所在地域或所属行业省（部）级最高质量奖；5）科技创新达到同时期国内先进水平，获得省（部）级科技进步奖；6）践行绿色建造理念，节能环保主要经济技术指标达到国内先进水平；7）通过竣工验收并投入使用1年以上4年以内。

2. 国家级优质工程的申报资料

（1）申报表：填写完整的国家级优质工程奖申报表，一式两份，其中一份装订在证实性材料中。

（2）工程简介：包括工程概述和工程照片。

（3）证实性材料：包括承诺书、目录、资质证书、工程立项文件、竣工验收证明等。

（4）影像资料：包含工程的影像资料，主要内容包括工程概况、质量管理、施工过程等。

（5）工程创新成果总结：包括与工程有关的管理、技术、质量等方面的创新成果。

3. 国家级优质工程的申报流程

（1）准备阶段：申报单位准备相关资料，确保所有材料齐全。

（2）提交申报：将申报表及所有资料提交至推荐单位，由推荐单位审核后统一报送至中国施工企业管理协会秘书处。

（3）初审：中国施工企业协会秘书处组织专家对申报材料进行初审。

（4）复查：对通过初审的项目进行现场复查。

（5）评审：召开评审会议，确定国家优质工程奖候选项目。

（6）公示：在中国施工企业管理协会网站上进行公示。

（7）审定：召开会长办公会议，进行最终表决，确定获奖项目。

（8）表彰：对获得国家优质工程奖的项目进行表彰，授予奖杯、奖牌和证书。

4. 国家级优质工程的验收要点

（1）实体质量核查：依据《国家优质工程奖评选办法》《国家优质工程奖现场复查要点》《国家优质工程奖综合评价细则》制定核查要点。

（2）核查内容：包括工程实体质量的可靠性与质量水平的先进性，申报工程的设计及施工技术的先进性。

（3）核查方法：一般采取抽查的方法进行，包括对工程现场实体质量核查的具体部位、数量，但抽查数量应具有足够的代表性。

（4）技术、质量档案文件：申报工程各单位应提供的技术、质量档案的文件，包括单位工程施工组织设计、创优策划书、分部工程施工方案及专项方案等。

任务三　创优工程优秀做法案例

课前认知

创优工程优秀做法案例

本任务通过优质工程案例，分析其优秀做法，包括施工技术的创新应用、项目管理的有效性及质量控制的严格性，并以图片形式展示。

通过本任务学习，学生可了解创优过程中需重点关注的质量管控要点及标准做法，为今后的学习和实践打下坚实的基础。

理论学习

一、主体结构优秀做法案例

主体结构（如混凝土结构）安全稳固、定位准确；内实外光、表面平整，梁板柱节点方正，观感质量好（见图 4-3-1）。

图 4-3-1　主体结构表面平整、节点方正

钢结构焊缝饱满、对位精确、变形可控（见图 4-3-2）。

图 4-3-2　钢结构焊缝饱满、对位精确

二、屋面工程优秀做法案例

整体效果：大面平整、分区合理（见图 4-3-3）、功能齐全；坡度、坡向正确，排水通畅，不渗不漏；排砖、分缝合理，上下呼应、和谐统一；绿化层次分明（见图 4-3-4）、色彩丰富、如诗如画。

图 4-3-3　屋面分区合理

图 4-3-4　绿化层次分明

屋面设备布局合理、定位准确、安装稳固；管线成排成线、与屋面布局一致、检修方便；细部处理精细（见图 4-3-5）。

图 4-3-5　屋面设备布局合理，管线成排成线，细部处理精细

三、装饰装修优秀做法案例

地下室布局合理、功能分区明晰，墙柱及天棚涂饰均匀，地面平整、分缝合理、无开裂（见图 4-3-6）。

图 4-3-6　地下室功能分区明晰

室内装饰：内装精细、对缝整齐，阴角采用凹槽过渡，灯带亮化，阳角定制弧形，圆滑美观（见图 4-3-7）。

图 4-3-7　室内装饰内装精细

室内末端综合排列成排成线，整齐美观（见图 4-3-8）。

图 4-3-8　室内末端综合排列整齐美观

卫生间不渗不漏，墙、地砖对缝整齐，洁具居中布置，地漏套割美观（见图 4-3-9、图 4-3-10）。

图 4-3-9　卫生间墙、地砖对缝整齐

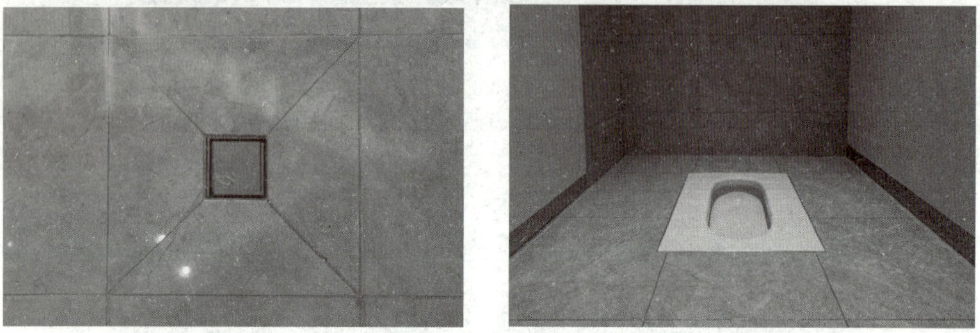

图 4-3-10　卫生间洁具居中布置，地漏套割美观

幕墙：排版美观，色泽均匀，对缝整齐、缝宽一致，表面平整，施工精细，不渗不漏（见图 4-3-11）。

图 4-3-11　幕墙排版美观、对缝整齐、缝宽一致

四、机电安装优秀做法案例

设备房管道布局合理，设备安装牢固、接地可靠，基座排布整齐，操作检修方便，排水、挡水措施完善（见图 4-3-12）。

图 4-3-12　设备房管道布局合理、基座排布整齐

配电室电柜、电箱接线、进线排列规范美观，箱体整齐统一、标识齐全清晰（见图 4-3-13）。

图 4-3-13　配电室电柜、电箱接线、进线排列规范、整齐、标识清晰

管道、桥架、风管立体分层，排布有序；洞口封堵严密、防火规范；保温严密（见图 4-3-14）。

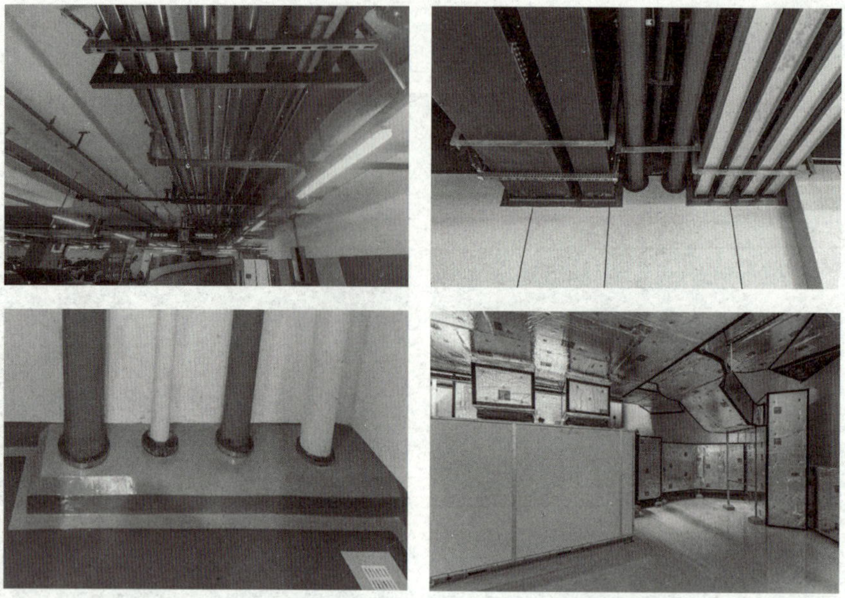

图 4-3-14　管道立体分层排布有序、封堵严密、保温严密

任务四　行业质量智能管理集锦

课前认知

行业质量智能管理集锦

本任务主要介绍质量智能管理的基本概念；探讨质量智能监控技术，如基于建筑信息建模（BIM）的工程质量数据库、二维码技术等；学习数据分析在质量智能管理中的应用，包括智慧工地管理系统、部品部件智能生产线等。

通过本任务的学习，学生可学会如何利用智能管理系统和数据分析来提高工程质量。

理论学习

一、质量智能管理的基本概念

质量智能管理是指利用人工智能（AI）、物联网、云计算等新一代信息技术，对企业的质量管理活动进行数字化、网络化、智能化升级，以提高产品和服务质量，促进制造业高质量发展的过程。

二、基于建筑信息建模（BIM）和人工智能（AI）大模型的工程质量智能管理系统

（1）技术融合：该系统通过将 BIM 与 AI 大模型相结合，实现工程质量管理的智能化。BIM 提供了项目的详细设计和施工信息，而 AI 大模型通过分析这些数据，提供智能评估和问题解决方案。

（2）数据库建立：该系统建立了基于 BIM 的工程质量数据库，利用 BIM、物联网（IoT）、二维码等技术，详细记录并存储质量信息。

（3）智能评估：通过构建工程质量 AI 大模型，该系统能够对工程质量进行智能评估，并通过持续的数据积累和模型优化，适应不同的应用场景。

（4）智能助理：该系统支持创建智能助理，能够自主分析和解决质量管理中的问题，显著提高管理成效。

（5）全方位监控：AI 大模型的应用实现了对工程质量的全方位、全周期动态监控，提高质量管理的效率，实现实时检测、反馈和处理。

（6）解决行业痛点：该系统针对工程质量管理中的监管力度不足、智能检测手段匮乏及互动性差等问题提供了解决方案，通过智能化管理，减少了人工巡检和抽样检测的不足。

（7）应用场景：该系统特别适用于大型复杂工程项目，如高层建筑、桥梁、地铁等基础设施建设，显著降低质量风险，保障工程按期、安全、高质量交付。

（8）实际成效：在试点项目中，采用该系统后，施工质量问题的发现率和问题解决速度均有显著提升，有效减少了由于质量问题导致的返工和拖期。

随着 BIM 技术和 AI 大模型的不断融合，未来工程质量管理的智能化程度将逐步提高，建筑工地将充满智能设备和系统，从设计到施工，每一个环节都有 AI 大模型的参与。基于此的工程质量智能管理系统通过智能化手段，将显著提高工程质量管理的效率和准确性，为建筑行业带来革命性的变化。

三、智慧工地管理系统

智慧工地管理系统（见图 4-4-1）通过物联网、云计算、人工智能等技术手段，实现项目管理的自动化、智能化和信息化，提高施工效率和质量，降低安全风险和环境污染。

图 4-4-1　智慧工地管理系统

1. 应用场景

施工现场管理：利用智能终端、传感器等设备，实时监测和管理施工现场的人员、车辆、设备，提高施工效率和安全性。

智能安全监测：通过视频监控、人脸识别、智能感知等技术手段，实时监测施工现场的安全风险，进行预警，避免事故发生。

2. 技术特点

劳务实名制管理：通过人脸识别、无线通信等技术，实现对施工现场人员进出的精确管理，提高安全管理效率。

塔吊监控安全系统：集成互联网技术、传感器技术，对塔吊等大型机械进行实时监控，确保作业安全。

施工现场视频监控：利用视频流数据分析，实现对施工人员安全帽、安全带佩戴的智能识别和预警。

人员定位管理系统：通过安全帽、智能手环等定位技术，实现对工地人员的精确定位和考勤管理。

3. 优势

提高管理效率：通过实时监控和数据分析，提高工地的管理效率和安全性。

降低成本：通过智能化管理，减少人力物力投入，缩短工期，提升经济效益。

提升环保效益：通过绿色施工技术，实现节能、节地、节水、节材，提高工程环保效益。

智慧工地管理系统通过集成多种先进技术，实现了对建筑施工项目的全方位、智能化管理，提升了施工效率、安全性和环保效益，同时也面临着技术集成和系统安全的挑战。未来，智慧工地管理系统将继续向功能拓展、数据驱动和新兴技术应用的方向发展。

四、部品部件智能生产线

部品部件智能生产线是智能制造的重要组成部分，它通过集成先进的自动化设备、信息化技术和智能控制系统，实现生产过程的自动化、智能化和高效化。

1. 自动化设备应用

智能生产线大量采用自动化设备，如机械臂、自动输送机、数控机床等，完成物料搬运、加工、组装、检测等任务，确保生产过程的高效性。例如，佛山市某整体卫浴生产线使用库卡机器人配置了32个工位循环上下料，实现整体卫浴产品自动打码，数控自动转塔冲压，自动折弯，自动抓取、对位、合模、成型等全过程智能化生产。

2. 智能控制系统

生产线配备智能控制系统，如PLC、DCS或IPC，进行设备调度、运行状态监控和生产过程优化，可提升设备的自动化调度能力。

3. 传感器网络与数据采集

生产线布置各类传感器，实时采集设备参数，通过网络传输至中央控制系统，供系统分析与决策。

4. 人工智能与大数据分析

生产线通过人工智能算法和大数据技术分析生产数据，优化生产过程，预测设备故障，并进行自动维护与调整。

5. 物联网技术

物联网技术将所有设备、传感器和信息系统连接，实现设备间的实时通信和协调，提升生产线的协同性与效率。

6. 提高生产效率与质量

智能生产线通过自动化和智能化技术，提高生产效率，降低生产成本，同时提升产品质量的一致性和可追溯性。

7. 柔性化生产

智能生产线具有高度的柔性，能够快速适应不同产品的生产需求，支持小批量、多品种的生产方式。

8. 绿色环保

智能生产线采用节能减排的设备和工艺，降低生产过程中的能源消耗和环境污染。

9. 安全性与可靠性

生产线注重设备的安全性和可靠性，采用先进的安全防护技术、加密技术和冗余设计，确保稳定运行和数据安全。

10. 产业链协同

智能生产线实现产业链上下游企业的高度协同，通过数据共享、信息互通等方式，提高整个产业链的协同效率。

随着技术的不断进步，部品部件智能生产线将在提高生产效率、降低成本、提升产品质量等方面发挥越来越重要的作用，推动制造业向智能化、数字化转型。

五、智能建造机器人及智能监测技术

在智能建造领域，机器人及智能监测技术的应用正变得越来越广泛，它们在提高施工效率、保证工程质量及安全管理方面发挥着重要作用。

1. 智能建造机器人

智能建造机器人可以执行重复性高、危险性大的施工任务，减少人工操作的错误和风险，提高施工精度和效率；但同时也要求管理人员和技术人员具备专业素养，能够熟练掌握智能设备的操作与维护。

地面施工：通过使用智能建造机器人，如地面整平机器人和地面抹平机器人（见图 4-4-2），可以实现楼地面一次成型，提高施工效率和整平精度。

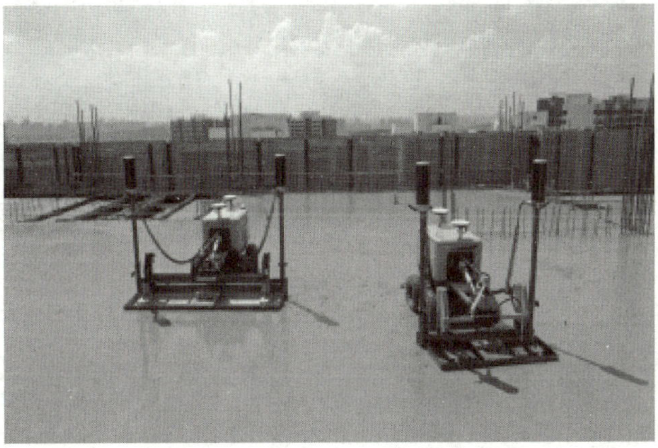

图 4-4-2　地面抹平机器人

混凝土施工：智能布料机、地面整平机器人和地面抹平机器人的组合使用，可以大幅度提高混凝土施工的效率和质量。

墙面施工：室内喷涂机器人、腻子涂敷打磨机器人等墙面施工机器人（见图 4-4-3）的应用，不仅提高了施工速度，还保证了涂层的均匀性和附着力，减少了人工操作的不稳定性。

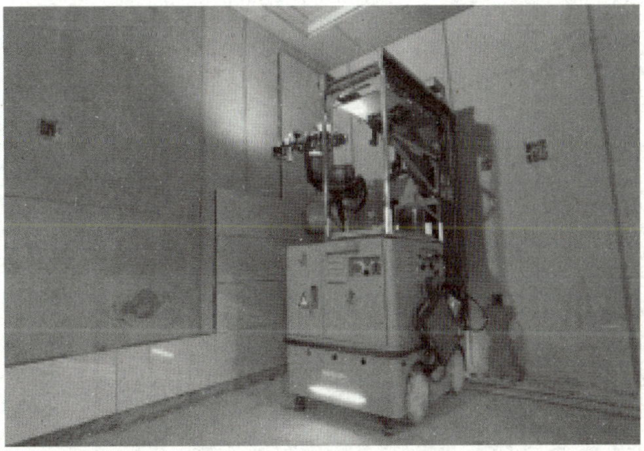

图 4-4-3　墙面施工机器人

2. 智能监测技术

智能监测技术，如无人机巡航（见图 4-4-4）、卫星遥感等，为环境监测提供了更高效、更精准的数据支持。这些技术的应用，使得生态环境监测更加立体化、自动化、智能化，提升了监测的效率和准确性。智能建造机器人和智能监测技术的应用，不仅提升了建筑项目的质量和安全水平，还推动了建筑行业的技术创新和产业升级。随着技术的不断发展和应用场景的拓展，这些智能监测技术将在建筑行业中发挥更加重要的作用。

这些案例和方法展示了建筑行业在质量智能管理方面的创新和应用，通过集成先进技术，提高了工程质量，降低了风险，实现了项目管理的数字化和智能化。随着技术的不断发展，未来建筑行业将在质量智能管理方面取得更多突破。

图 4-4-4　无人机巡航

项目五

建筑工程安全管理

学习目标

1. 知识目标

（1）了解建筑工程安全管理的基本概念；

（2）了解事故因果连锁理论、轨迹交叉理论；

（3）掌握《安全生产法》的主要内容；

（4）掌握安全教育和培训的形式及内容；

（5）掌握劳动防护的主要内容和常见劳动防护用品；

（6）掌握建筑工程各方责任主体的安全生产责任。

2. 技能目标

（1）知道安全生产相关法律法规的实际应用；

（2）能应用所学安全教育和培训知识形成工作技能；

（3）正确使用劳动防护用品。

3. 素养目标

（1）培养建筑工程安全管理技能、意识和专业素养；

（2）提升解决实际工程项目安全管理的能力。

学习重点

（1）建筑工程安全管理的基本概念；

（2）《安全生产法》的主要内容；

（3）安全教育和培训的形式及内容；

（4）劳动防护的主要内容；

（5）劳动防护用品的类型。

学习难点

（1）事故因果连锁理论、轨迹交叉理论；

（2）安全生产法律体系；

（3）常见劳动防护用品的使用；

（4）建筑工程各方责任主体的安全生产责任。

任务描述

（1）记住建筑工程安全管理的基本概念；
（2）知道事故因果连锁理论、轨迹交叉理论的一般内容；
（3）记住《安全生产法》的主要内容；
（4）记住安全教育和培训的形式及内容；
（5）记住劳动防护的主要内容和常见劳动防护用品；
（6）知道建筑工程各方责任主体的安全生产责任一般内容。

建筑工程安全一直是建设工程中备受关注的问题之一。由于建筑业固有的事故高发性，参与工程建设的各方主体必须承担危险环境下的安全生产保障责任，制定合理的安全生产和事故防范规章制度。建筑工程安全主要包括工程施工过程中人员的安全、建筑物制造和使用的安全、施工工具使用的安全和环境的安定等内容。

任务一　安全生产管理基础知识

课前认知

本任务主要介绍安全管理的基本概念、安全生产的要素和方针及安全生产监督管理体系等。

安全在工程建设中的地位　　安全文化的地位和作用　　安全文化建设

理论学习

一、安全管理的基本概念

安全管理基础知识

1. 安全

无危则安，无损则全。安全是人们能承受的危险程度，这种危险程度不会对人造成伤害，即免遭不可接受危险的伤害。

2. 安全生产

狭义的安全生产是指生产过程处于避免人身伤害、物的损坏及其他不可接受的损害风险（危险）的状态。广义的安全生产除直接对生产过程的控制外，还应包括劳动保护和职业卫生健康。

3. 安全生产管理

安全生产管理是指以安全为目的，在生产过程中进行有关策划、计划、组织、指挥、控制和协调等活动。

4. 安全事故

安全事故是指人们在进行有目的的活动过程中，发生了违背人们意愿的不幸事件，使其有目的的行动暂时或永久停止。

5. 事故隐患

事故隐患可导致事故发生的物的危险状态、人的不安全行为及管理上的缺陷。重大事故隐患是指可能导致重大人身伤亡或者重大经济损失的事故隐患。

6. 危险源

危险源是指一个系统中具有潜在能量和物质释放危险的、在一定的触发因素作用下可转化为事故的部位、区域、场所、空间、岗位、设备及位置。重大危险源是指长期或者临时生产、搬运、使用或者储存危险物品，且危险物品的数量等于或者超过临界量的单元（包括场所和设施）。

7. 职业病

职业病是指职工因受职业性有害因素的影响而引起的、由国家以法规形式规定并经国家指定的医疗机构确诊的疾病。

8. 职业安全卫生

职业安全卫生是以保障职工在职业活动过程中的安全与健康为目的的工作领域及在法律、技术、设备、组织制度和教育等方面所采取的相应措施。劳动保护等同于职业安全卫生，是“职业安全卫生”概念的习惯用语。

安全文化概述

9. 安全文化

安全文化是存在于单位和个人中的素质和态度的总和。安全文化的核心是以人为本，将安全责任落实到工程全员，通过培养工程人员的安全理念、安全行为规范，营造安全文化氛围，从而实现工程项目的安全生产长效机制。

10. 安全色

安全色是指传递安全信息含义的颜色，包括红、蓝、黄、绿四种颜色。其中，红色传递禁止、停止、危险或提示消防设备、设施的信息；蓝色传递必须遵守规定的指令性信息；黄色传递注意、警告的信息；绿色传递安全的提示性信息。

安全色和对比色

11. 安全标志

安全标志是用来表达特定安全信息的标志，由图形符号、安全色、几何形状（边框）或文字构成（见图 5-1-1）。

安全标志及类型

（a）禁止吸烟　（b）注意安全　（c）必须戴防尘口罩　（d）避险处

图 5-1-1　安全标志

二、安全生产的要素和方针

1. 安全生产的要素

安全文化、安全法制、安全责任、安全科技、安全投入是保障安全生产的“五要素”。

2. 安全生产的方针

《中华人民共和国安全生产法》将“安全第一、预防为主、综合治理”规定为安全生产方针（见图 5-1-2）。

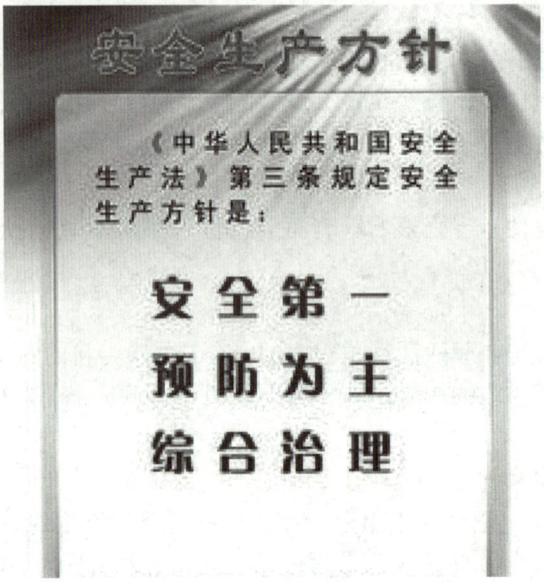

图 5-1-2　安全生产方针

三、安全生产监督管理体系

我国目前实行的是国家监察、地方监管、企业负责的安全工作体制。在国家与行政管理部门之间，实行的是综合监管和行业监管；在中央政府与地方政府之间，实行的是国家监察与地方监管；在政府与企业之间，实行的是政府监管与企业管理。

任务二　现代安全生产管理理论

课前认知

安全生产管理发展历程

本任务主要介绍安全生产管理发展进程，以及事故因果连锁理论、轨迹交叉理论等现代安全生产管理理论。通过本任务的学习，学生可了解安全生产管理发展进程、现代安全生产管理理论等知识。

理论学习

一、安全生产管理发展进程

1. 人类安全哲学的发展进程

人类安全哲学的发展进程如表 5-2-1 所示。

表 5-2-1　人类安全哲学的发展进程

阶段	时代	技术特征	认识论	方法论
1	工业革命前	农牧业及手工业	听天由命	无能为力
2	17 世纪至 20 世纪初	蒸汽机时代	局部安全	亡羊补牢、事后型
3	20 世纪初至 50 年代	电气化时代	本质安全	预防型
4	20 世纪 50 年代至 20 世纪 90 年代	宇航技术	系统安全	系统工程
5	20 世纪 90 年代以来	信息化时代	大安全观	安全管理模式

（1）古代的安全防灾。

早在六七千年前，半坡氏族就知道通过在自己居住的村落周围开挖沟壕来抵御野兽的袭击。在公元七八世纪，我们的祖先就认识了毒气，并提出了测知方法。公元 1637 年，宋应星编著的《天工开物》一书中，详尽记载了处理矿内瓦斯和顶板的“安全技术”。防火技术是人类最早的安全技术之一。古代人类的安全方略，包括居安思危、长治久安、有备无患、防微杜渐、未雨绸缪、亡羊补牢等。

（2）人类安全法规的起源与发展。

根据有关专家的考证，人类最早的安全法规出自早期工业最发达的国家——英国，其代表法规就是《学徒的健康和道德法》（1802 年）。

（3）近代安全科学技术的起源与发展。

20 世纪 70 年代，安全科学问世。1990 年，“第一届世界安全科学大会”在德国科隆召开。我国于 1956 年颁布了三大规程：《工厂安全卫生规程》《建筑安装工程安全技术规程》《工人职员伤亡事故报告规程》。2002 年 11 月 1 日正式实施《中华人民共和国安全生产法》（以下简称《安全生产法》）。安全生产的工作思路包括“三件大事”“五个支撑体系”“五个创新”。“三件大事”：第一，完善安全生产监督管理工作机制；第二，加强安全监管、监察执法队伍建设；第三，贯彻实行《安全生产法》，全面加强安全生产法制建设。“五个支撑体系”：安全生产法律体系、安全信息工程体系、安全技术保障体系、宣传教育培训体系、特大事故应急救援体系。“五个创新”：思维模式的创新、事故防备机制的创新、安全生产监管手段的创新、对非公有制企业安全监管方式的创新、安全生产科技的创新。

2. 安全科学理论发展的三个阶段

（1）经验阶段：从工业社会到 20 世纪 50 年代主要发展了事故学理论。

（2）预测阶段：20 世纪 50 年代到 20 世纪 80 年代发展了危险分析与风险控制理论。

（3）综合阶段：20 世纪 90 年代以来，现代安全科学原理正在不断发展和完善之中。

二、现代安全生产管理理论

1. 事故因果连锁理论

（1）事故因果的类型。

1）连锁型。一个因素促成下一因素发生，下一因素又促成再下一因素发生，彼此互为因果，互相连锁导致事故的发生（见图 5-2-1）。

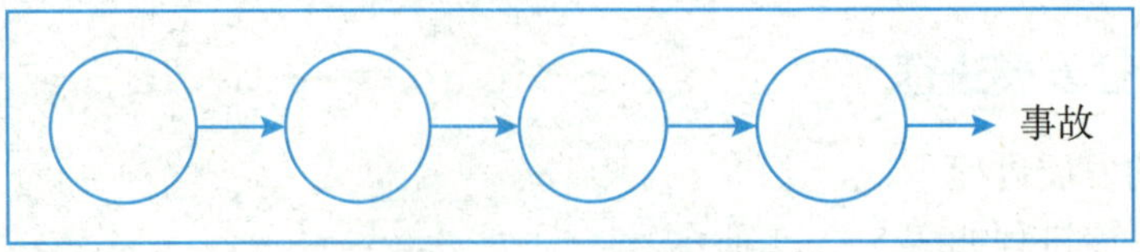

图 5-2-1　连锁型

2）多因致果型。多种各自独立的原因在同一时间共同导致事故的发生（见图 5-2-2）。

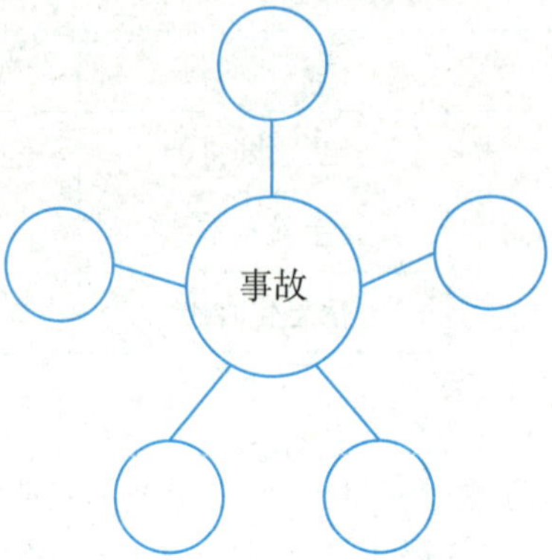

图 5-2-2　多因致果型

3）复合型。某些因素连锁，某些因素集中，互相交叉，复合造成事故。

（2）海因里希因果连锁理论。

美国工程师海因里希于 1931 年出版了《工业事故预防：科学方法》一书。在这部著作中作者提出了著名的多米诺骨牌事故致因理论。作者认为只要消除了人的不安全行为和物的不安全状态，安全就有了保障。海因里希提出的多米诺骨牌事故致因理论连锁过程包括以下 5 种因素（见图 5-2-3）：遗传及社会环境（*M*）、人的缺点（*P*）、人的不安全行为或物的不安全状态（*H*）、事故（*D*）、伤害（*A*）。

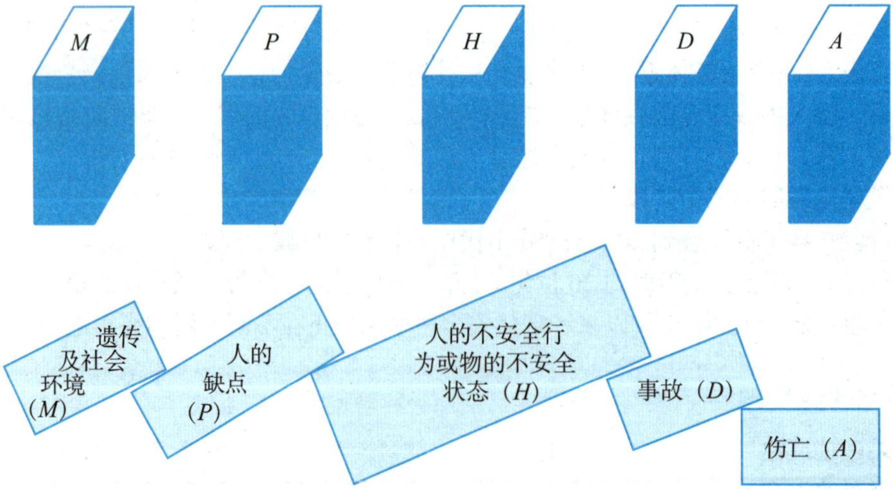

图 5-2-3　多米诺骨牌事故致因理论连锁过程

该理论积极的意义在于，如果移去因果连锁中的任一块骨牌，则连锁被破坏，事故过程被中止（见图 5-2-4）。

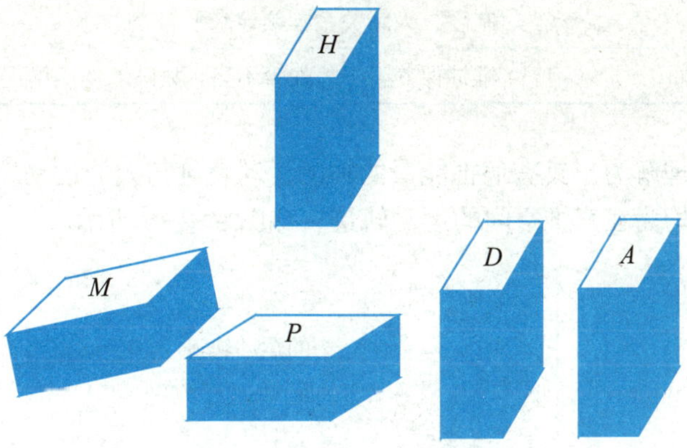

图 5-2-4　事故连锁被打断

2. 轨迹交叉理论

（1）轨迹交叉理论的基本思想。

伤害事故是许多相互联系的事件顺序发展的结果。这些事件概括起来不外乎人和物（包括环境）两大发展系列。当人的不安全行为和物的不安全状态在各自发展过程（轨迹）中，在一定时间、空间发生了接触（交叉），能量转移于人体时，伤害事故就会发生。而人的不安全行为和物的不安全状态之所以产生和发展，又是受多种因素作用的结果。

轨迹交叉理论的示意图如图 5-2-5 所示。

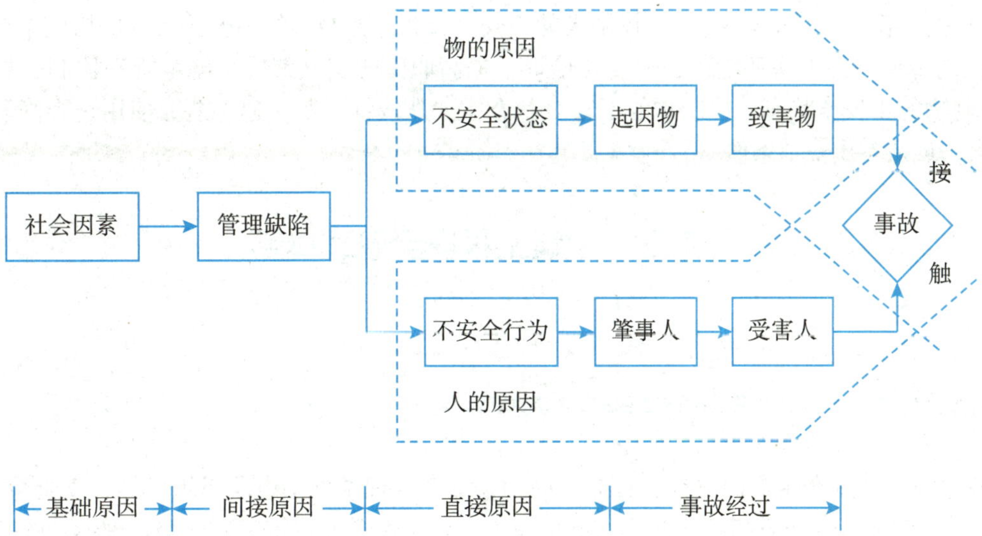

图 5-2-5　轨迹交叉理论的示意图

事故发生的深层次原因如表 5-2-2 所示。

表 5-2-2　事故发生的深层次原因

基础原因	间接原因	直接原因
遗传、经济、文化、教育培训、民族习惯、社会历史、法律	生理和心理状况、知识技能情况、工作态度、规章制度、人际关系、领导水平	人的不安全状态
设计、制造缺陷，标准缺乏	维护保养不当、保管不当、故障、使用错误	物的不安全状态

轨迹交叉理论也可以理解为：具有危害能量的物的运动轨迹与人的运动轨迹，在某一时刻的交叉就发生事故。两种运动轨迹均为在三维空间的运动轨迹，如图 5-2-6 所示。

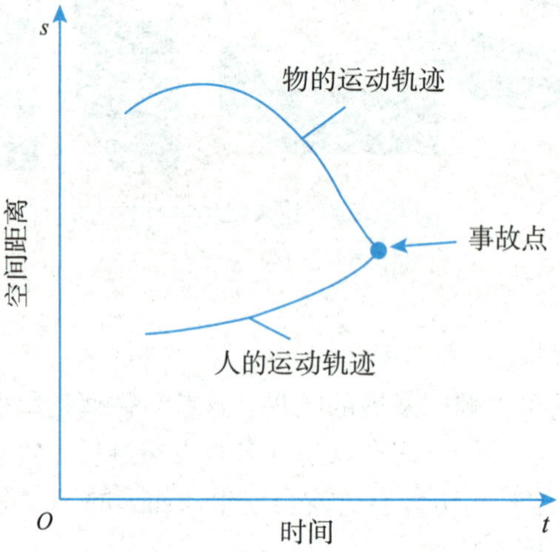

图 5-2-6　两种运动轨迹

（2）轨迹交叉理论的预防控制事故与人的不安全行为措施。

1）防止人、物发生时空交叉。2）控制人的不安全行为。控制人的不安全行为的措施主要有职业适应性选择；创造良好的工作环境；加强教育培训，提高职工的安全素质；健全管理体制、严格管理制度。3）控制物的不安全状态。控制物的不安全状态主要从设计、制（建）造、使用、维修等方面消除不安全因素，创造本质安全条件。

任务三　建筑工程安全管理体系

课前认知

本任务主要介绍安全生产的方针、目标、原则，安全管理领导小组及组织机构，安全生产责任制，建筑工程安全管理措施和方法等。通过本任务的学习，学生可了解建筑工程安全管理体系的基础知识。

理论学习

一、安全生产的方针、目标、原则

建筑工程安全管理体系旨在确保建设项目在整个生命周期内的人员安全和财产安全，防止事故发生，保护环境，实现以下安全生产的方针、目标及原则：

（1）安全第一，预防为主，综合治理：始终将员工的生命安全和身体健康放在首位，强化安全生产意识，积极采取预防措施，实施全过程、全方位的安全管理。

（2）全员参与，持续改进：鼓励全体员工积极参与安全生产工作，不断提高安全管理水平，持续改进安全生产管理体系。

（3）符合法律法规，满足标准要求：严格遵守国家及地方安全生产法律法规，确保建设项目满足相关标准要求。

（4）目标明确，责任到人：明确安全生产目标，将安全生产责任分解到各级管理人员和作业人员，确保职责清晰、责任到人。

二、安全管理领导小组及组织机构

1. 安全管理领导小组

安全管理领导小组主要负责组织、协调、监督和检查建设项目的安全生产工作。安全管理领导小组由以下成员组成：（1）项目经理：担任组长，全面负责项目安全生产管理工作；（2）项目总工程师：负责项目技术管理、安全风险评估和安全生产技术指导；（3）项目其他相关部门负责人：负责本部门范围内的安全生产管理工作。

2. 组织机构

（1）安全生产管理部门：负责建设项目安全生产的日常管理工作，包括安全生产计划、安全生产培训、安全检查、事故处理等。

（2）工程技术部门：负责建设项目的技术管理、施工组织设计、安全技术交底等工作。

（3）物资部门：负责建设项目安全生产所需物资的采购、保管和供应。

（4）综合部门：负责建设项目安全生产的内外部协调工作。

（5）财务部门：负责建设项目安全生产费用的预算、核算和支付。

（6）作业队：负责施工现场的安全生产管理工作，确保施工安全。

三、安全生产责任制

1. 项目经理安全职责

项目经理作为安全管理领导小组的组长，对建设项目的安全生产工作负总责，其主要安全职责如下：（1）组织制订和实施项目安全生产计划，确保实现项目安全生产目标；（2）检查和督促项目安全生产措施的落实，对施工现场进行定期安全检查；（3）组织项目安全生产培训，提高员工安全意识和技能；（4）及时处理安全生产事故，组织事故调查和分析，制定预防措施；（5）对项目安全生产工作中存在的问题及时整改，确保安全生产。

2. 项目总工程师安全职责

项目总工程师在建设项目中负责技术管理和安全风险评估，其主要安全职责如下：（1）参与制订项目安全生产计划，确保技术方案符合安全生产要求；（2）对项目施工组织设计、施工方案等进行审查，确保安全技术措施得到有效落实；（3）组织开展安全风险评估，制定相应的安全技术措施；（4）对施工现场的技术问题提供解决方案，确保施工安全；（5）参与安全生产事故的调查和分析，提出技术改进措施。

3. 工程技术部部长安全职责

工程技术部部长负责本部门范围内的安全生产管理工作，其主要安全职责如下：（1）贯彻执行项目安全生产计划，确保部门安全生产工作顺利进行；（2）组织实施施工组织设计、施工方案中的安全技术措施；（3）定期对部门员工进行安全生产培训和考核，提高员工安全操作技能；（4）检查部门范围内的安全生产状况，发现问题及时整改；（5）及时向项目经理报告本部门的安全生产情况，提出改进意见和建议。

4. 安质部部长安全职责

安质部部长负责建设项目安全生产的质量管理和监督，其主要安全职责如下：（1）制订和实施安全生产质量控制计划，确保安全生产质量满足要求；（2）对施工现场的安全设施、防护措施等进行检查，确保符合安全规范和标准；（3）监督施工过程中的安全操作规程执行情况，对违章行为及时纠正；（4）组织安全生产质量事故的调查处理，提出整改措施，跟踪整改效果；（5）定期向上级报告安全生产质量状况，为项目提供改进建议。

5. 物资部部长安全职责

物资部部长负责建设项目安全生产所需物资的采购、保管和供应，其主要安全职责如下：（1）保障安全生产所需物资的质量和供应，确保物资符合国家安全标准和要求；（2）建立健全物资采购、验收、保管、发放等管理制度，防止不合格物资流入施工现场；（3）定期对物资仓库进行检查，确保物资储存安全，防止火灾、爆炸等事故发生；（4）对供应商进行评估，选择具备安全生产资质的合作伙伴；（5）配合其他部门，确保物资的及时供应，为项目安全生产提供保障。

6. 综合部部长安全职责

综合部部长负责建设项目安全生产的内外部协调工作，其主要安全职责如下：（1）协调项目与政府部门、社区、业主等相关方面的关系，确保项目安全生产的顺利进行；（2）组织制定和实施项目安全生产应急预案，协调应急资源的调配；（3）配合其他部门开展安全生产培训和宣传活动，提高员工安全意识；（4）收集、整理和归档项目安全生产资料，确保资料齐全、准确；（5）及时了解和掌握安全生产法律法规、政策动态，为项目提供法律支持。

7. 财务部部长安全职责

财务部部长负责建设项目安全生产费用的预算、核算和支付，其主要安全职责如下：（1）根据项目安全生产计划，编制安全生产费用预算，并确保资金到位；（2）监督安全生产费用的使用情况，确保资金合理、有效地投入安全生产工作中；（3）对安全生产费用进行核算，保证费用支出符合国家和企业的相关规定；（4）定期向上级报告安全生产费用的使用情况，为项目提供财务分析；（5）参与制定安全生产措施和方案，从财务角度提出合理化建议。

8. 主管工程师安全职责

主管工程师负责建设项目某一专业领域的安全生产技术管理，其主要安全职责如下：（1）负责本专业范围内的安全生产技术工作，确保技术措施满足安全生产要求；（2）参与制定和审查施工组织设计、施工方案中的安全技术措施；（3）对施工现场本专业范围内的安全隐患进行排查，及时提出整改措施；（4）指导和监督作业人员按照安全生产操作规程进行施工，减少安全事故的发生；（5）参与安全生产事故的调查和分析，提出本专业范围内的改进措施。

9. 材料员安全职责

材料员负责建设项目施工现场的材料管理，其主要安全职责如下：（1）严格按照物资采购计划，采购符合国家安全标准和要求的材料；（2）对进入施工现场的材料进行验收，确保材料质量，以防使用不合格材料；（3）负责材料的安全储存和发放，遵循安全规定，避免造成安全事故；（4）定期对材料库存进行盘点，及时上报材料使用情况，确保材料供应充足；（5）配合相关部门进行安全生产检查，对发现的问题及时整改。

10. 作业队队长（副队长）安全职责

作业队副队长协助队长负责施工现场的日常安全生产管理工作，其主要安全职责如下：（1）负责作业队的安全管理工作，确保施工安全；（2）组织实施作业队的安全技术措施，监督作业人员遵守安全生产规定；(3) 定期开展安全检查，及时发现并整改安全隐患；(4) 参与作业队的安全培训工作，提高作业人员的安全意识和技能；(5) 当队长不在岗时，副队长全面负责作业队的安全生产管理工作。

11. 作业队技术负责人安全职责

作业队技术负责人负责作业队的技术安全工作，其主要安全职责如下：(1) 负责作业队施工过程中的技术安全指导，确保施工技术符合安全要求；(2) 参与制定和实施作业队的安全技术措施，解决施工过程中的安全技术问题；(3) 检查施工设备、机具的安全性能，确保设备机具安全可靠；(4) 指导作业人员正确使用安全防护用品，遵守安全操作规程；(5) 参与安全事故的调查和分析，提出技术改进措施。

12. 班组长安全职责

班组长负责本班组的安全生产管理工作，其主要安全职责如下：(1) 组织本班组员工学习并遵守安全生产规章制度，执行安全技术措施；(2) 检查本班组作业环境、设备设施的安全状况，发现问题及时整改；(3) 监督本班组作业人员的安全操作，纠正违章行为；(4) 参与本班组的安全培训，提高员工的安全意识和技能；(5) 及时报告本班组的安全生产情况，参与安全事故的处理。

13. 生产工人安全职责

生产工人在施工过程中应承担以下安全职责：(1) 遵守国家安全生产法律法规，执行企业安全生产规章制度；(2) 参加安全培训，掌握本岗位的安全操作规程；(3) 正确使用安全防护用品，爱护安全生产设施；(4) 主动上报施工现场的安全隐患，参与事故预防和应急处理；(5) 互相监督，确保同事遵守安全规定，共同营造安全生产氛围。

四、建筑工程安全管理措施和方法

1. 安全管理

(1) 建筑施工企业应当在施工现场采取维护安全、防范危险、预防火灾等措施，有条件的应当对施工现场实行封闭管理，以确保施工现场的安全。(2) 对毗邻的建筑物、构筑物和特殊作业环境可能造成损害的，建筑施工企业应当采取安全防护措施，以防意外事故的发生。

2. 质量管理

(1) 组建优秀的管理组织，负责全面监控工程的进度和质量，确保工程按照既定的质量标准进行。(2) 聘请高品质的监理单位，对工程的各个环节进行严格把关，确保工程质量符合相关标准。(3) 引进优秀的施工企业，通过合理的施工技术和方法，保证工程的施工质量。

3. 认证管理

(1) 从事建筑活动的单位可以根据自愿原则，向国务院产品质量监督管理部门或者其授权的部门认可的认证机构申请质量体系和职业健康安全管理体系认证。(2) 经认证合格的，由认证机构颁发安全管理体系认证证书（见图 5-3-1），这是对建筑工程质量与安全和企业管理水平的一种认可和保障。

总的来说，建筑工程管理体系的管理措施和方法是多方面的，需要建筑施工企业、监理单位、管理组织等多方的共同努力，才能确保建筑工程的质量和安全。

图 5-3-1 安全管理体系认证证书

任务四　建筑安全生产相关法律法规

课前认知

本任务主要介绍安全法律法规、《安全生产法》的主要内容及意义、《生产安全事故报告和调查处理条例》等。通过本任务的学习，学生可了解建筑安全生产相关法律法规的基础知识。

安全法律法规

安全事故报告与调查处理

理论学习

一、安全法律法规概述

安全法律法规 1

安全法律法规是指国家机关为加强安全生产监督管理，落实安全生产技术措施，保护人民群众生命和财产安全，防止和减少安全生产事故，促进经济发展，按照一定的法律程序制定并颁布实施的法律法规。

安全生产法律体系是指我国全部现行的、不同的法律规范形成的有机联系的统一整体，是一个包含多种法律形式和法律层次的综合性系统。根据法律地位和效力不同，安全生产法律体系分为法律、法规、规章和法定安全生产标准四个层级共七个门类。

法律是安全生产法律体系中的上位法，居于整个体系的第一层级。其共包含两个门类，第一门类是《宪法》，它是安全生产法律体系框架的最高层级；第二门类是安全生产方面的其他法律，包括安全生产法律的基础法，即《安全生产法》；安全生产方面的专门法律，主要有《消防法》《道路交通安全法》等；安全生产方面的相关法律，即安全生产专门法律以外的其他涵盖安全生产内容的法律，主要有《劳动法》《职业病防治法》《工会法》《铁路法》《公路法》《建筑法》等。

法规是安全生产法律体系的第二层级，分为安全生产行政法规和地方性安全生产法规两个门类。安全生产行政法规是国务院组织制定并批准颁布的有关安全生产方面的规定、条例。地方性安全生产法规是由地方人民代表大会及其常委会和地方政府制定的安全生产规范性文件，它是由法律授权制定的，是对国家安全生产法律、法规的补充和完善。

规章是安全生产法律体系的第三层级，分为部门安全生产规章和地方政府安全生产规章两个门类，是国务院有关部门和地方政府为加强安全生产工作，依照安全生产法律、行政法规的授权而制定颁布的规范性文件。

安全生产法律体系的第四层级是法定安全生产标准，主要是指强制性安全生产标准，分为国家标准和行业标准，对生产经营单位具有同样的约束力，它是安全生产法规体系中的一个重要组成部分，也是安全生产管理的基础和监督执法工作的重要技术依据。大致分为：设计规范类，安全生产设备、工具类，生产工艺安全卫生类和防护用品类。

二、《安全生产法》

《安全生产法》是我国安全生产法治建设的重要里程碑。其适用范围为“在中华人民共和国领域内从事生产经营活动的单位的安全生产，适用本法；有关法律、行政法规对消防安全和道路交通安全、铁路交通安全、水上交通安全、民用航空安全以及核与辐射安全、特种设备安全另有规定的，适用其规定。”

安全生产法

1.《安全生产法》的主要内容

（1）安全生产管理的方针和运行机制。

1）方针：“安全生产工作应当以人为本，坚持人民至上、生命至上，把保护人民生命安全摆在首位，树牢安全发展理念，坚持安全第一、预防为主、综合治理的方针。”

2）运行机制：“强化和落实生产经营单位主体责任与政府监管责任，建立生产经营单位负责、职工参与、政府监管、行业自律和社会监督的机制。”

（2）从业人员的安全生产权利和义务。

《安全生产法》规定了企业员工的“八项权益”和“三项义务”。“八项权益”分别是知情权，建议权，批评权、检举权、控告权，拒绝权，紧急避险权，依法赔偿权，获得劳动防护用品的权利和获得安全生产教育培训的权利。“三项义务”分别是自律遵规的义务、自觉学习安全生产知识的义务、危险报告的义务。

（3）社会监督。

社会监督包括工会监督、舆论监督、社会监督和公民个人监督。

（4）我国现阶段实行的国家安全生产监管体制。

我国现阶段实行的国家安全生产监管体制是国家安全生产综合监督管理与各级政府有关职能部门专项监管相结合的体制。

（5）我国安全生产法律制度。

1）安全生产监督管理制度；2）生产经营单位安全保障制度；3）从业人员安全生产权利义务制度；4）生产经营单位负责人安全责任制度；5）安全中介服务制度；6）安全生产责任追究制度；7）事故应急救援和处理制度。

（6）我国安全生产的政策体系。

1）事前预防对策体系；2）事中应急救援体系；3）事后处理对策系统。

（7）安全生产违法行为的处罚。

1）对生产经营单位有责令限期改正、停产停业整顿、经济罚款、责令停止建设、关闭企业、吊销其有关证照、连带赔偿等处罚；2）对从业人员有批评教育、依照有关规章制度给予处分的处罚；3）无论任何人，造成严重后果，构成犯罪的，依照《刑法》有关规定追究刑事责任等。

2.《安全生产法》的意义

《安全生产法》第一次明确规定了从业人员安全生产的法定义务和责任。它是安全生产领域落实依法治国方略，加强安全生产监督管理，保护人民群众生命和财产安全，预防和减少事故，制裁安全生产违法犯罪等的需要。

三、《生产安全事故报告和调查处理条例》

2007 年 3 月 28 日通过的《生产安全事故报告和调查处理条例》共六章四十六条。

安全法律法规 2

1. 立法目的和依据

为了规范生产安全事故的报告和调查处理，落实生产安全事故责任追究制度，防止和减少生产安全事故，根据《安全生产法》和有关法律，制定本条例。

2. 适用范围

生产经营活动中发生的造成人身伤亡或者直接经济损失的生产安全事故的报告和调查处理，适用本条例。

3. 生产事故等级划分

根据生产安全事故（以下简称事故）造成的人员伤亡或者直接经济损失，事故一般分为以下等级：（1）特别重大事故，是指造成 30 人以上死亡，或者 100 人以上重伤（包括急性工业中毒，下同），或者 1 亿元以上直接经济损失的事故；（2）重大事故，是指造成 10 人以上 30 人以下死亡，或者 50 人以上 100 人以下重伤，或者 5 000 万元以上 1 亿元以下直接经济损失的事故；（3）较大事故，是指造成 3 人以上 10 人以下死亡，或者 10 人以上 50 人以下重伤，或者 1 000 万元以上 5 000 万元以下直接经济损失的事故；（4）一般事故，是指造成 3 人以下死亡，或者 10 人以下重伤，或者 1 000 万元以下直接经济损失的事故。本条所称的“以上”包括本数，所称“以下”不包括本数。

4. 主要内容

（1）事故报告。

事故报告应当及时、准确、完整，任何单位和个人对事故不得迟报、漏报、谎报或者瞒报。特别重大事故、重大事故逐级上报至国务院，较大事故逐级上报至省、自治区、直辖市人民政府，一般事故上报至设区的市级人民政府等安全生产监督管理部门和负有安全生产监督管理职责的有关部门。安全生产监督管理部门和负有安全生产监督管理职责的有关部门依照前款规定上报事故情况，应当同时报告本级人民政府。国务院安全生产监督管理部门和负有安全生产监督管理职责的有关部门以及省级人民政府接到发生特别重大事故、重大事故的报告后，应当立即报告国务院。必要时，安全生产监督管理部门和负有安全生产监督管理职责的有关部门可以越级上报事故情况。

事故报告的内容：事故发生单位概况；事故发生的时间、地点以及事故现场情况；事故的简要经过；事故已经造成或者可能造成的伤亡人数（包括下落不明的人数）和初步估计的直接经济损失；已经采取的措施；其他应当报告的情况。

（2）事故调查。

1）安全事故的调查权：特别重大事故由国务院或者国务院授权有关部门组织事故调查组进行调查。重大事故、较大事故、一般事故分别由事故发生地省级人民政府、设区的市级人民政府、县级人民政府负责调查。省级人民政府、设区的市级人民政府、县级人民政府可以直接组织事故调查组进行调查，也可以授权或者委托有关部门组织事故调查组进行调查。未造成人员伤亡的一般事故，县级人民政府也可以委托事故发生单位组织事故调查组进行调查。上级人民政府认为必要时，可以调查由下级人民政府负责调查的事故。

2）安全事故的调查组：事故调查组的组成应当遵循精简、效能的原则。根据事故的具体情况，事故调查组由有关人民政府、安全生产监督管理部门、负有安全生产监督管理职责的有关部门、监察机关、公安机关以及工会派人组成，并应当邀请人民检察院派人参加。事故调查组可以聘请有关专家参与调查。事故调查组组长由负责事故调查的人民政府指定。事故调查组组长主持事故调查组的工作。

事故调查组履行下列职责：查明事故发生的经过、原因、人员伤亡情况及直接经济损失；认定事故的性质和事故责任；提出对事故责任者的处理建议；总结事故教训，提出防范和整改措施；提交事故调查报告。

3）事故的调查报告：事故发生单位概况；事故发生经过和事故救援情况；事故造成的人员伤亡和直接经济损失；事故发生的原因和事故性质；事故责任的认定以及对事故责任者的处理建议；事故防范

和整改措施。

事故调查报告应当附具有关证据材料。事故调查组成员应当在事故调查报告上签名。事故调查报告报送负责事故调查的人民政府后，事故调查工作即告结束。事故调查的有关资料应当归档保存。

（3）事故处理。

1）事故调查报告的批复：事故调查组在上报调查报告后，负责事故调查的人民政府要及时对调查报告进行批复。

2）事故的防范和整改：事故发生单位应当认真吸取事故教训，落实防范和整改措施，防止事故再次发生。防范和整改措施的落实情况应当接受工会和职工的监督。安全生产监督管理部门和负有安全生产监督管理职责的有关部门应当对事故发生单位落实防范和整改措施的情况进行监督检查。

（4）法律责任。

1）事故发生单位的法律责任：事故发生单位及其有关人员有下列行为之一的，对事故发生单位处100万元以上500万元以下的罚款；对主要负责人、直接负责的主管人员和其他直接责任人员处上一年年收入60%至100%的罚款；属于国家工作人员的，并依法给予处分；构成违反治安管理行为的，由公安机关依法给予治安管理处罚。构成犯罪的，依法追究刑事责任：谎报或者瞒报事故的；伪造或者故意破坏事故现场的；转移、隐匿资金、财产，或者销毁有关证据、资料的；拒绝接受调查或者拒绝提供有关情况和资料的；在事故调查中作伪证或者指使他人作伪证的；事故发生后逃匿的。

2）事故发生单位主要负责人的法律责任：事故发生单位主要负责人未依法履行安全生产管理职责，导致事故发生的，依照下列规定处以罚款；属于国家工作人员的，并依法给予处分。构成犯罪的，依法追究刑事责任：发生一般事故的，处上一年年收入30%的罚款；发生较大事故的，处上一年年收入40%的罚款；发生重大事故的，处上一年年收入60%的罚款；发生特别重大事故的，处上一年年收入80%的罚款。

3）事故有关地方人民政府、有关部门及其人员法律责任：有关地方人民政府、安全生产监督管理部门和负有安全生产监督管理职责的有关部门有下列行为之一的，对直接负责的主管人员和其他直接责任人员依法给予处分；构成犯罪的，依法追究刑事责任：不立即组织事故抢救的；迟报、漏报、谎报或者瞒报事故的；阻碍、干涉事故调查工作的；在事故调查中作伪证或者指使他人作伪证的。

4）参与事故调查的人员法律责任：参与事故调查的人员在事故调查中有下列行为之一的，依法给予处分；构成犯罪的，依法追究刑事责任：对事故调查工作不负责任，致使事故调查工作有重大疏漏的；包庇、袒护负有事故责任的人员或者借机打击报复的。

任务五　员工安全保障

课前认知

本任务主要介绍安全教育和培训的主要内容、劳动保护的主要内容及劳动防护用品等。通过本任务的学习，学生可了解员工安全保障基础知识。

理论学习

一、安全教育和培训

对职工进行必要的安全教育培训，是让职工了解和掌握安全法律法规，提高职工安全技术素质，增

安全教育与培训

强职工安全意识的主要途径，是保证安全生产，做好安全工作的基础。其主要内容包括：

（1）安全生产思想教育：通过学习国家有关法律法规，掌握安全生产的方针政策，提高全体管理人员和操作人员的政策水平，充分认识安全生产的重要性。

（2）安全知识教育：本企业的生产状况、施工生产工艺、施工方法、施工作业的危险区域、危险部位、各种不安全因素、安全防护的基本知识及各种安全技术规范。

（3）安全操作技能教育：要结合专业、工种和岗位的特点，熟练掌握操作规程、安全防护等基本知识，掌握安全生产所必需的基本操作技能。对于管理人员和特殊工种作业人员，要经过专门培训，通过考试合格取得岗位证书后，持证上岗。

除了以上几方面的安全教育外，还要充分利用过去发生的重大安全事故案例及给社会、家庭造成的损失，对职工进行安全意识教育。利用已发生或未遂安全事故，对职工进行不定期的安全教育，分析事故原因，探讨预防对策。

1. 安全生产教育培训制度

（1）安全教育和培训的时间。

根据住房和城乡建设部《建筑业企业职工安全培训教育暂行规定》，安全教育和培训的时间应满足以下要求：1）企业法定代表人、项目经理每年接受安全培训的时间，不得少于 30 学时；2）企业专职安全管理人员每年必须接受安全专业技术业务培训，时间不得少于 40 学时；3）企业其他管理人员和技术人员每年接受安全培训的时间，不得少于 20 学时；4）企业特殊工种每年接受有针对性的安全培训，时间不得少于 20 学时；5）企业其他职工每年接受安全培训的时间，不得少于 15 学时；6）企业待岗、转岗、换岗的职工，在重新上岗前，必须接受一次安全培训，时间不得少于 20 学时；7）建筑业企业新进场的工人，必须接受公司、项目、班组的三级安全培训教育，经考核合格后方能上岗，时间分别不得少于 15 学时、15 学时、20 学时。

（2）安全教育和培训的形式及内容。

安全教育主要包括安全生产思想、安全知识、安全技能和法制教育四个方面的内容。施工现场常用的几种安全教育形式如下：

1）新进厂工人三级安全教育。新进厂工人三级安全教育是企业必须坚持的安全生产基本制度，对新进厂工人（包括新招收的合同工、临时工、学徒工、劳务工及实习和代培人员）都必须进行公司（厂）、项目、班组的三级安全教育；三级安全教育一般由安全、教育和劳资等部门配合组织进行，经教育考试合格者才准许进入生产岗位，不合格者必须补课、补考；对新进厂工人的三级安全教育，要建立档案、职工安全生产教育卡等，新进厂工人工作一个阶段后还应进行重复性的安全再教育，以加深安全的感性和理性认识。

2）特种作业人员培训。2010 年 7 月 1 日起实施的《特种作业人员安全技术培训考核管理规定》对特种作业的定义、范围、人员条件和安全技术培训、考核、发证、复审及其监督管理工作都作了明确的规定。特种作业是指容易发生事故，对操作者本人、他人的安全健康及设备、设施的安全可能造成重大危害的作业。特种作业的范围由特种目录规定。特种作业人员是指直接从事特种作业的从业人员。

特种作业范围的工种有电工、电（气）焊工、架子工、司护工、爆破工、机械操作工、起重工、塔式起重机司机及指挥人员、人货两用电梯司机、信号指挥、厂内车辆驾驶、起重机机械拆装作业人员、物料提升机操作员。从事特种作业的人员，必须经国家规定的有关部门进行安全教育和安全技术培训，并经考核合格取得操作证后，方可独立作业。

3）经常性教育。经常性的普及教育贯穿于管理工作的全过程，并根据接受教育对象的不同特点，采取多层次、多渠道和多种方法进行，可以取得良好的效果。经常性教育的主要内容有：上级的劳动保护、安全生产法规及有关文件指示；各部门、科室和每个职工的安全责任；遵章守纪；事故案例及教育和安全技术先进经验、革新成果等。

采用新技术、新工艺、新设备、新材料和调换工作岗位时，要对操作人员进行新技术操作和新岗位的安全教育，未经教育者不得上岗操作。班组应每周安排一次安全活动日，可利用班前和班后进行，其内容有：学习党、国家和上级主管部门及企业随时下发的安全生产规定文件和操作规程；回顾上周安全生产情况，提出下周安全生产要求；分析班组工人安全思想动态及现场安全生产形势，表扬好人好事和总结需吸取的教训。

4）适时安全教育。根据建筑施工的生产特点进行“五抓紧”的安全教育：

第一，工程突击赶任务，往往不注意安全，要抓紧安全教育；第二，工程接近尾声时，容易忽视安全，要抓紧安全教育；第三，施工条件好时，容易麻痹，要抓紧安全教育；第四，季节气候变化的外界不安全因素多，要抓紧安全教育；第五，节假日前后，思想不稳定，要抓紧安全教育，做到警钟长鸣。

5）纠正违章教育。企业对由于违反安全规章制度而导致重大险情或未遂事故的，进行违章纠正教育。教育内容有：违反的规章条文，它的意义及危害，务必使教育者充分认识自身的过失和吸取教训。对于情节严重的违章事件，除教育责任者本人外，还应通过适当的形式现身说法，扩大教育面。

2. 特种作业人员持证上岗培训

（1）特种作业人员应当符合的条件。

1）年满18周岁，且不超过国家法定退休年龄；2）经社区或者县级以上医疗机构体检健康合格，并无妨碍从事相应特种作业的器质性心脏病、癫痫病、美尼尔氏症、眩晕症、癔症、震颤麻痹症、精神病、痴呆症及其他疾病和生理缺陷；3）具有初中及以上文化程度；4）具备必要的安全技术知识与技能；5）相应特种作业规定的其他条件。

（2）特种作业的培训内容。特种作业人员应当接受与其所从事的特种作业相应的安全技术理论培训和实际操作培训。

（3）特种作业的考核发证。

1）特种作业操作证由安全监管局统一式样、标准及编号，有效期6年，在全国范围内有效；2）特种作业操作证每3年复审1次，特种作业人员在特种作业操作证有效期内，连续从事本工种10年以上，严格遵守有关安全生产法律法规的，经原考核发证机关或者从业所在地考核发证机关同意，特种作业操作的复审时间可以延长至每6年1次；3）特种作业操作证申请复审或者延期复审前，特种作业人员应当参加必要的安全培训并考试合格，安全培训时间不少于8个学时，主要培训法律、法规、标准、事故案例和有关新工艺、新技术、新装备等知识。

二、劳动保护

劳动保护

1. 重要性

劳动保护是国家和单位为保护劳动者在劳动生产过程中的安全和健康所采取的立法、组织和技术措施的总称。劳动保护的目的是为劳动者创造安全、卫生、舒适的劳动工作条件，消除和预防劳动生产过程中可能发生的劳动保护伤亡、职业病和急性职业中毒，保障劳动者以健康的劳动力参加社会生产，促进劳动生产率的提高，保证社会主义现代化建设顺利进行。劳动保护是我国的一项基本政策，不仅包含着重要的政治意义，又有着深刻的经济意义。保护和发展生产力，最重要的是要保护劳动者，保护他们在生产过程中的安全和健康。因此，搞好劳动保护和提高劳动生产率、发展生产力是一致的。

2. 主要内容

（1）劳动安全保护：主要包括机器设备的安全；电气设备的安全；锅炉、压力容器的安全；建筑工程的安全；交通道路的安全等。企业必须按照这些安全技术规程使各种生产设备达到安全标准，切实保护劳动者的劳动安全。

（2）劳动卫生保护：主要包括防止粉尘危害；防止有毒、有害物质的危害；防止噪声和强光的刺激；防暑降温和防冻取暖；通风和照明；个人保护用品的供给。企业必须按照这些劳动卫生规程达到劳动卫生标准，切实保护劳动者的身体健康。

三、劳动防护用品

安全帽撞击体验

1. 定义

劳动防护用品是指劳动者在劳动过程中为免遭或减轻事故伤害或职业危害所配备的防护装备。劳动防护用品分为一般劳动防护用品和特种劳动防护用品。特种劳动防护用品实行生产许可证制度。

2. 类型

（1）安全帽类：用于保护头部，防撞击、挤压伤害的护具，主要有塑料、橡胶、玻璃钢、胶纸、竹藤安全帽等。安全帽撞击体验如图 5-5-1 所示。

图 5-5-1　安全帽撞击体验

（2）呼吸护具类：预防尘肺和职业病的重要护品。按用途可分为防尘、防毒、供养三类。

（3）眼防护具：用以保护作业人员的眼睛、面部，防止外来伤害。眼防护具可分为焊接用眼防护具、炉窑用眼防护具、防冲击眼防护具、微波眼防护具、激光眼防护镜及防 X 射线、防化学、防尘等眼防护具。

（4）听力护具：主要有耳塞、耳罩和帽盔三类。

（5）防护鞋：用于保护足部免受伤害。目前主要产品具有防砸、绝缘、防静电、耐酸碱、耐油、防滑等功能。

（6）防护手套：用于手部保护，主要有耐酸碱手套、电工绝缘手套、电焊手套、防 X 射线手套、石棉手套等。

（7）防护服：用于保护职工免受劳动环境中的物理、化学因素的伤害，分为特殊防护服和一般作业服两类。

（8）防坠落具：用于防止坠落事故的发生，主要有安全带、安全绳和安全网（见图 5-5-2）。

（9）护肤用品：用于外露皮肤的保护。

（10）面罩面屏：用于保护脸部的保护，有防护屏、防护面屏等。

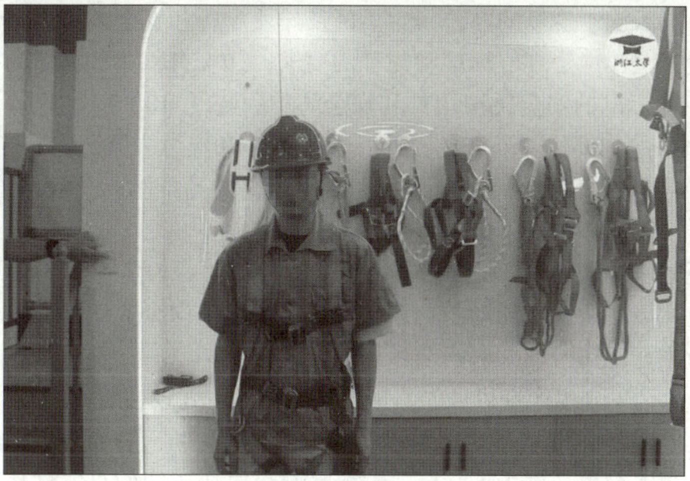

图 5-5-2　防坠落具

任务六　各方责任主体的安全生产责任

课前认知

本任务主要介绍建筑施工企业安全生产许可制度、政府安全监督制度等。通过本任务的学习，学生可了解各方责任主体的安全生产责任基础知识。

边坡塌方工程事故案例

理论学习

一、建筑施工企业安全生产许可制度

为了严格规范建筑施工企业安全生产条件，进一步加强安全生产监督管理，防止和减少生产安全事故，国家对建筑施工企业实行安全生产许可制度，未取得安全生产许可证的建筑施工企业，不得从事建筑施工活动。《建筑施工企业安全生产许可证管理规定》（以下简称《规定》）的主要内容如下。

1. 安全生产许可证的申请条件

建筑施工企业取得安全生产许可证，应当具备下列安全生产条件：（1）建立、健全安全生产责任制，制定完备的安全生产规章制度和操作规程；（2）保证本单位安全生产条件所需资金的投入；（3）设置安全生产管理机构，按照国家有关规定配备专职安全生产管理人员；（4）主要负责人、项目负责人、专职安全生产管理人员经建设主管部门或者其他有关部门考核合格；（5）特种作业人员经有关业务主管部门考核合格，取得特种作业操作资格证书；（6）管理人员和作业人员每年至少进行一次安全生产教育培训并考核合格；（7）依法参加工伤保险，依法为施工现场从事危险作业的人员办理意外伤害保险，为

从业人员交纳保险费；（8）施工现场的办公、生活区及作业场所和安全防护用具、机械设备、施工机具及配件符合有关安全生产法律、法规、标准和规程的要求；（9）有职业危害防治措施，并为作业人员配备符合国家标准或者行业标准的安全防护用具和安全防护服装；（10）有对危险性较大的分部分项工程及施工现场易发生重大事故的部位、环节的预防、监控措施和应急方案；（11）有生产安全事故应急救援预案、应急救援组织或者应急救援人员，配备必要的应急救援器材、设备；（12）法律、法规规定的其他条件。

2. 安全生产许可证的申请与颁发

（1）建筑施工企业从事建筑施工活动前，应当依照《规定》向企业注册所在地省、自治区、直辖市人民政府住房城乡建设主管部门申请领取安全生产许可证。

（2）建筑施工企业申请安全生产许可证时，应当向住房城乡建设主管部门提供下列材料：1）建筑施工企业安全生产许可证申请表；2）企业法人营业执照；3）安全生产许可证的申请条件规定的相关文件、材料。建筑施工企业申请安全生产许可证，应当对申请材料实质内容的真实性负责，不得隐瞒有关情况或者提供虚假材料。住房城乡建设主管部门应当自受理建筑施工企业的申请之日起 45 日内审查完毕；经审查符合安全生产条件的，颁发安全生产许可证；不符合安全生产条件的，不予颁发安全生产许可证，书面通知企业并说明理由。企业自接到通知之日起应当进行整改，整改合格后方可再次提出申请。

（3）住房城乡建设主管部门审查建筑施工企业安全生产许可证申请，涉及铁路、交通、水利等有关专业工程时，可以征求铁路、交通、水利等有关部门的意见；安全生产许可证的有效期为 3 年，安全生产许可证有效期满需要延期的，企业应当于期满前 3 个月向原安全生产许可证颁布管理机关申请办理延期手续。

（4）企业在安全生产许可证有效期内，严格遵守有关安全生产的法律法规，未发生死亡事故的，安全生产许可证有效期届满时，经原安全生产许可证颁布管理机关同意，不再审查，安全生产许可证有效期延期 3 年；建筑施工企业变更名称、地址、法定代表人等，应当在变更后 10 日内，到原安全生产许可证颁布管理机关办理安全生产许可证变更手续。

（5）建筑施工企业破产、倒闭、撤销的，应当将安全生产许可证交回原安全生产许可证颁发管理机关予以注销。建筑施工企业遗失安全生产许可证，应当立即向原安全生产许可证颁发管理机关报告，并在公众媒体上声明作废后，方可申请补办。安全生产许可证分正本和副本，正、副本具有同等法律效力。

3. 安全生产许可证的监督管理

（1）县级以上人民政府住房城乡建设主管部门应当加强对建筑施工企业安全生产许可证的监督管理。住房城乡建设主管部门在审核发放施工许可证时，应当对已经确定的建筑施工企业是否有安全生产许可证进行审查，对没有取得安全生产许可证的，不得颁发施工许可证。

（2）跨省从事建筑施工活动的建筑施工企业有违反本规定行为的，由工程所在地的省级人民政府住房城乡建设主管部门将建筑施工企业在本地区的违法事实、处理结果和处理建议抄告原安全生产许可证颁发管理机关。

（3）建筑施工企业取得安全生产许可证后，不得降低安全生产条件，并应当加强日常安全生产管理，接受住房城乡建设主管部门的监督检查。安全生产许可证颁发管理机关发现企业不再具备安全生产条件的，应当暂扣或者吊销安全生产许可证。

（4）安全生产许可证颁发的管理机关或者其上级行政机关发现有下列情形之一的，可以撤销已经颁发的安全生产许可证：1）安全生产许可证颁发管理机关工作人员滥用职权、玩忽职守颁发安全生产许可证的；2）超越法定职权颁发安全生产许可证的；3）违反法定程序颁发安全生产许可证的；4）对不具备安全生产条件的建筑施工企业发布安全生产许可证的；5）依法可以撤销已经颁发的安全生产许可证的其他情形。依照以上规定撤销安全生产许可证，建筑施工企业的合法权益受到损害的，住房城乡建设主管部门应当依法给予赔偿。

（5）安全生产许可证颁发管理机关应当建立、健全安全生产许可证档案管理制度，定期向社会公布企业取得安全生产许可证的情况，每年向同级安全生产监督管理部门通报建筑施工企业安全生产许可证颁发和管理情况。

（6）建筑施工企业不得转让、冒用安全生产许可证或者使用伪造的安全生产许可证；住房城乡建设主管部门工作人员在安全生产许可证颁发、管理和监督检查工作中，不得索取或者接受建筑施工企业的财物，不得谋取其他利益；任何单位或者个人对违反本规定的行为，有权向安全生产许可证颁发管理机关或者监察机关等有关部门举报。

4. 法律责任

（1）违反《规定》的，住房城乡建设主管部门工作人员，给予降级或者撤职的行政处分；构成犯罪的，依法追究刑事责任。

（2）取得安全生产许可证的建筑施工企业，发生重大安全事故的，暂扣安全生产许可证并限期整改；建筑施工企业不再具备安全生产条件的，暂扣安全生产许可证并限期整改；情节严重的，吊销安全生产许可证。

（3）建筑施工企业未取得安全生产许可证擅自从事建筑施工活动的，责令其在建项目停止施工，没收违法所得，并处10万元以上50万元以下的罚款；造成重大安全事故或者其他严重后果，构成犯罪的，依法追究刑事责任。

（4）安全生产许可证有效期满未办理延期手续，继续从事建筑施工活动的，责令其在建项目停止施工，限期补办延期手续，没收违法所得，并处5万元以上10万元以下的罚款；逾期仍不办理延期手续，继续从事建筑施工活动的，依照《规定》第二十四条的规定处罚。

（5）建筑施工企业转让安全生产许可证的，没收违法所得，处10万元以上50万元以下的罚款，并吊销安全生产许可证；构成犯罪的，依法追究刑事责任；接受转让的，冒用安全生产许可证或者使用伪造的安全生产许可证的，依照《规定》第二十四条的规定处罚；建筑施工企业隐瞒有关情况或者提供虚假材料申请安全生产许可证的，不予受理或者不予颁发安全生产许可证，并给予警告，1年内不得申请安全许可证。

（6）建筑施工企业以欺骗、贿赂等不正当手段取得安全生产许可证的，撤销安全生产许可证，3年内不得再次申请安全生产许可证，构成犯罪的，依法追究刑事责任；《规定》的暂扣、吊销安全生产许可证的行政处罚，由安全生产许可证的颁发管理机关决定；其他行政处罚，由县级以上地方人民政府住房城乡建设主管部门决定。

二、政府安全监督制度

1. 政府安全监督检查的管理体系

（1）国务院负责安全生产监督管理的部门依照《中华人民共和国安全生产法》的规定，对全国建设工程安全生产工作实施综合监督管理；（2）县级以上地方人民政府负责安全生产监督管理的部门依照《中华人民共和国安全生产法》的规定，对本行政区域内建设工程安全生产工作实施综合监督管理；（3）国务院住房城乡建设主管部门对全国的建设工程安全生产实施监督管理，国务院铁路、交通、水利等有关部门按照国务院规定的职责分工，负责有关专业建设工程安全生产的监督管理；（4）县级以上地方人民政府住房城乡建设主管部门对本行政区域内的建设工程安全生产实施监督管理。县级以上地方人民政府交通、水利等有关部门在各自的职责范围内，负责本行政区域内的专业建设工程安全生产的监督管理。

2. 政府安全监督检查的职责与权限

（1）住房城乡建设主管部门和其他有关部门应当将依法批准开工报告的建设工程和拆除工程的有关

备案资料主要内容抄送同级负责安全生产监督管理的部门；住房城乡建设主管部门在审核发放施工许可证时，应当对建设工程是否有安全施工措施进行审查，对没有安全施工措施的，不得颁发施工许可证；住房城乡建设主管部门或者其他有关部门对建设工程是否有安全施工措施进行审查时，不得收取费用。

（2）县级以上人民政府负有建设工程安全生产监督管理职责的部门在各自的职责范围内履行安全监督检查职责时，有权采取下列措施：1）要求被检查单位提供有关建设工程安全生产的文件和资料；2）进入被检查单位施工现场进行检查；3）纠正施工中违反安全生产要求的行为；4）对检查中发现的安全事故隐患，责令立即排除；重大安全事故隐患排除前或者排除过程中无法保证安全的，责令从危险区域内撤出作业人员或者暂时停止施工。

（3）住房城乡建设主管部门或者其他有关部门可以将施工现场的监督检查委托给建设工程安全监督机构具体实施；国家对严重危及施工安全的工艺、设备、材料实行淘汰制度。具体目录由国务院住房城乡建设主管部门会同国务院其他有关部门制定并公布；县级以上人民政府住房城乡建设主管部门和其他有关部门应当及时受理对建设工程生产安全事故及安全事故隐患的检举、控告和投诉。

项目六

危大工程的安全管理

学习目标

1. 知识目标

（1）掌握基坑工程安全管理要点；
（2）掌握脚手架工程安全管理要点；
（3）掌握模板支撑架安全管理要点；
（4）掌握施工机械安全管理要点；
（5）掌握施工用电安全管理要点；
（6）掌握消防安全管理要点。

2. 技能目标

（1）知道基坑开挖的安全作业条件；
（2）学会脚手架工程安全管理方法；
（3）学会模板安装与拆除安全管理流程；
（4）知道施工机械安全管理技能；
（5）了解施工安全用电管理流程；
（6）知道消防设备及使用方法。

3. 素养目标

（1）掌握工作中的安全管理要点，强化安全意识；
（2）培养建筑工程安全管理技能、意识和专业素养；
（3）提升解决实际工程项目安全管理的能力。

学习重点

（1）基坑工程基础安全管理要点；
（2）脚手架工程安全管理要点及质量管理流程；
（3）模板支撑架安全管理要点及质量管理流程；
（4）施工机械安全管理要点及质量管理流程；
（5）施工用电安全管理要点及质量管理流程；
（6）消防安全管理要点。

任务描述

（1）记住基坑工程安全检查流程；
（2）记住脚手架工程日常检查管理流程；

（3）学会模板工程及支撑体系安全检查验收流程；
（4）知道塔吊定期检查管理流程；
（5）记住施工现场临时用电安全管理要点；
（6）知道消防安全检查管理流程。

任务一　基坑工程安全管理

课前认知

基坑工程是指在地面上或地下挖掘大面积、较深的开挖坑口的土木工程。由于基坑工程的开挖会对周围环境产生一定的影响，因此在安全方面需要进行全面的管理和控制。基坑倾倒体验如图 6-1-1 所示。

基坑倾倒体验

图 6-1-1　基坑倾倒体验

理论学习

一、基坑开挖

基坑开挖分为人工开挖和机械开挖两类。人工开挖，指一般工业与民用建筑物、构筑物的基槽和管沟等。机械开挖，指工业与民用建筑物、构筑物的大型基坑（槽）及大面积平整场地等。

1. 基坑开挖的安全作业条件

（1）人工开挖：土方开挖前，应摸清地下管线等障碍物，根据施工方案要求，清除地上、地下障碍物；建筑物或构筑物的位置或场地的定位控制线、标准水平桩及基槽的灰线尺寸，必须经检验合格；在施工区域内，要开挖临时排水沟；夜间施工时，在危险地段应设置红色警示灯；当开挖面标高低于地下水水位时，在开挖前采取降水措施。

（2）机械开挖：挖土机械、运输车辆及各种辅助设备等应按方案要求配置并规划行走路线；清除地上、地下障碍物，做好地面排水工作；建筑物或构筑物的位置或场地的定位控制线、标准水平桩及基槽的灰线尺寸，必须经检验合格。

2. 土方开挖施工安全的控制措施

土方开挖前要做好排水处理及措施，基坑底四周宜设排水沟和集水井；遇异常软弱土层、流砂（土）、管涌，应立即停止施工，并及时采取措施；除基坑支护设计允许外，基坑边不得堆土、堆料、放置机具；开挖坑（槽）、沟深度超过 1.5m 时，一定要根据土质和开挖深度按规定进行放坡或增加可靠的支撑；基坑支护结构必须在达到设计要求的强度后，方可开挖下层土方，严禁提前开挖和超挖。

二、边坡工程

边坡可做成直坡式、折线式和阶梯式三种形式。当地下水水位低于基坑，含水量正常，且暴露时间不长，基坑（槽）深度不超过规定时，可根据地质条件开挖成直壁。当地质条件较好，且地下水水位低于基坑时，应分级放坡并设置过渡平台。

任务二　脚手架工程安全管理

课前认知

脚手架工程是建筑工程必不可少、安全隐患最多的一项分项工程和最主要的危险源。建筑企业在施工中，高空坠落、架体坍塌等造成人员伤亡事故屡见不鲜。在脚手架施工中必须制定严格的施工方案和安全措施，必须执行严格的安全检查和加大对全体人员的安全教育力度。

理论学习

一、一般规定

（1）施工脚手架的材料与构配件选用、设计、搭设、使用、拆除、检查与验收必须执行《施工脚手架通用规范》（GB 55023−2022）的要求（以下简称《规范》）；（2）脚手架应稳固可靠，保证工程建设的顺利实施与安全；（3）脚手架性能应满足承载力设计使用要求，不应发生影响正常使用的变形；（4）脚手架搭设和拆除作业以前，应根据工程特点编制脚手架专项施工方案和安全技术交底等。

二、材料与构配件

（1）脚手架材料与构配件的性能指标应满足脚手架使用的需要和产品质量合格证明文件；（2）脚手架所用杆件和构配件应配套使用，并满足组架方式及构造要求；（3）脚手架材料与构配件在使用周期内，应及时检查、分类、维护、保养，对不合格品应及时报废，并形成文件记录等。

三、脚手架的设计

（1）脚手架的设计计算应根据工程实际施工工况进行，结果应满足对脚手架强度、刚度、稳定性的要求；（2）脚手架的结构设计计算应依据施工工况选择具有代表性的最不利杆件及构配件；（3）脚手架杆件和构配件强度应按净截面计算；杆件和构配件稳定性、变形应按毛截面计算；（4）当脚手架按承载能力极限状态设计时，应采用荷载基本组合和材料强度设计值计算；当脚手架按正常使用极限状态设计时，应采用荷载标准组合和变形限值进行计算。

四、脚手架的搭设、使用与拆除

1. 脚手架的搭设

搭设和拆除脚手架作业应有相应的安全措施，设置安全警戒线、警示标志；脚手架应按顺序搭设，连墙件安装应随作业脚手架搭设同步进行；脚手架防护设施应随架体搭设同步安装到位。

2. 脚手架的使用

脚手架作业层上的荷载不得超过荷载设计值；雷雨天气、6 级及以上大风天气应停止架上作业；严禁在作业脚手架上悬挂起重设备，在浇筑混凝土、工程结构件安装等施加荷载的过程中，架体下严禁有人；脚手架使用期间，严禁在脚手架立杆基础下方及附近实施挖掘作业等。

3. 脚手架的拆除

脚手架拆除前，应清除作业层上的堆放物；分段拆除时，应先对未拆除部分采取加固处理措施后再进行架体拆除；架体拆除作业应统一组织，并应设专人指挥，不得交叉作业；严禁高空抛掷拆除后的脚手架材料与构配件等。

五、脚手架的检查与验收

（1）对搭设脚手架材料、构配件的质量，应按进场批次分品种、规格进行检验，检验合格后方可使用。

（2）脚手架材料、构配件的质量现场检验应采用随机抽样的方法进行外观质量、实测实量检验。

（3）附着式升降脚手架支座及防倾、防坠、荷载控制装置、悬挑脚手架结构件等涉及架体使用安全的构配件应全数检验。

（4）脚手架搭设过程中，应进行阶段检查，检查合格后方可使用。

（5）脚手架搭设达到设计高度或安装就位后，应进行验收。

六、脚手架易发生的事故

脚手架易发生的事故有以下原因：基础处理不当；拆架不按安全规定操作；用料选材不严；防护栏杆未结合实际情况搭设；脚手架与永久性结构不按规定进行拉结，随意加大步高；扣件螺栓没有拧紧。

七、脚手架的安全要求

把好材料、加工和产品质量关，加强对架设工具的管理和维修保养工作；确保脚手架具有稳定的结构和足够的承载力；认真处理脚手架地基，确保地基具有足够的承载能力；严格控制使用荷载，确保有较大的安全储备；要有可靠的安全防护措施；加强使用过程中的检查，避免各种违章作业；大风、大雾、大雨和大雪天气应暂停在脚手架上作业。

任务三　模板支撑架安全管理

课前认知

模板是现浇混凝土成型用的模型。在拆模之前，模板承受着浇筑过程中施工人员与施工机具等施工荷载，承受着钢筋与混凝土的自重。因此，如果模板体系选择不当、模板设计不合理、模板安装不符合有关规定等，均有可能造成支撑杆件失稳、模板系统倒塌等安全事故，对周围环境和社会安定产生一定的影响，因此在安全方面需要进行全面的管理和控制。

理论学习

一、模板施工安全技术

模板工程（也称模板支撑体系）是指与现浇混凝土构件直接接触的木模面板、方木及其支撑杆件、连接件、固定件的统称。模板工程在搭设、拆除及使用过程中因设计不合理、操作不当或超载使用等原因，均可能引起失稳甚至整体倒塌，造成人员伤亡并产生巨大的经济损失。

模板工程的设计应准确、合理，支撑体系的搭设、使用和拆除必须严格按照施工方案执行。

1. 模板工程专项方案

施工前应结合工程结构的高度、跨度、荷载和施工工艺等编制专项施工方案；编制时宜采用相关专业软件进行计算；模板支撑架专项施工方案应由施工企业技术负责人和总监理工程师批准；对高度超过8m，或跨度超过18m，或施工总荷载大于15kN/m^2，或集中线荷载大于20kN/m的模板支撑架，应组织专家论证。

2. 模板安装

底座、垫板均应准确地放在定位线上；剪刀撑搭设应随立杆、纵向和横向水平杆等同步搭设；节点构造搭设应符合专项施工方案的要求；高大模板支撑架宜与非高大模板支撑架同步搭设并有效连接；后浇带部位的模板支撑架应独立搭设并与相邻模板支撑架有效连接。

3. 检查与验收

新钢管、旧钢管、扣件、可调托撑等进场检查与验收应符合规定；模板支撑架地基基础及架体应进行阶段检查与验收；安装后的扣件螺栓拧紧扭力矩应采用扭力扳手检查，抽样方法应按随机分布原则进行；对高大模板支撑架，可调底座和可调托撑应全数检查；模板支撑架验收后应形成记录。

4. 模板拆除

模板支撑架拆除前，项目部应对拆除人员进行技术交底，并做好交底书面手续；底模及其支撑架拆除时的混凝土强度应符合设计要求；可采取先支的后拆、后支的先拆，先拆非承重模板、后拆承重模板的顺序；拆除作业必须由上而下逐步进行，严禁上下同时作业；严禁将模板支撑架构配件由高处抛掷至地面。

二、一般项目

模板工程的一般项目包括杆件连接、构配件选用、底座与托架、支撑架拆除等。

1. 杆件连接

立杆应采用对接、套接或承插式连接方式，水平杆连接、剪刀撑斜杆搭接、杆件各连接点的紧固等应符合规范要求。

2. 构配件选用

钢管、构配件的规格、型号、材质应符合规范要求；杆件弯曲、变形、锈蚀量应在规范允许范围内。

3. 底座与托架

可调底座、托架螺杆直径与立杆内径相匹配；螺杆旋入螺母内的长度不应少于5倍的螺距。

4. 支撑架拆除

支撑架拆除前，结构混凝土强度达到设计要求；设置警戒区和专人监护。

三、安全保证项目

模板工程的安全保证项目包括施工方案的编制与审批、支撑架基础、支撑架构造、支撑架稳定、施工荷载限制、交底与验收等。

1. 施工方案的编制与审批

施工方案包括模板及支撑架的设计、制作、安装和拆除的施工程序、作业条件及运输、堆放的要求；模板工程施工应针对混凝土的施工工艺和季节施工特点制定安全、防火措施。

2. 支撑架基础

支撑架基础应坚实、平整，承载力应符合专项施工方案要求。

3. 支撑架构造

立杆纵、横间距，水平杆步距，竖向、水平向剪刀撑或专用斜杆等设置应符合规范要求。

4. 支撑架稳定

支撑架高宽比、立杆伸出顶层水平杆中心线至支撑的长度应符合规范要求；浇筑混凝土时，应对支撑架的基础沉降、架体变形采取监测。

5. 施工荷载限制

对现浇式整体模板上的施工荷载应进行验算和检查。

6. 交底与验收

支撑架搭设、拆除前应进行交流和记录；架体搭设完毕后应办理验收手续和签字。

任务四　施工机械安全管理

课前认知

建筑施工现场机械设备种类繁多，有塔式起重机、施工升降机、物料提升机等。建筑工程中采用相应的机械和设施来完成工作，因建筑作业属高危作业，作业条件多变，施工技术也比较复杂。安全事故一旦发生，将造成巨大的人身伤害和经济损失，并产生十分恶劣的社会影响，因此加强安全管理和控制势在必行。

理论学习

一、施工机械安全管理一般规定

施工机械安全管理一般规定：（1）施工单位应对进入施工现场的机械设备安全装置和操作人员的资质进行审验，不合格的机械设备和操作人员不得进入施工现场；（2）严禁拆除机械设备上的自动控制机构、力矩限位器等安全装置，以及监测、指示、仪表、报警器等自动报警、信号装置；（3）机械设备按时进行保养；（4）机械设备操作人员和配合人员都必须按规定穿戴劳动防护用品，高空作业人员必须系安全带；（5）施工技术人员应向机械设备操作人员进行施工任务及安全技术措施交底，操作人员应熟悉作业环境和施工条件，听从指挥，遵守现场安全规则；（6）当使用机械设备与安全发生矛盾时，必须服从安全的要求。

二、塔式起重机使用安全要求

（1）安拆单位必须具有从事塔式起重机安装、拆卸业务的资质，以及安全管理保证体系和安全管理制度。

（2）安拆作业应配备下列人员：1）持有安全生产考核合格证书的项目负责人和安全负责人、机械管理人员；2）具有建筑施工特种作业操作资格证书的建筑起重机械安装拆卸工、起重司机、起重信号工、司索工等特种作业操作人员。

（3）应具有特种设备制造许可证、产品合格证、制造监督检验证明。

（4）塔式起重机的选型和布置应满足工程施工要求，便于安装和拆卸。安装、拆卸前应编制专项施工方案。

（5）使用时，起重臂和吊物下方严禁有人员停留；物件吊运时，严禁从人员上方通过。

三、施工升降机使用安全要求及安全管理

施工升降机又称为施工电梯，是一种使工作笼（吊笼）沿导轨做垂直（或倾斜）运动的机器，是高层建筑施工中运送施工人员上下及建筑材料和工具设备的垂直运输设施。

1. 使用安全要求

（1）安全装置：起重量限制器和防坠安全器应灵敏可靠；对重钢丝绳应安装防松绳装置。

（2）限位装置：应安装非自动复位型极限开关，自动复位型上、下限位开关。极限开关、限位开关应设置独立的触发元件。

（3）防护设施：吊笼和对重升降通道周围应安装地面防护围栏和地面出入通道防护棚；停层平台两侧应设置防护栏杆、挡脚板。

（4）附墙架：应采用配套标准产品；附墙架与建筑结构连接方式、角度，附墙架间距、最高附着点以上导轨架的自由高度等应符合产品说明书要求。

（5）钢丝绳、滑轮与对重：对重钢丝绳的绳数不得少于 2 根且应相互独立；钢丝绳磨损、变形、锈蚀应在规范允许范围内；钢丝绳的规格、固定，防脱装置等应符合规范要求。

（6）导轨架：导轨架垂直度、标准节质量、连接螺栓使用、对重导轨等应符合产品说明书及规范要求。

（7）基础：基础应设有排水设施，基础制作、验收应符合规范要求。

（8）电气安全：施工升降机与架空线路的安全距离和防护措施、电缆导向架设置应符合说明书及规范要求。

（9）安拆、验收与使用：安拆单位应具有起重设备安装工程专业承包资质和安全生产许可证；安装、拆卸作业人员及司机应持证上岗；安装、拆卸应制定专项施工方案；安装完毕应履行验收程序和签字确认；施工升降机作业前应按规定进行例行检查，填写检查记录。

2. 安全管理要求

不得使用有故障的施工升降机；严禁施工升降机使用超过有效标定期的防坠安全器；施工升降机额定载重量、额定乘员数标牌应置于吊笼醒目位置，严禁超载使用；作业范围内设置明显的安全警示标志；使用单位应根据不同的施工阶段、周围环境、季节和气候，采取相应的安全防护措施，在现场设置相应的设备管理机构或配备专职人员进行监督检查；作业结束后应将施工升降机返回最底层停放，切断电源等。

任务五　施工用电安全管理

课前认知

与一般工业或居民生活用电相比，施工用电具有临时性、露天性、流动性和不可选择性等特点。但是很多人在具体操作使用过程中，存在不按标准规范操作的现象，有相当多的施工人员对电的特性不了解，对电的危险性认识不足，没有安全用电的基本知识，不懂临时施工用电的规范，易造成触电伤亡事故。

理论学习

一、临时用电

（1）临时用电施工方案：临时用电设备在 5 台及 5 台以上或设备总容量在 50kW 及以上者，应编制临时用电施工方案；其他情况应制定安全用电技术措施及电气防火措施。临时用电施工方案的内容包括现场勘测；确定电源进线、变电所或配电室、配电装置、用电设备位置及线路走向；进行负荷计算；选择变压器；设计配电系统；方案审批。

（2）临时用电安全技术交底：开机前，认真检查开关箱内的控制开关设备是否齐全有效，漏电保护器是否可靠，仔细检查电气设备的接零保护线端子有无松动；严格执行安全用电规范，严禁非电工进行电工作业；必须执行施工组织设计和职业健康安全操作规程。

二、电工及用电人员的要求

（1）电工必须经过国家现行标准考核，合格后才能持证上岗工作；其他用电人员必须通过相关职业健康安全教育培训和技术交底，考核合格后方可上岗工作。

（2）安装、巡检、维修或拆除临时用电设备和线路，必须由电工完成，并应有人监护。电工等级应同工程的难易程度和技术复杂性相适应。

（3）各类用电人员应掌握安全用电基本知识和所用设备的性能。

三、外电防护与电缆线路

1. 外电防护

在建工程不得在外电架空线路正下方施工、搭设作业棚、建造生活设施等；防护设施宜采用木、竹或其他绝缘材料搭设；架设防护设施时，必须经有关部门批准，采取线路暂时停电措施；在外电架空线路附近开挖沟槽时，必须会同有关部门采取加固措施，以防外电架空线路电杆倾斜、悬倒；电气设备现场周围不得存放易燃易爆物、污染源和腐蚀介质，应能避免物体打击和机械损伤，否则应做防护处理。

2. 电缆线路

（1）电缆中必须包含全部工作芯线和用作保护零线或保护线的芯线。需要三相四线制配电的电缆线路必须采用五芯电缆。五芯电缆必须包含淡蓝、绿 / 黄两种颜色绝缘芯线。淡蓝色芯线必须用作 N 线；绿 / 黄双色芯线必须用作 PE 线，严禁混用。

（2）电缆线路应采用埋地或架空敷设，严禁沿地面明设。

（3）电缆类型应根据敷设方式、环境条件选择。

（4）埋地电缆的接头应设在地面上的接线盒内，接线盒应能防水、防尘、防机械损伤，并应远离易燃、易爆、易腐蚀场所。

（5）架空电缆应沿电杆、支架或墙壁敷设，并采用绝缘子固定，绑扎线必须采用绝缘线，固定点间距应保证电缆能承受自重所带来的荷载。

（6）架空电缆严禁沿脚手架、树木或其他设施敷设。

四、配电室安全管理

配电室的基本要求是室内设备搬运、装设、操作和维修方便，运行安全可靠。其长度和宽度应根据配电屏的数量和排列方式决定，其高度视其进出线的方式及墙上是否装设隔离开关等因素综合考虑。配电室建筑物的耐火等级应不低于三级，室内不得存放易燃易爆物，并应配备沙箱、灭火器等绝缘灭火器材。配电室的屋面应有隔层和防水、排水措施，并应有自然通风和采光，还要有避免小动物进入的措施。配电室的门应向外开并上锁，以便于紧急情况下室内人员撤离和防止闲杂人员随意进入。

五、照明

1. 施工照明

（1）一般场所。

1）现场照明选用 220V，并采用高光效、长寿命的照明光源；大面积照明采用高压汞灯、高压钠灯。

2）照明变压器使用双绕组型安全隔离变压器，严禁使用自耦变压器。

3）室外 220V 灯具距地面不得低于 3m，室内 220V 灯具距地面不得低于 2.5m。

（2）特殊场所。

1）下列特殊场所应使用安全电压照明器：①隧道，人防工程，高温、有导电灰尘、比较潮湿或灯具离地面高度低于 2.5m 的场所照明，电源电压不应高于 36V。②潮湿和易触及带电体场所的照明，电源电压不得高于 24V。③特别潮湿的场所、导电良好的地面、锅炉或金属容器内的照明，电源电压不得高于 12V。

2）路灯的每个灯具应单独装设熔断器保护，灯头线应做防水弯；荧光灯管应采用管座固定或用吊链悬挂；灯具内的接线必须牢固，灯具外的接线必须做防水绝缘包扎；灯具的相线必须经开关控制。

2. 安全管理

照明灯具的金属外壳作接零保护，单相回路的照明开关箱内装设漏电保护器。

（1）安全电压。

安全电压额定值等级为 42V、36V、24V、12V、6V。当电气设备采用超过 24V 的安全电压时，必须采取防直接接触带电体的保护措施。

（2）照明动力用电按规定分路设置。

照明专用回路装设漏电保护；灯具金属外壳作接零保护；照明供电不宜采用绞织线。

六、用电安全档案管理

用电安全档案管理由主管现场的电气技术人员负责建立与管理，其内容包括：（1）修改临时用电施工组织设计和技术交底资料；（2）临时用电施工组织设计和工程检查验收表。

任务六　消防安全管理

课前认知

消防安全概述

施工现场防火工作，应贯彻“以防为主，防消结合”的方针，立足于自防自救，坚持安全第一，实行“谁主管，谁负责”的原则，在防火业务上要接受当地行政主管部门和当地公安消防机构的监督和指导。

理论学习

一、消防安全管理概述

1. 消防与公共安全

在我国，凡是预防火灾发生，减少火灾危害，扑灭火灾的所有事务都称为消防。我国的消防工作方针是“预防为主，防消结合”。消防安全是指人们的生命健康或者财产免受火灾危害的状态。消防安全与公共安全关系密切，是公共安全的重要组成部分。

2. 防火、灭火知识

防火与灭火基本知识

（1）燃烧：是指可燃物与氧化剂作用发生的一种放热发光的剧烈化学反应，通常伴有火焰、发光和发烟现象。燃烧需要可燃物、助燃物、引火源，称为燃烧三要素，三要素同时存在才能发生燃烧。

（2）火灾：是指在时间和空间上失去控制的燃烧所造成的灾害。火灾可分为六类。A 类火灾：普通固体物质的火灾；B 类火灾：液体火灾或可熔化固体物质的火灾；C 类火灾：可燃气体物质的火灾；D 类火灾：金属物质的火灾；E 类火灾：电气设备及燃烧时带电线缆的火灾；F 类火灾：烹饪器具内的烹饪物的火灾。

（3）防火、灭火：一切防火措施都是为了防止产生燃烧的条件，防止燃烧条件互相结合、互相作用，包括控制可燃物、控制助燃物、消除着火源、阻止火势蔓延。根据这一原理和实践经验，现行灭火方法有隔离法、冷却法、窒息法、抑制法等。

3. 消防设备及其使用方法

（1）火灾自动报警系统：是指探测火灾早期特征、发出火灾报警信号，为人员疏散、防止火灾蔓延和启动自动灭火设备提供控制与指示的消防系统；包括触发、火灾报警装置（见图 6-6-1）、火灾探测器（见图 6-6-2）、电源。

（2）消火栓系统：是指利用消防积水系统提供的水扑灭与水接触不会引起燃烧而设置的固定消防设施，分为室内消火栓（见图 6-6-3，其操作方法见图 6-6-4）和室外消火栓两种（见图 6-6-5）。

消防设备设施
及其使用方法

图 6-6-1　火灾报警装置

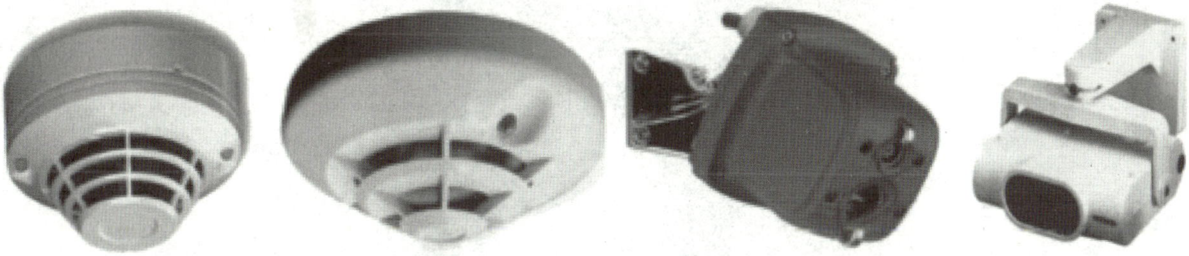

（a）智能感烟探测器　（b）智能感温探测器　（c）红外火焰探测器　（d）红外对射式感烟探测器

图 6-6-2　火灾探测器

图 6-6-3　室内消火栓

（1）打开或击碎箱门，取出消防水带　（2）展开消防水带　（3）水带一头接到消防栓接口上

（4）另一头接上消防水枪　（5）另外一人打开消防栓上的水阀开关　（6）对准火源根部，进行灭火

图 6-6-4　室内消火栓操作方法

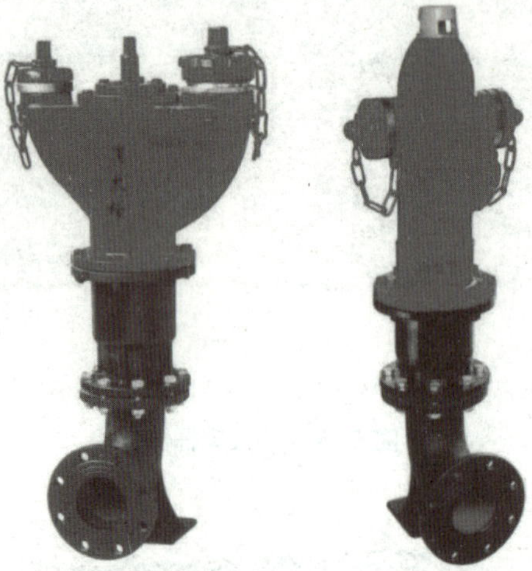

图 6-6-5　室外消火栓

（3）灭火器：按其移动方式可分为手提式和推车式；按所充装的灭火剂可分为泡沫、干粉、卤代烷、二氧化碳、酸碱、清水等。

（4）火灾自救与逃生：是指人们在遭受火灾严重威胁的情况下，为了保全自己的性命不得已而采取的一种行为。

火灾自救与逃生　火灾人员疏散

二、施工现场动火管理

1. 一般规定

施工现场防火，立足于自防自救，坚持安全第一，实行“谁主管，谁负责”的原则；对职工进行防火宣传教育；制定消防防火方案；设置防火警示标志；实行层级消防责任制；实施防火安全检查；配置相应种类、数量的消防器材、设备和设施。

2. 安全管理的要求

严格执行临时动火“三级”审批制度，领取动火作业许可证后，方能动火作业。动火作业必须做到

“八不”“四要”“一清理”。

（1）三级动火审批制度：一级指可能发生一般火灾；二级指可能发生重大火灾；三级指可能发生特大火灾。

（2）动火前“八不”：防火、灭火措施不落实；易燃物未清除；易燃结构未采取安全防范措施；易燃液体容器、管道，未经洗刷干净；受热膨胀并有爆炸危险的容器和管道未清除；储存有易燃易爆物未经排除危险；焊接、切割作业可燃物品未清理；没有配备相应的灭火器等不动火。

（3）动火中“四要”：动火前要指定现场安全负责人；现场安全负责人和动火人员发现不安全苗头要立即停止动火；发生火灾、爆炸事故时，要及时补救；动火人员要严格执行安全操作规程。

三、施工现场平面布置

1. 防火间距要求

施工现场临时办公、生活、生产、物料储存等功能区宜相对独立布置。

2. 现场的道路及消防要求

施工现场内应设置临时消防车道；临时消防车道的设置和消防救援场地的设置应符合相关规定。

四、建筑防火要求

1. 临时用房防火

临时用房包括宿舍、办公用房、发电机房、变配电房、可燃材料库房及易燃易爆危险品库房等，其防火设计应符合规定。

2. 在建工程防火

包括在建工程作业场所的临时疏散通道应采用不燃、难燃材料建造；当有建筑进行扩建、改建施工时，必须明确划分施工区和非施工区，施工区不得营业、使用；外脚手架、支撑架的架体，安全防护网等应采用阻燃型；作业场所应设置明显的疏散指示标志和最近的临时疏散通道入口；作业层的醒目位置应设置安全疏散示意图。

五、防火管理

1. 一般规定

施工现场的消防安全管理应由施工单位负责，并建立消防安全管理组织机构及义务消防组织，确定消防安全负责人和消防安全管理人员；监理单位应对施工现场的消防安全管理实施监理；施工单位应针对施工现场可能导致火灾发生的施工作业及其他活动，制定消防安全管理制度，编制施工现场防火技术方案，向施工人员进行消防安全教育培训和消防安全技术交底，定期对消防安全进行检查和开展灭火和应急疏散演练；施工单位应做好并保存施工现场消防安全管理的相关文件、记录、档案。

2. 可燃物及易燃易爆危险品管理

用于在建工程的保温、防水、装饰及防腐等材料的燃烧性能等级应符合设计要求；可燃材料及易燃易爆危险品应按计划限量进场；室内使用油漆及有机溶剂、乙二胺、冷底子油等易挥发产生易燃气体的物资作业时，应保持良好通风，作业场所严禁明火，避免产生静电；施工所产生的可燃、易燃建筑垃圾或余料，应及时清理。

3. 其他防火管理

施工现场的重点防火部位或区域应设置防火警示标识；施工单位做好施工现场临时消防设施的日常维护工作；临时消防车道、临时疏散通道、安全出口应保持畅通；施工现场严禁吸烟等。

项目七

突发事件与应急管理

学习目标

1. 知识目标

（1）了解突发事件的定义及常见类型；
（2）掌握突发事件的影响及预防措施；
（3）了解建筑工程伤害急救常识；
（4）熟悉应急救援体系及预案；
（5）理解应急管理的定义、体系；
（6）掌握应急管理各阶段的主要工作内容。

2. 技能目标

（1）学会分析突发事件的案例；
（2）针对伤害场景，能够进行急救操作；
（3）学会紧急情况下，组织人员疏散、报警求助、灭火救援等应急响应。

3. 素养目标

（1）能够分析突发事件，掌握应急管理知识；
（2）培养安全意识和出现突发事件时的反应能力及专业素养；
（3）提升解决突发事件与实际问题的能力；
（4）培养认真负责的工作态度。

学习重点

（1）突发事件的类型；
（2）伤害急救的基本原则、步骤和常见伤害的急救措施；
（3）应急救援体系的构成；
（4）应急管理的四个阶段及其任务。

学习难点

（1）突发事件的预防措施；
（2）伤害急救的实践操作；
（3）应急管理的运行模式。

任务描述

（1）知道伤害急救的步骤；

（2）记住应急救援体系和机制的基本框架；
（3）学会突发事件及事故案例分析；
（4）知道应急响应与处置。

任务一　突发事件概述

课前认知

在复杂的建筑项目执行过程中，突发事件是不可避免的风险之一。这些事件可能包括但不限于自然灾害（如地震、洪水）、技术故障（施工设备故障、材料质量问题）、人为失误（操作不当、设计缺陷）及安全事故（高处坠落、坍塌）等。

通过本任务的学习，学生可了解突发事件的类型、成因及可能带来的后果，为制定有效的预防措施、应急预案及快速响应机制奠定基础。

理论学习

一、突发事件的定义与性质

突发事件，是指突然发生，造成或者可能造成严重社会危害，需要采取应急处置措施予以应对的自然灾害、事故灾难、公共卫生事件和社会安全事件。

建筑工程突发事件是指在建筑工程施工过程中，突然发生的、出乎人们意料的意外情况。这些事件具有突发性、不可预测性和破坏性强等特点，对工程进展、施工安全和质量等方面产生严重的影响。

二、突发事件的常见类型

1. 高处坠落

高处坠落是指在坠落高度超过基准面 2m 以上的作业，占全部事故的 35%~40%，主要发生在洞口、临边处作业、脚手架、模板、龙门架（井字架）等上面作业中。

2. 物体打击

物体打击是指失控物体的惯性力对人身造成的伤害，包括高处落物、飞蹦物、滚击物及掉物、倒物等造成的伤害。由于建筑施工中常安排交叉作业，物体打击占事故总数的 12%~15%。

3. 触电事故

触电事故是指施工人员因触碰施工现场周边的架空线路、带电吊车设备、带电材料或带电梯子，以及外电线路、施工机械漏电等而发生的触电。触电事故占事故总数的 15%~20%。

4. 机械伤害

机械伤害是指垂直运输机械或机具、钢筋加工、混凝土搅拌、木材加工等机械设备对操作者或相关人员的伤害。常见的机械伤害有掘进设备引起、工人被重型设备挤压、机械设备倾覆等。机械伤害约占事故总数的 10%。

5. 坍塌事故

坍塌事故是指随着高层和超高层建筑的大量增加，基础工程越来越大，由基坑土方或模板坍塌引起的事故。坍塌事故占事故总数的5%~8%。

6. 自然灾害

自然灾害包括地震、台风、洪水、山体滑坡等。这些自然灾害可能对建筑物和施工工地造成严重破坏，导致建筑物倒塌、施工设备损坏、人员伤亡等。

三、突发事件的影响及预防措施

（1）影响：包括延误工期，造成资源浪费，安全风险增加等。

（2）预防措施：完善安全管理制度，加强安全培训，制定应急预案，建立高效的通信系统，加强现场管理等。

任务二　伤害急救常识

课前认知

伤害急救常识

在建筑工程领域，由于作业环境的复杂性和危险性，伤害事故时有发生。因此，掌握建筑工程伤害急救常识，对于保障施工人员生命安全、减少事故损失具有重要意义。通过本任务的学习，学生可了解建筑工程中伤害急救的定义与性质等常识，旨在提高施工人员的安全意识和自救互救能力。

理论学习

一、伤害急救的定义与性质

伤害急救是指针对各种意外伤害情况（如高处坠落、物体打击、触电事故等），所采取的紧急处理措施和方法。其性质是紧急且实用的，旨在通过及时有效的初步救治，最大限度地减轻伤害程度，对伤员提供紧急的监护和救治，给伤员最大的生存机会，并为后续专业医疗救治赢得宝贵时间。

二、伤害急救遵循的步骤

伤害急救一定要遵循下述四个步骤：

（1）调查事故现场，调查时要确保对调查人、伤病员或其他人无任何危险，迅速使伤病员脱离危险场所，尤其在工地、工厂大型事故现场，更是如此。

（2）初步检查伤病员，判断其神志、气管、呼吸循环是否有问题，必要时立即进行现场急救和监护，使伤病员保持呼吸道通畅，视情况采取有效的止血、防止休克、包扎伤口、固定、保存好断离的器官或组织、预防感染、止痛等措施。

（3）呼救，请专人呼叫救护车，施救人员继续施救，一直要坚持到救护人员或其他施救者到达现场接替为止，同时还应反映伤病员的伤病情和简单的救治过程。

（4）如果没有发现危及伤病员体征，可做第二次检查，以免遗漏其他损伤。这样有利于现场进行必要的急救和稳定病情，降低并发症和伤残率。

三、伤害急救的类型

1. 高处坠落伤害急救

高处坠落伤害急救最需要的是冷静、迅速、准确地判断伤者的状况，并采取合适的急救措施，最大程度地减少伤害并争取救治时间。主要步骤包括确保现场安全，保护伤者；评估伤情，进行初步急救等。

2. 物体打击伤害急救

主要步骤包括立即评估环境，确保现场安全；评估伤情、保护伤者、避免二次伤害；采取急救措施（如处理出血、处理骨折、处理内脏损伤、心肺复苏）等。

3. 触电事故伤害急救

最需要的是动作要迅速、正确地使触电者脱离电源；争取时间，就是争取生命。主要步骤包括使触电者脱离带电体；当触电者脱离电源后，应根据触电者的具体情况，迅速对症救护。

4. 机械伤害急救

当发生机械伤害时，迅速、准确地进行急救至关重要，它可能直接关系到伤者的生命安全和健康恢复。主要步骤包括确保现场安全，防止进一步的伤害发生；评估伤情，脱离危险源；采取急救措施（如处理出血、处理骨折及其他伤害、心肺复苏）。

5. 坍塌事故伤害急救

在遭遇坍塌事故时，迅速而有效的急救措施对于挽救生命至关重要。主要步骤包括确保现场安全；寻找并评估伤者；采取急救措施，如处理出血、处理骨折、保持呼吸道畅通、处理其他伤害、心肺复苏、寻求专业医疗救援等。

6. 自然灾害伤害急救

在建筑工程中偶遇自然灾害时，采取及时有效的急救措施对于保障人员安全、减少财产损失至关重要。以下是根据不同自然灾害类型制定的急救措施：

（1）地震：主要步骤包括立即疏散、保护头部、切断电源、灾后检查等。

（2）台风、暴雨：主要步骤包括加固设施、疏通排水、转移物资、紧急撤离等。

（3）洪水：主要步骤包括关注预警、构筑防线、转移人员、灾后救援等。

任务三　应急救援体系

课前认知

在建筑工程领域，由于施工环境的复杂性和潜在的危险因素，各类伤害事故时有发生。这些事故不仅威胁到施工人员的生命安全，还可能造成严重的经济损失和社会影响。因此，掌握建筑工程应急救援体系和应急机制的相关知识，对于提高施工人员的安全意识、减少事故损失具有重要意义。

通过本任务的学习，学生可掌握建筑工程应急救援体系的基本框架、应急救援组织等，了解应急救援预案，组织应急救援力量，进行信息报告和现场处置。

理论学习

一、应急救援体系的定义与性质

应急救援体系是指在建筑工程领域，针对可能发生的各种紧急情况，通过科学规划、组织、协调和管理，建立的一整套快速响应、高效救援的机制。这一体系旨在最大限度地保护人员生命安全，减少财产损失，确保建筑工程的安全生产，其性质包括预防性、快速响应性、高效性和系统性。

应急救援体系
应急机制

二、应急救援体系和机制的基本框架

应急救援体系和机制的基本框架如图 7-3-1 所示。

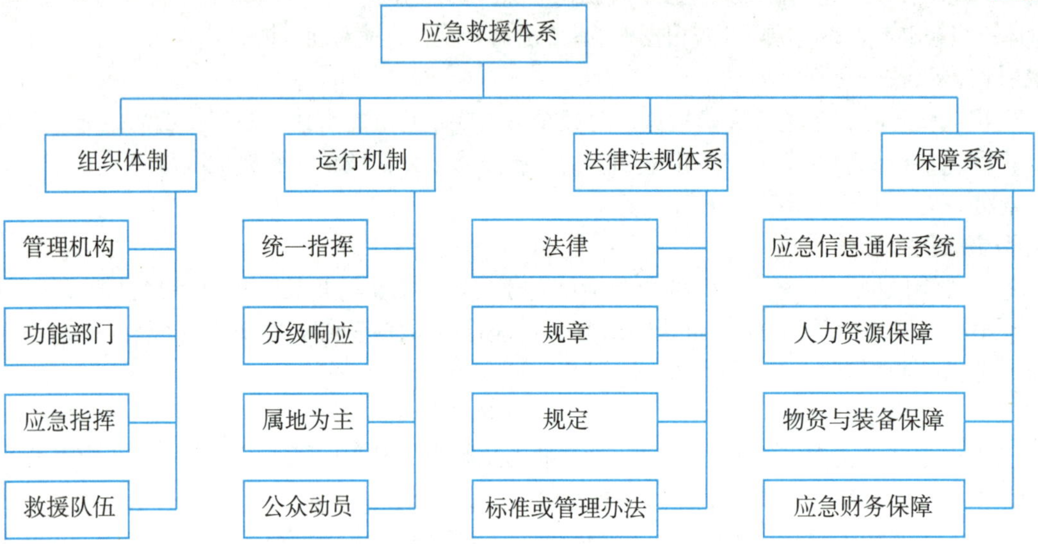

图 7-3-1　应急救援体系和机制的基本框架

1. 组织体制

组织体制是应急救援体系的核心，主要包括管理机构、功能部门、应急指挥及救援队伍。其中，管理机构负责日常的应急管理工作，包括应急预案的编制、修订、演练及应急资源的储备和管理。功能部门，包括消防、医疗机构、环保部门等与应急活动相关的各类组织机构，负责提供专业支持和技术指导。应急指挥是在应急预案启动后，负责应急救援活动的场外与场内指挥，确保救援行动有序、高效进行。救援队伍由专业和志愿人员组成，负责具体实施救援行动。救援队伍应具备丰富的专业知识和实践经验，能够快速、准确地应对各种紧急情况。

2. 运行机制

运行机制包括统一指挥、分级响应、属地为主、公众动员。

3. 法律法规体系

法律法规体系是应急体系的法制基础和保障，也是开展各项应急活动的依据。与应急有关的法律法规主要包括由立法机关通过的法律、政府和有关部门颁布的规章、规定，以及与应急救援活动直接有关的标准或管理办法等。

4. 保障系统

保障系统包括应急信息通信系统、人力资源保障、物资与装备保障、应急财务保障等。

三、应急救援组织

应急救援组织主要包括指挥部和应急处置小组。

1. 指挥部

指挥部由企业主要负责人或项目负责人担任总指挥，负责统一组织、协调和指挥整个应急救援工作。指挥部应设在安全、便于指挥的位置，并确保通信畅通。同时，指挥部还应负责制定应急预案、组织演练和评估等工作。

2. 应急处置小组

应急处置小组包括通信组、抢救组、交通治安组、救治组、物资供应组、善后处理组等。各小组应明确职责和分工，确保在事故发生时能够迅速响应。通信组负责信息传递和沟通协调；抢救组负责现场救援和人员疏散；交通治安组负责交通管制和治安维护；救治组负责受伤人员的救治和转运；物资供应组负责救援物资的储备和供应；善后处理组负责事故后的恢复和重建工作。

四、应急救援预案

应急救援预案包括综合应急救援预案、专项应急救援预案和现场应急救援方案。其流程如下：

1. 预案制定

根据建筑工程的特点和可能的危险性，制定详细的应急救援预案。预案应明确应急目标、组织原则、指挥体系、应急处置流程、应急保障和应急培训等内容。同时，预案还应考虑各种可能的风险因素和应对措施。

2. 预案修订

随着工程进展和外部环境的变化，需要对应急救援预案进行定期修订和完善，以确保预案的科学性、实用性和可操作性。同时，还应加强预案的演练和评估工作，及时发现和解决问题。

3. 预案演练

定期组织应急救援预案演练，检验预案的可行性和救援人员的实战能力。演练应模拟真实场景，注重实战效果。演练后应及时总结经验教训，对预案进行必要的调整和优化。

五、应急资源支持

1. 救援物资

储备必要的救援物资，如车辆、吊车、担架、氧气袋、止血带、送风仪器、消防设备、急救药品等。应定期检查和维护物资，确保其处于良好状态。同时，还应建立物资储备库和物资调配机制，确保在紧急情况下能够迅速供应到位。

2. 专业人员

组建由消防人员、急救人员、工程抢险人员等组成的应急救援队伍。队伍成员应具备丰富的专业知识和实践经验，能够迅速投入救援工作。

六、应急培训与宣传

1. 应急培训

定期对项目经理、安全员、施工人员等进行应急培训，培训内容包括快速评估事故、灭火技巧、逃生工具使用、施救基本知识等方面的培训。培训应注重实战效果，提高参训人员的应急能力和自救互救能力。同时，还应建立培训考核机制，确保培训质量。

2. 应急宣传

利用多种渠道进行应急知识宣传，如设置现场宣传场点、悬挂横幅标语、发放宣传资料等。同时，结合各种主题活动日，如“安全生产月”等，进施工工地开展应急科普宣传和教育。通过宣传和教育，提高全社会的应急意识和能力。

七、应急响应与处置

安全事故调查流程

1. 事故报告

当发生紧急情况时，应立即报告给指挥部，并按照预案要求进行应急处置。同时，向相关部门和上级单位报告事故情况。报告内容应包括事故发生的时间、地点、原因、伤亡情况和救援进展等。

2. 现场救援

在指挥部的统一指挥下，各应急处置小组迅速展开救援行动。救援过程中应确保人员安全，避免次生灾害的发生。同时，还应加强现场秩序维护和治安管理工作，确保救援行动的顺利进行。

3. 医疗救治

对受伤人员进行现场急救，并迅速送往医院进行进一步治疗，确保医疗救治工作的及时性和有效性。建立医疗救治协调机制，加强与医疗机构的沟通和协作，提高救治效率和质量。

八、后期处理

1. 事故调查

在事故得到控制后，组织相关人员进行事故调查，查明事故原因和责任，提出改进措施建议。同时，还应加强事故分析和研究工作，总结事故教训和经验教训，为今后的安全生产工作提供参考和借鉴。

2. 善后处理

对伤亡人员进行安抚和赔偿，对受损财产进行修复或赔偿。加强恢复和重建工作，尽快恢复生产和生活秩序。同时，还应加强善后处理工作的协调和管理，确保善后处理工作的顺利进行。总结经验教训，完善应急救援体系。

建筑工程应急救援体系是一个复杂而系统的工程，需要各方面的共同努力和配合。通过建立健全应急救援组织架构、制定详细的应急救援预案、储备必要的应急资源支持、加强应急培训与宣传及完善应急响应与处置机制等措施，可以有效提高建筑工程应对紧急情况的能力，保障人员生命安全和减少财产损失。同时，还应加强应急管理体系的建设和完善工作，不断提高应急管理水平和应急能力。

任务四　应急管理

课前认知

应急管理概述

在建筑工程领域，应急管理是一项至关重要的工作，它直接关系施工现场人员的生命安全、工程进度的顺利推进及企业的经济利益。通过深入学习应急管理的相关知识，学生可更加全面和深入地理解应急管理。

理论学习

一、应急管理的概念及基本原则

1. 应急管理的概念

建筑工程应急管理是指在建筑工程实施过程中，针对可能发生的各类突发事件，通过预先制订的计划、组织和措施，迅速、有效地进行预防、控制、减轻和消除其影响的管理活动。其目的是保障人员生命安全、减少财产损失、维护工程进度和质量，确保建筑工程的顺利进行。应急管理是保障住宅建筑工程在突发事件中能够迅速、有效地应对和处理的重要环节。

2. 应急管理的基本原则

（1）预防为主：通过加强安全教育培训、完善安全设施、开展安全检查等措施，提前发现并消除安全隐患。

（2）统一指挥：在突发事件发生时，由指定的应急指挥机构统一负责，协调各方资源，确保应急行动有序进行。

（3）分级响应：根据突发事件的严重程度和影响范围，启动相应的应急预案，实施分级响应。

（4）全员参与：动员建筑工程项目全体人员参与应急管理，提高整体应急能力和水平。

二、应急管理体系的内容及结构

1. 应急管理体系的内容

应急管理体系包括应急预案、应急组织、应急资源、应急演练等。

2. 应急管理体系的结构

应急管理体系主要由指挥调度系统、处置实施系统、资源保障系统、信息管理系统、决策辅助系统、教育培训、宣传系统等部分组成（见图 7-4-1）。

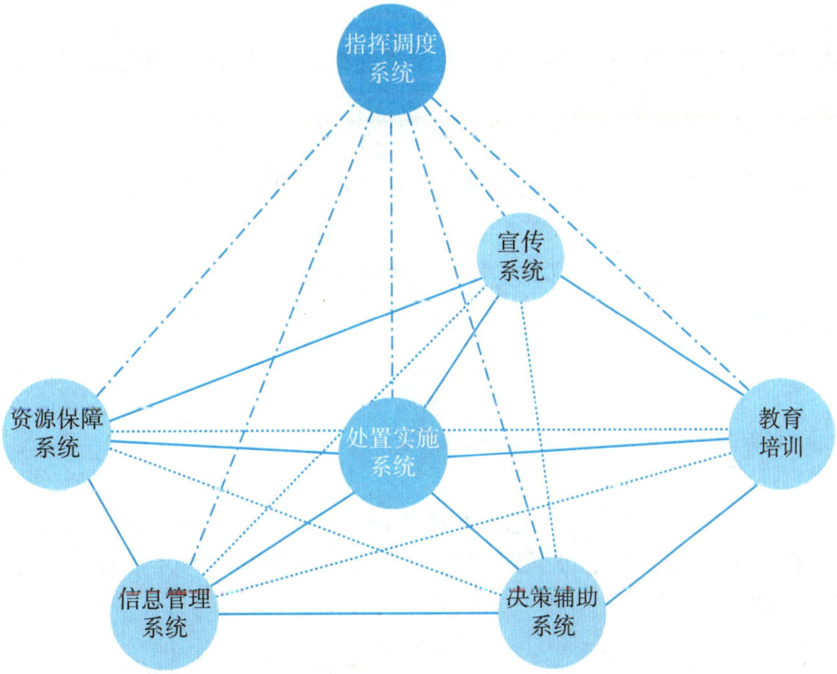

图 7-4-1　应急管理体系的结构

三、应急管理阶段

应急管理通常分为预防、准备、响应和恢复四个阶段（见图 7-4-2），每个阶段都有其特定的任务和目标。

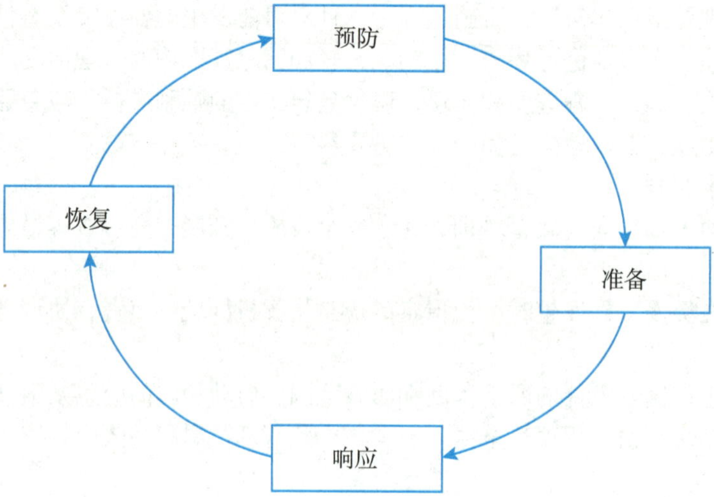

图 7-4-2　应急管理的四个阶段

1. 预防阶段

预防阶段是应急管理的首要环节，主要任务是通过科学合理的规划和设计，减少事故发生的可能性。

2. 准备阶段

准备阶段的主要任务是制定应急预案、组织培训和定期组织应急演练，以确保在突发事件发生时能够迅速做出有效的应对措施。

3. 响应阶段

响应阶段是应急管理的关键环节，其主要任务是迅速组织人员疏散、报警求助、进行灭火救援和紧急修复等措施。

4. 恢复阶段

恢复阶段的主要任务是修复和重建受损的建筑，恢复正常的生产秩序。

任务五　应急预案

课前认知

应急预案管理

本任务主要介绍应急预案体系的构成、应急预案的编制与主要内容等。通过本任务的学习，学生可了解应急预案的基础知识，为后面的学习和实践奠定坚实的基础。

理论学习

一、应急预案体系的构成

应急预案应形成体系，针对各级各类可能发生的事故和所有危险源制定专项应急预案和现场应急处置方案，并明确事前、事发、事中、事后的各个过程中相关部门和有关人员的职责。生产规模小、危险因素少的生产经营单位，其综合应急预案和专项应急预案可以合并编写。

应急响应

（1）综合应急预案。综合应急预案是从总体上阐述事故的应急方针、政策，应急组织结构及相关应急职责，应急行动、措施和保障等基本要求和程序，是应对各类事故的综合性文件。

（2）专项应急预案。专项应急预案是针对具体的事故类别（如基坑开挖、脚手架拆除等事故）、危险源和应急保障而制订的计划或方案，是综合应急预案的组成部分，应按照综合应急预案的程序和要求组织制定，并作为综合应急预案的附件。专项应急预案应制定明确的救援程序和具体的应急救援措施。

（3）现场处置方案。现场处置方案是针对具体的装置、场所或设施、岗位所制定的应急处置措施。现场处置方案应具体、简单、针对性强。现场处置方案应根据风险评估及危险性控制措施逐一编制，做到事故相关人员应知应会、熟练掌握，并通过应急演练，做到迅速反应、正确处置。

二、应急预案的编制

1. 编制要求

符合有关法律、法规、规章和标准规定；结合本地区、本部门、本单位的安全生产实际情况和危险性分析情况；应急组织和人员的职责分工明确；有明确、具体的事故预防措施、应急程序、应急保障措施；预案的基本要素齐全、完整，预案附件提供的信息准确；预案内容与相关应急预案相互衔接。

应急预案编制

2. 编制流程

应急预案的编制流程如图 7-5-1 所示。

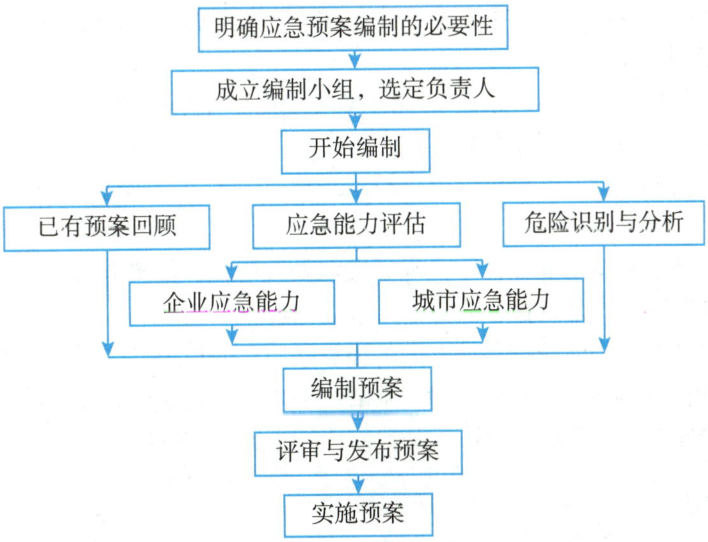

图 7-5-1　应急预案的编制流程

三、应急预案的主要内容

1. 综合应急预案编制的主要内容

（1）总则：编制目的、编制依据、适用范围、应急预案体系、应急工作原则。

（2）施工单位的危险性分析：施工单位概况、危险源与风险分析。

（3）组织机构及职责：应急组织体系、指挥机构及其职责。

（4）预防与预警：危险源监控、预警行动、信息报告与处置。

（5）应急响应：响应分级、响应程序、应急结束。

（6）信息发布：明确事故信息发布的部门、发布原则。事故信息应由事故现场指挥部及时准确地向新闻媒体通报。

（7）后期处置：主要包括污染物处理、事故后果影响消除、生产秩序恢复、善后赔偿、抢险过程和应急救援能力评估及应急预案的修订等内容。

（8）保障措施：通信与信息保障、应急队伍保障、应急物资与装备保障、经费保障、其他保障。

（9）培训与演练：明确对本单位人员开展应急培训的计划、方式和要求；明确应急演练的规模、方式、频次、范围、内容、组织、评估、总结等内容。

（10）奖惩：明确事故应急救援工作中奖励和处罚的条件和内容。

（11）附则：术语和定义，应急预案备案，维护和更新，制定与解释，应急预案实施。

2. 专项应急预案编制的主要内容

（1）事故类型和危害程度分析：在危险源评估的基础上，对其可能发生的事故类型和可能发生的季节及事故的严重程度进行确定。

（2）应急处置的基本原则：明确处置安全生产事故应当遵循的基本原则。

（3）组织机构及其职责：明确应急组织形式、构成单位或人员，并尽可能以结构图的形式表示；根据事故类型，明确应急救援指挥机构的总指挥、副总指挥及各成员单位或人员的具体职责。

（4）预防与预警：明确本单位对危险源监测监控的方式、方法，以及采取的预防措施；明确具体事故预警的条件、方式、方法和信息的发布程序。

（5）信息报告程序：包括确定报警系统及程序；确定现场报警方式；确定 24 小时与相关部门的通信、联络方式；明确相互认可的通告、报警形式和内容；确定应急反应人员向外求援的方式。

（6）应急处置：响应分级、响应程序、处置措施。

（7）应急物资与装备保障：明确应急处置所需的物资与装备数量，以及相关管理维护和使用方法等。

3. 现场处置方案编制的主要内容

（1）事故特征：包括危险性分析；事故发生的区域、地点或装置的名称；事故可能发生的季节和造成的危害程度；事故发生前可能出现的征兆。

（2）应急组织与职责：包括基层单位应急自救组织形式及人员构成情况；应急自救组织机构、人员的具体职责。

（3）应急处置：包括事故应急处置程序；现场应急处置措施；报警电话及上级管理部门、相关应急救援单位的联络方式和联系人，事故报告的基本要求和内容。

（4）注意事项：包括佩戴个人防护器具方面的注意事项；使用抢险救援器材方面的注意事项；采取救援对策或措施方面的注意事项；现场自救和互救的注意事项；现场应急处置能力确认和人员安全防护等的注意事项；应急救援结束后的注意事项；其他需要特别警示的事项。

四、应急预案管理

应急预案管理包括应急预案的评审、备案、实施以及未按照有关规定备案的惩处。国家安全生产监督管理总局负责应急预案的综合协调管理工作。国务院其他负有安全生产监督管理职责的部门按照各自的职责负责本行业、本领域内应急预案的管理工作。县级以上地方各级人民政府安全生产监督管理部门负责本行政区域内应急预案的综合协调管理工作。县级以上地方各级人民政府其他负有安全生产监督管理职责的部门按照各自的职责负责辖区内本行业、本领域应急预案的管理工作。

（1）应急预案的评审：地方各级安全生产监督管理部门应当组织有关专家对本部门编制的应急预案进行审定。应急预案的评审应当注重应急预案的实用性、基本要素的完整性、预防措施的针对性、组织体系的科学性、响应程序的操作性、应急保障措施的可行性、应急预案的衔接性等内容。

（2）应急预案的备案：生产经营单位综合应急预案和专项应急预案，按照隶属关系报所在地县级以上地方人民政府安全生产监督管理部门和有关主管部门备案。

（3）应急预案的实施：各级安全生产监督管理部门、生产经营单位应当采取多种形式开展应急预案的宣传教育，提高从业人员的安全意识和应急处置技能。生产经营单位应当制订本单位的应急预案演练计划，每年至少组织一次综合应急预案演练或者专项应急预案演练，每半年至少组织一次现场处置方案演练。

（4）惩处：生产经营单位应急预案未按照有关规定备案的，由县级以上安全生产监督管理部门给予警告和罚款。生产经营单位未制定应急预案或者未按照应急预案采取预防措施，导致事故救援不力或者造成严重后果的，由县级以上安全生产监督管理部门依照有关法律、法规和规章的规定，责令停产、停业整顿，并依法给予行政处罚。

项目八

典型安全事故及防范分析

学习目标

1. 知识目标

（1）通过典型质量安全事故，了解事故的分类；

（2）通过典型质量安全事故，掌握事故的成因和特点；

（3）掌握不同类型的质量安全事故的防范措施。

2. 技能目标

（1）能区分不同安全事故的事故类型；

（2）能通过安全事故提取事故的成因关键；

（3）能根据安全类别制定相应防范措施。

3. 素养目标

（1）培养安全管理意识，杜绝安全事故；

（2）提升解决实际工程安全隐患的能力。

学习重点

（1）建筑工程质量安全事故防范措施；

（2）建筑工程质量安全事故的特点。

学习难点

（1）分析典型安全事故的成因；

（2）分析安全事故防范的要点。

任务描述

（1）能判断事故的常见类型；

（2）能根据事故的严重程度，对事故进行分类；

（3）通过事故成因类型、案例分析，能分析事故成因；

（4）能根据事故成因，制定防范建议；

（5）通过案例事故的警醒，认识培训的重要性。

任务一　典型建筑工程质量安全事故

课前认知

典型建筑工程质量安全事故常涉及坍塌、高处坠落、物体打击等，主要由违规施工、设计错误、材料不合格等因素导致，严重影响人员安全和造成财产损失。因此预防和应对措施至关重要，需建立健全安全管理制度，强化安全教育培训，确保施工人员了解潜在危险，掌握安全操作规程。安全教育培训能提高施工人员技能，加强团队合作，减少人为事故。通过全面预防和管理，可显著降低事故风险，保障建筑工程安全。

通过本任务的学习，学生可认识事故的严重性，形成安全管理意识。

理论学习

一、建筑工程质量安全事故的定义和分类

1. 定义

建筑工程质量安全事故是指在建筑工程项目中，由于设计、施工、材料、管理等方面的原因，导致工程质量不合格或发生安全事故，造成人员伤亡、财产损失或社会影响的事件。这类事故通常与建筑工程的复杂性、高风险性和参与人员的多样性密切相关。

2. 分类

（1）常见事故类型：高处坠落、物体打击、触电事故、机械伤害、坍塌事故。

（2）按事故类别分类：物体打击、车辆伤害、机械伤害、起重伤害、触电、灼烫、火灾、高处坠落、坍塌、透水、爆炸、中毒、窒息、其他伤害。

（3）按事故严重程度分类。特别重大事故：造成 30 人以上死亡，或者 100 人以上重伤（包括急性工业中毒），或者 1 亿元以上直接经济损失的事故；重大事故：造成 10 人以上 30 人以下死亡，或者 50 人以上 100 人以下重伤，或者 5 000 万元以上 1 亿元以下直接经济损失的事故；较大事故：造成 3 人以上 10 人以下死亡，或者 10 人以上 50 人以下重伤，或者 1 000 万元以上 5 000 万元以下直接经济损失的事故；一般事故：造成 3 人以下死亡，或者 10 人以下重伤，或者 1 000 万元以下直接经济损失的事故。

（4）按事故责任分类。指导责任事故：由于工程指导或领导失误而造成的质量事故；操作责任事故：在施工过程中，由于操作者不按规程或标准实施操作而造成的质量事故；自然灾害事故：由于突发的严重自然灾害等不可抗力造成的质量事故。

（5）按事故原因分类。技术原因事故：在工程项目实施中由于设计、施工在技术上的失误造成的质量事故；管理原因事故：在管理上的不完善或失误引发的质量事故；社会经济原因事故：由于经济因素及社会上存在的弊端和不正之风导致建设中的错误行为而造成的质量事故。

二、建筑工程质量安全事故的特点

1. 事故类型多样

安全事故包括高处坠落、物体打击、触电事故、机械伤害、坍塌事故等多种类型。

2. 发生频率高

由于建筑工程涉及大量的人员、材料和设备，施工环境复杂多变，因此安全事故的发生频率相对较高。特别是在大规模、系统化的建筑项目中，由于施工周期长、参与人员多，事故风险更加突出。

3. 影响因素众多

影响因素包括人的不安全行为、物的不安全状态、管理上的缺陷及环境因素的不利影响等。

4. 突发性强

许多建筑工程安全事故具有突发性，事故往往在瞬间发生，留给人员逃生的时间极短。比如，坍塌事故发生时，高空作业的工人可能来不及反应就被掩埋或从高处坠落。

5. 易造成群死群伤

由于建筑工程施工现场人员密集，一旦发生事故，容易造成群死群伤的严重后果。

6. 救援难度大

由于建筑工程施工现场环境复杂，救援设备难以快速到达事故现场，且可能存在二次坍塌等风险，因此救援难度较大。

7. 经济损失严重

建筑工程安全事故不仅会造成人员伤亡，还会带来巨大的经济损失，包括医疗费用、赔偿费用、停工损失等。

任务二　安全事故防范

课前认知

安全事故案例

建筑工程安全事故的成因多种多样，包括违背建设程序、违反法规行为、地质勘探失误、设计差错、施工与管理不到位等。这些原因可能单独或共同作用，导致发生物体打击、机械伤害、坍塌事故、触电事故和高处坠落等典型事故。

预防和应对措施对于减少建筑安全事故至关重要。加强现场管理和材料设备质量控制、建立健全安全管理制度及强化设计审查和验收，都是有效的预防手段。

理论学习

一、建筑工程安全事故的成因

（1）人的不安全行为：包括施工人员安全意识不足；施工人员操作失误；管理人员失职等。

（2）物的不安全状态：包括机械设备故障；安全防护设施缺失或失效；施工材料质量问题等。

（3）管理上的缺陷：包括安全管理制度不完善；安全监管不到位；安全教育培训不足等。

（4）环境因素的不利影响：包括自然环境因素，施工现场环境因素等。

二、建筑工程安全事故的预防措施

建筑工程安全事故的预防措施是确保施工安全、保障人员生命财产安全的重要环节，其预防措施需要从多个方面入手，包括加强安全教育培训、完善安全管理制度、强化安全防护措施、加强安全检查与隐患排查、制定应急预案与演练及其他措施等。这些措施的实施将有助于降低安全事故的发生概率，保障施工人员的生命财产安全。

三、建筑工程安全事故培训的重要性

1. 提高安全意识和操作技能

通过培训，施工人员可以更加深入地了解建筑工程中可能存在的安全隐患和危险源，从而增强他们的安全意识。同时，培训还可以教授施工人员正确的操作技能和方法，避免因操作不当而引发安全事故。

2. 降低事故发生的概率和严重程度

安全培训能够提高施工人员的自我保护能力和应对突发事件的能力。他们将在培训中学习到如何在紧急情况下采取正确的应急措施，从而降低事故发生的概率和减轻事故的严重程度。这对于减少人员伤亡和财产损失具有重要意义。

3. 提升企业安全管理水平

加强建筑工人的安全教育培训，有助于提升整个企业的安全管理水平。培训可以促使企业建立健全安全管理制度和操作规程，加强现场管理和安全监管，形成积极的安全文化，这将为企业的可持续发展提供有力保障。

4. 遵守法律法规和规章制度

建筑工程安全事故培训还包括对安全生产法律法规和规章制度的讲解。通过培训，施工人员将更加了解并遵守这些法律法规和规章制度，确保施工活动合法合规，减少因违法违规行为而引发的安全事故。

5. 促进建筑工人的职业发展

安全教育培训不仅关乎施工人员的生命安全，还对他们的职业发展具有积极的影响。通过培训，施工人员可以提升自己的安全技能和综合素质，为未来的职业发展打下坚实的基础。

项目九

行业安全管理优秀做法

学习目标

1. 知识目标

（1）知道协同管理平台应用内容；

（2）掌握 BIM、数字化施工应用内容；

（3）掌握建筑机器人应用内容；

（4）掌握工程设施及设备标准化安全管理内容；

（5）了解工程施工准备阶段标准化安全管理内容；

（6）掌握工程施工阶段标准化安全管理内容；

（7）掌握施工噪声污染控制、光污染控制、扬尘控制等；

（8）了解节材与材料资源利用、节水与水资源利用、节能与能源利用、节地与施工用地保护等资源节约知识。

2. 技能目标

学会“三化”（智能化、标准化、绿色化）安全管理技能。

3. 素养目标

（1）培养建筑工程“三化”意识和专业素养；

（2）提升解决实际工程项目“三化”安全管理的能力。

学习重点

（1）协同管理平台应用；

（2）BIM、数字化施工应用；

（3）建筑机器人应用；

（4）工程设施及设备标准化安全管理；

（5）工程施工准备阶段、施工阶段标准化安全管理；

（6）环境保护与资源节约。

学习难点

（1）协同管理平台应用；

（2）数字化施工、建筑机器人应用；

（3）标准化安全管理。

任务描述

（1）清楚了解协同管理平台应用；

（2）掌握 BIM、数字化施工应用；

（3）掌握建筑机器人应用；

（4）掌握工程设施及设备和施工标准化安全管理；

（5）知道施工噪声污染、光污染、扬尘等控制方法；

（6）了解节材与材料资源利用、节水与水资源利用、节能与能源利用、节地与施工用地保护等资源节约知识。

任务一　智能化安全管理分享

课前认知

智能化安全管理是指利用现代信息技术手段，特别是人工智能技术，对建筑工程施工过程中的安全风险进行实时监控和管理，以预防和减少安全事故的发生。这种管理方式通过构建智能监控防范体系，实现对人、机、料、法、环等的全方位实时监控，从而实现事前预警、事中常态监测和事后规范管理。其优势包括：实现对建筑物内外环境的实时监测；提高工作效率；提供灵活管理方式。

通过本任务的学习，学生可学习协同管理平台应用，了解 BIM、数字化施工应用，掌握建筑机器人应用，提高创新能力。

智慧工地数据集成平台　　智能化安全管理分享

理论学习

一、协同管理平台应用

在“安全即效益、隐患即事故”理念的指导下，通过标准化规范各项管理，形成可分析比对的数据；依托协同管理平台，实现项目施工现场安全管理的即时化、可视化；依托智慧工地平台，利用大数据、大模型提高项目风险防控能力；依托 BIM 协同管理平台实现项目风险精准定位。某智慧工地协同管理平台如图 9-1-1 所示。

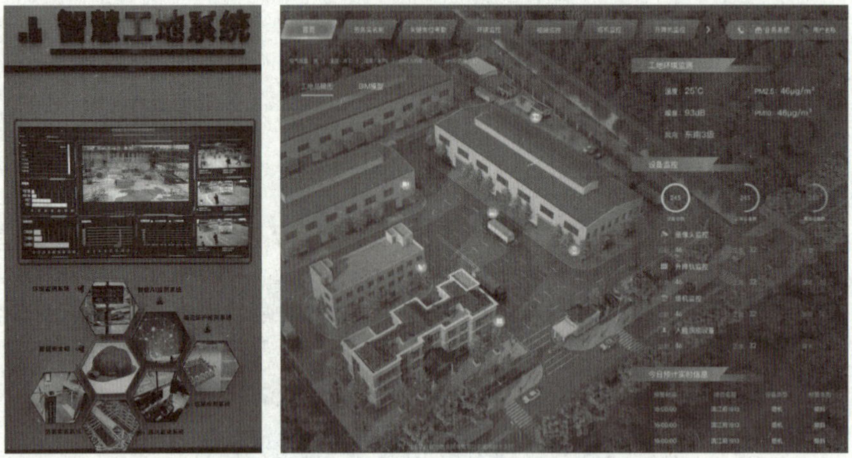

图 9-1-1 某智慧工地协同管理平台

信息化管理平台作为企业安全管理的中枢，集成了人员、设备、材料等全方位资源信息，实现了对施工进度的实时追踪、对施工质量的全程监控。同时，该平台还具备强大的数据分析功能，通过对历史数据的挖掘和分析，为安全管理提供科学决策支持。

智慧工地平台（见图 9-1-2）的调度指挥中心则是企业安全管理的“大脑”。通过实时监管施工现场、迅速响应各类突发事件，及时调度资源，确保施工现场的安全稳定。此外，调度指挥中心与信息化管理平台实现无缝对接，为安全管理提供强有力的支撑。

图 9-1-2 智慧工地平台

二、BIM、数字化施工应用

1. 利用 BIM 技术对现场进行安全交底

通过 BIM 技术建筑模型虚拟可视化特点，预先可以在电脑端绘制出各个施工阶段 BIM 模型，模型绘制完成后，进行项目全方位漫游及虚拟方案施工，从而事先对某些危险源进行识别，做到事先控制，事先防范。充分利用 BIM 技术建筑模型虚拟可视化特点，对诸如基坑施工、脚手架施工、高大模板施工、临边洞口施工等潜在的危险源及工序进行三维安全技术交底（见图 9-1-3），提前进行风险识别，从而使现场施工人员作业时规避安全风险。

（a）临边洞口防护安全技术交底　　（b）安全逃生路线模拟

图 9–1–3　BIM 技术对现场进行三维安全技术交底

2. 利用 BIM 技术指导现场平面策划

项目进场前，利用 BIM 技术对施工各个阶段进行三维虚拟场地布置（见图 9–1–4）。为保证现场施工顺利有序进行，需要合理动态规划施工现场，从紧凑有序、节约施工用地、方便施工、减少材料周转、提高效率和符合卫生及安全技术要求等方面考虑，为项目节约材料运输费用并节省工期提供基础条件。这样可提前呈现现场施工情况及企业形象展示，有效解决场地布置疑难问题。

图 9–1–4　利用 BIM 技术指导现场平面策划

3. 风险评估数字化

利用大数据分析技术对历史安全事故数据进行挖掘和分析，识别潜在的安全风险点，通过建立风险评估模型对安全风险进行量化评估，为安全管理提供科学依据。

4. 基于数据的决策支持

通过收集和分析大量的安全数据，为决策者提供科学、合理的建议，提高决策效率和准确性。

5. 数字化应急预案系统

建立数字化应急预案系统，将各类应急预案进行数字化处理，实现预案的快速检索、修改和执行。在紧急情况下，能够迅速启动相应的应急预案，有效应对突发事件。

6. 数字化安全培训与考核

建立在线培训平台，提供丰富多样的安全培训课程和资料，员工可以随时随地通过平台进行学习、考试和评估，提高安全意识和技能水平。利用虚拟现实（VR）技术，模拟真实的安全事故场景和操作环境，员工可以在虚拟环境中进行安全操作演练和应急处理，提高应对能力和心理素质。

7. 数字化安全监管与执法

建立数字化监管平台，对各类企业、场所进行远程监管和执法。通过平台可以实时查看企业的安全状况、隐患整改情况等，提高监管效率和准确性。利用大数据技术对安全监管数据进行深入挖掘和分析，发现潜在的安全风险和问题，为监管部门提供科学、合理的决策支持，提高监管水平。

三、建筑机器人应用

1. 检查机器人

检查机器人可以进入工作人员难以进入或危险的密闭或危险空间。这些机器人配备了摄像头、传感器和其他检测工具，可以远程检查结构、设备和基础设施是否存在缺陷、损坏或潜在的安全隐患，而不会让检查人员面临风险，最大限度地减少面临的危险。通过部署检查机器人，企业可以显著减少工人在危险环境（如高层建筑、桥梁、隧道和工业设施）中进行手动检查的需要。这有助于最大限度地减少事故、伤害和接触有害物质的风险，提高建筑工地的整体安全性。

巡检机器人可以按照其功能、应用场景、结构等多个方面进行分类。

按照功能分类：可分为安全巡检机器人、环境巡检机器人、建筑巡检机器人等。

按照应用场景分类：可分为室内巡检机器人、室外巡检机器人、水下巡检机器人等。

按照结构分类：可分为轮式巡检机器人、腿式巡检机器人、多足巡检机器人、飞行巡检机器人等（见图 9-1-5）。

（a）轮式巡检机器人

（b）腿式巡检机器人

图 9-1-5　轮式巡检机器人与腿式巡检机器人

按照技术分类：可分为视觉巡检机器人、声学巡检机器人、激光巡检机器人、红外巡检机器人等。

按照控制方式分类：可分为遥控巡检机器人、自主导航巡检机器人等。

2. 危大工程作业机器人

在建筑施工过程中存在着一些高危环境和高风险作业，机器人技术的引入可以减少工人的危险操作，降低事故发生的概率。例如，在高空作业中，梁柱的焊接施工，传统的方法需要工人使用脚手架、安全绳等设备进行作业，存在较大的安全隐患。而使用焊接机器人（见图 9-1-6）后，可以将机器人固定在梁柱上，遥控操作，避免了工人的高空作业，提高了施工安全性。

3. 监测机器人

机器人技术还可以在建筑施工中进行实时监测和控制，确保施工过程中的安全。例如，在拆除工作中，使用机器人进行自动拆除，可以避免人员误操作导致的事故。机器人可以配备高精度传感器，实时监测施工过程中的环境和结构，及时发现安全隐患并进行预警和控制。这种实时监测和控制可以大大降低事故发生概率，提高施工安全性。

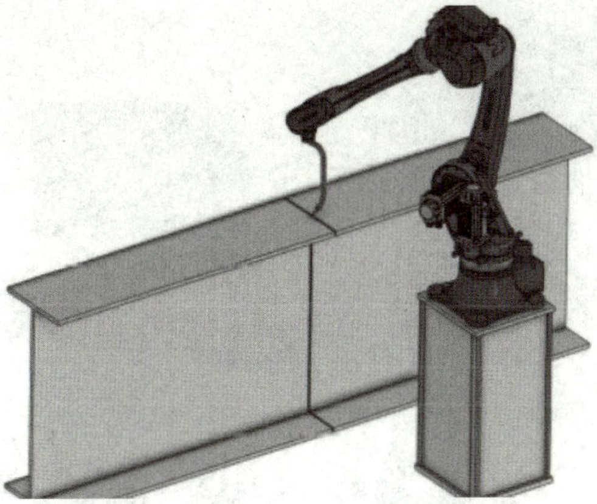

图 9-1-6　焊接机器人

任务二　标准化安全管理分享

课前认知

标准化安全管理是通过建立安全生产责任体系、制定安全管理制度和操作规程、排查和治理隐患、监控重大危险源、建立预防机制等措施，规范生产行为，确保各个生产环节符合相关安全生产法律法规及标准要求，使人、机、物、环境处于良好的生产状态，并实现持续改进。标准化安全管理是预防事故、加强安全生产管理的重要基础，是企业落实安全生产主体责任的重要保障，是安全监管部门依法实施安全生产监管的重要依据。

标准化安全管理分享

标准化安全管理有助于保障员工生命安全和身体健康、提高企业生产效率和经济效益、树立企业良好形象和社会声誉。它体现了“安全第一、预防为主、综合治理”的方针及“以人为本”的科学发展观，强调安全工作的规范性、科学性、系统性和法治性，强化风险管理与过程控制，符合安全管理的基本规律，代表了现代安全管理的发展方向。

通过本任务的学习，学生可了解工程设施及设备标准化安全管理、工程施工准备阶段标准化安全管理等相关内容。

理论学习

一、工程设施及设备标准化安全管理

1. 塔式起重机

（1）塔式起重机安全保护装置如图 9-2-1 所示。有些安全保护装置（如行程限位器、载荷限位器）应每半个月检查一次，保证其正常运行；其他安全装置应每月检查一次。

（2）当现场塔式起重机布设超过 2 台（含 2 台）时，需要对塔式起重机安装防碰撞系统。

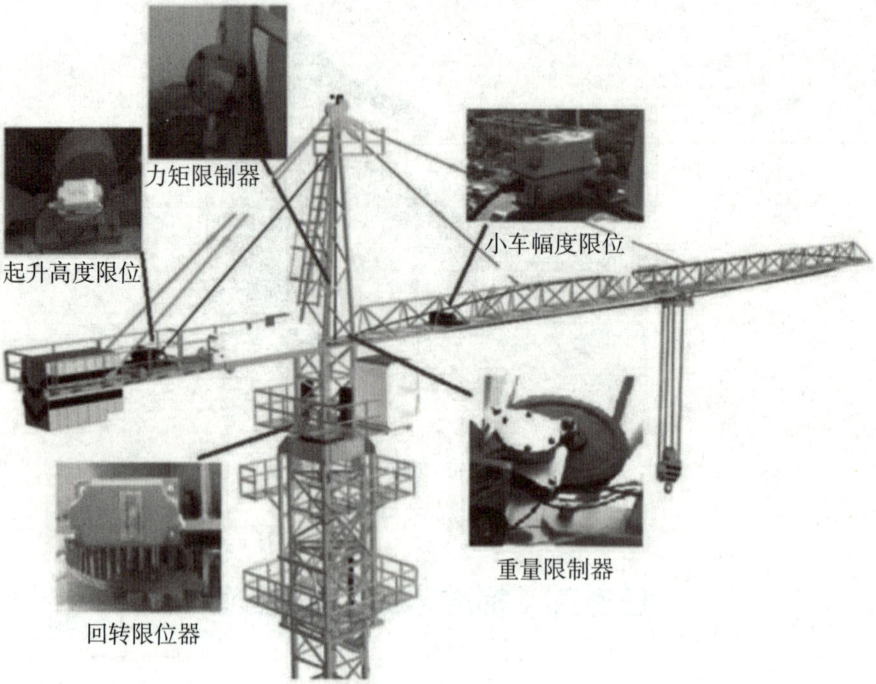

图 9-2-1 塔式起重机安全保护装置

2. 移动式汽车吊

移动式汽车吊安全传感装置（见图 9-2-2）主要包括长度传感器、角度传感器、压力传感器和显示设备。

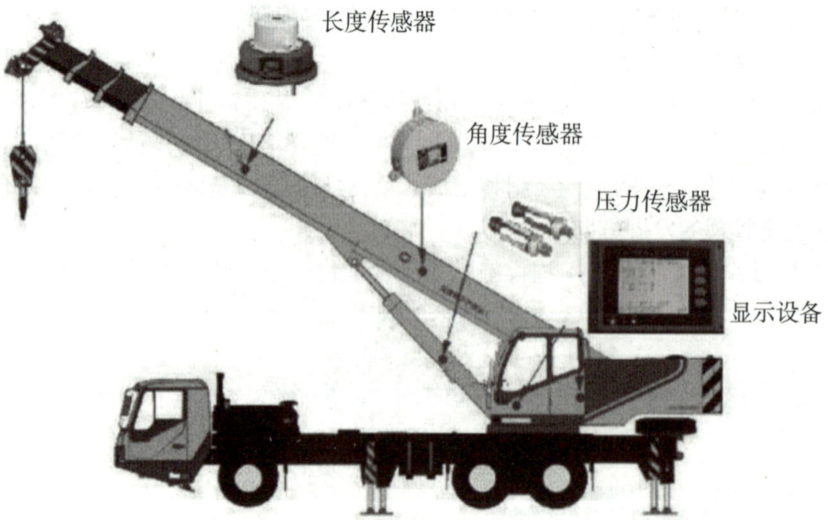

图 9-2-2 移动式汽车吊安全传感装置

3. 施工升降机

施工升降机安全保护装置（见图 9-2-3）主要包括上 / 下限位开关、极限限位开关和防坠安全器。

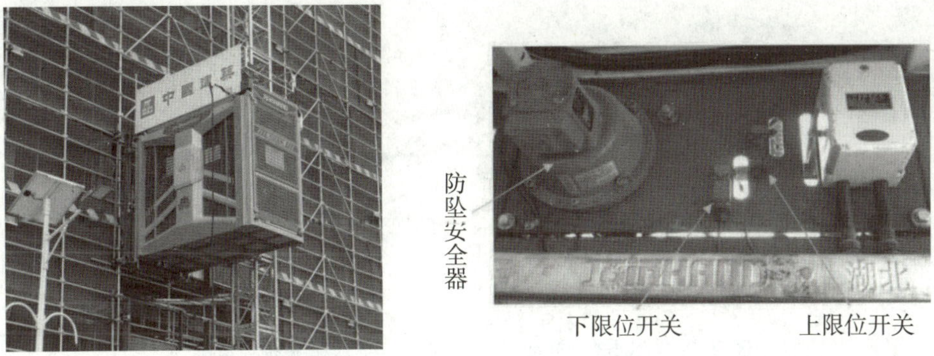

图 9-2-3　施工升降机安全保护装置

4. 其他主要施工机具

（1）砂轮切割机：砂轮切割机绝缘手柄必须完好，设备前方安装防护罩，阻挡火花飞溅（见图 9-2-4）。

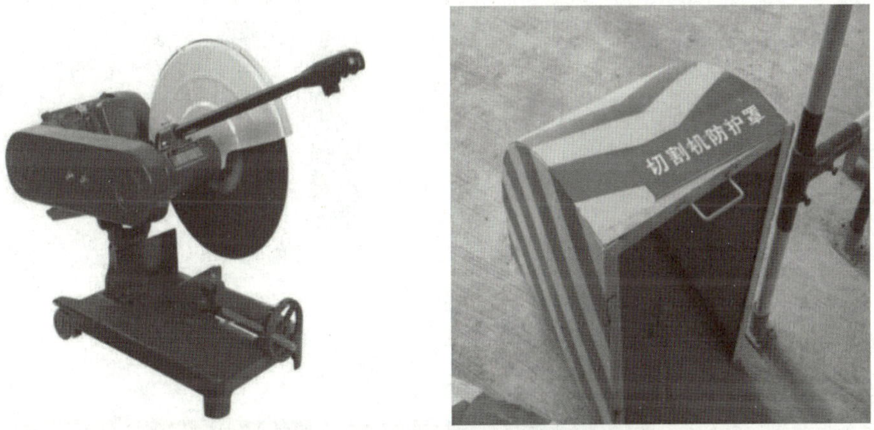

图 9-2-4　砂轮切割机及防护罩

（2）圆盘锯：必须有防护罩，案板宜设置为封闭型，同时设置点动开关，禁止使用倒顺开关（见图 9-2-5）。

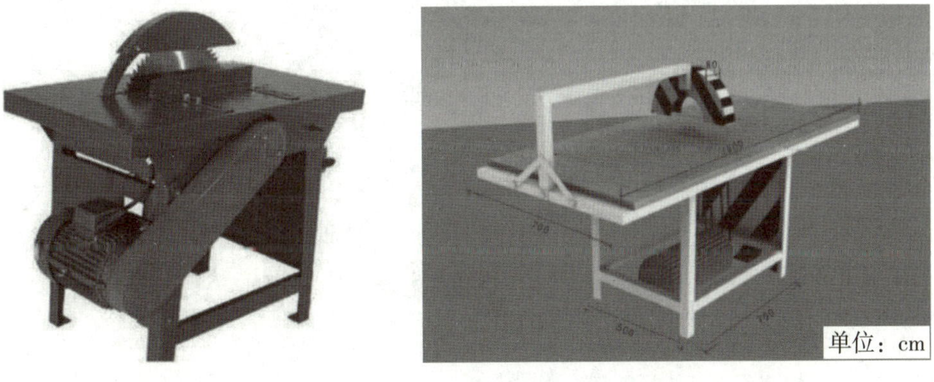

图 9-2-5　圆盘锯及防护罩示意图

（3）钢筋套丝机和钢筋弯曲机：采用定型化作业平台，平台上部采用钢筋外套钢管，方便钢筋转移；平台下方设置工具盒，存放简易工具（见图 9-2-6）。

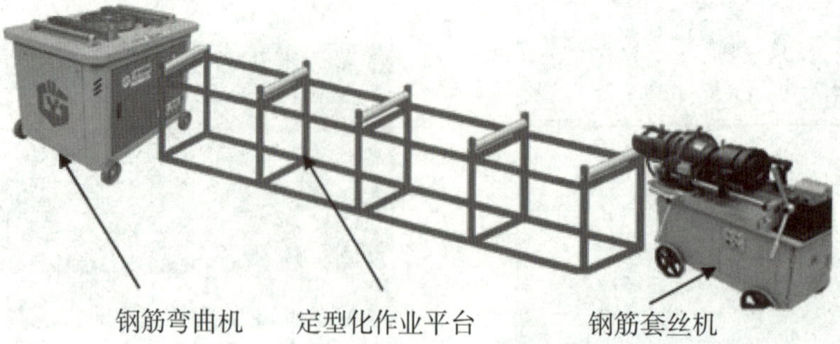

图 9-2-6 钢筋弯曲机、定型化作业平台和钢筋套丝机

（4）氧气瓶和乙炔气瓶：使用时应分开放置，两者之间至少保持 5m 间距，且距明火 10m 以上间距，气瓶应采取遮阳降温措施。氧气瓶和乙炔气瓶的存放及气瓶推车如图 9-2-7 所示。

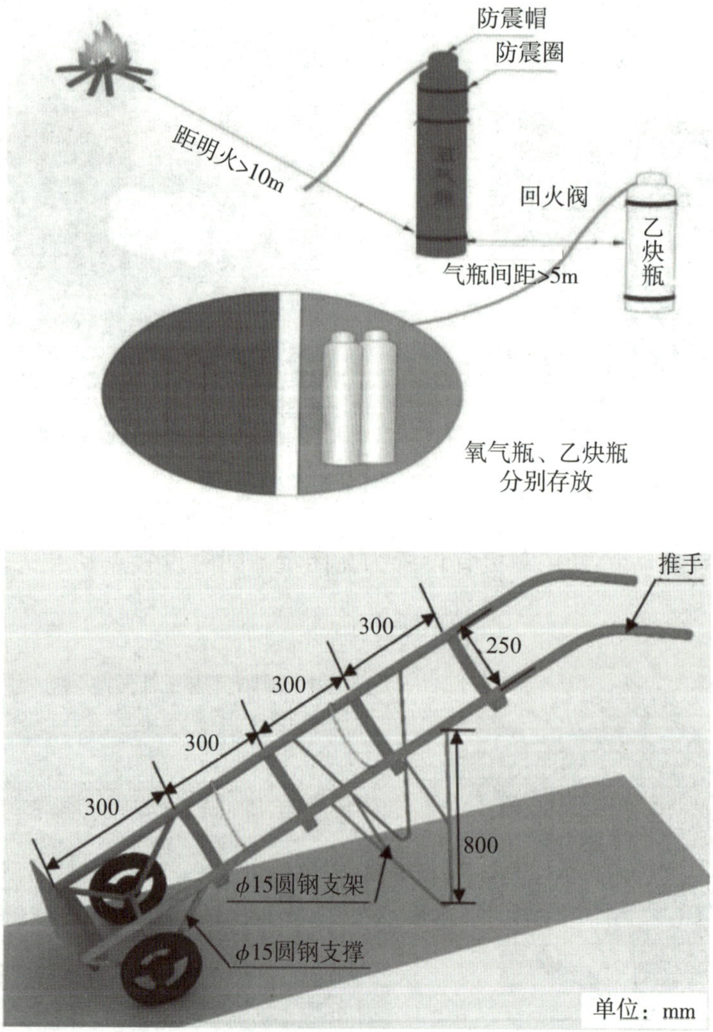

图 9-2-7 氧气瓶和乙炔气瓶的存放及气瓶推车

5. 施工用电

（1）施工现场临时用电必须采取 TN-S 系统，符合“三级配电、两级保护”（见图 9-2-8），三级配电是指总配电箱、分配电箱、开关箱三级控制，实行分级配电；两级保护是指在总配电箱和开关箱中必须分别装设漏电保护器，实行至少两级保护。

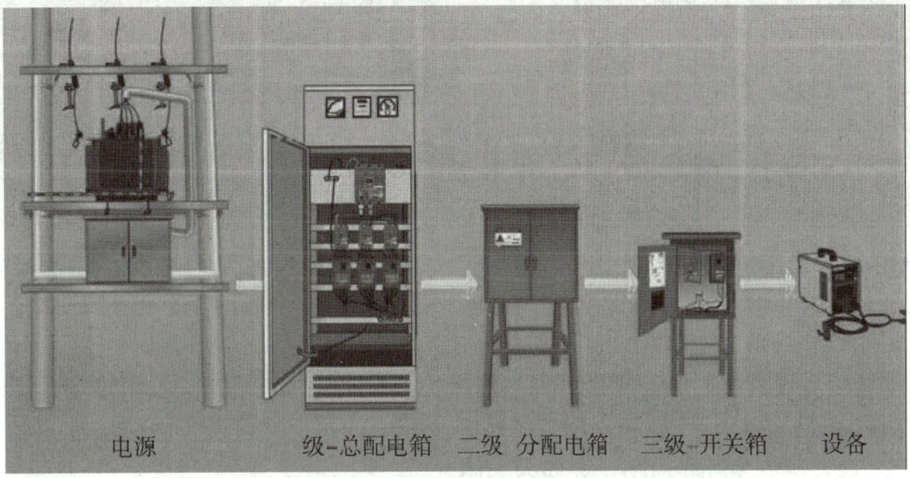

图 9-2-8　施工用电“三级配电、两级保护”示意图

（2）在施工现场专用变压器供电的 TN-S 接零保护系统中（见图 9-2-9），电箱中设置两块端子板（工作零线 N 与保护零线 PE），保护零线端子板与金属电箱相连，工作零线端子板与金属电箱绝缘。保护零线严禁穿过漏电保护器，工作零线必须穿过漏电保护器。

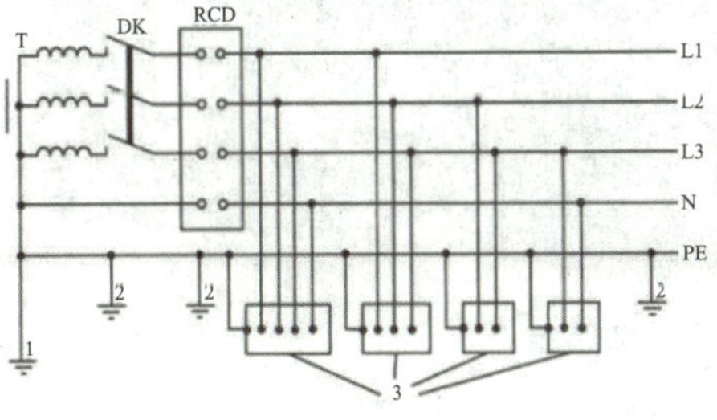

1—工作接地；2—PE线重复接地；3—电气设备金属外壳（正常不带电的外露可导电部分）；L1、L2、L3—相线；N—工作零线；PE—保护零线；DK—总电源隔离开关；RCD—总漏电保护器（兼有短路、过载、漏电保护功能的漏电断路器）；T—变压器

接地与接零

（a）TN-S接零保护系统示意图

（b）保护零线

（c）工作零线

图 9-2-9　接零保护系统示意图及保护零线、工作零线

（3）施工现场可使用工业插座式配电箱（见图 9–2–10）。施工用电专业连接插头（见图 9–2–11）外壳颜色表示额定电压，如蓝色代表 220V，红色代表 380V，方便区别。

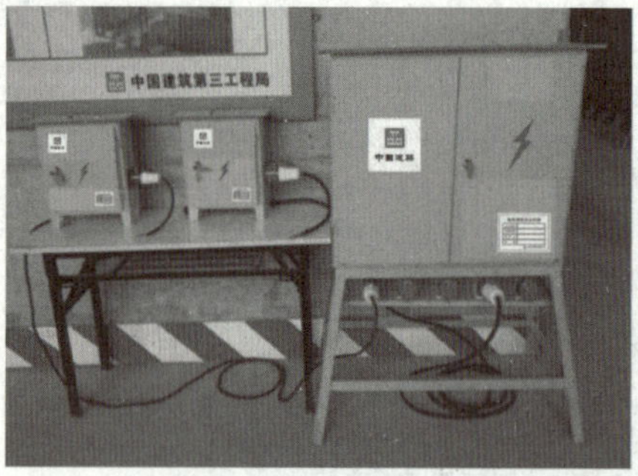

图 9–2–10　工业插座式配电箱

图 9–2–11　施工用电专业连接插头

6. 施工消防

（1）施工现场内应设置临时消防车道；现场消火栓必须确保加工场地、材料堆场、库房等部位全面覆盖；现场消火栓间距不得大于 120m。建筑结构施工完毕的每层楼应设置消防水枪、水带及软管。消防箱（见图 9–2–12）颜色为红底白字，字体为黑体。

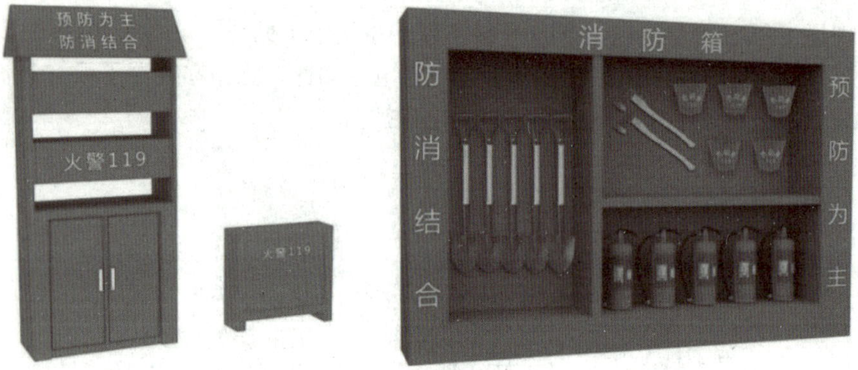

图 9–2–12　消防箱

（2）灭火器挂笼（见图 9–2–13）主要由扁铁、圆钢等材料组成。每个挂笼放置两个二氧化碳干粉灭火器。

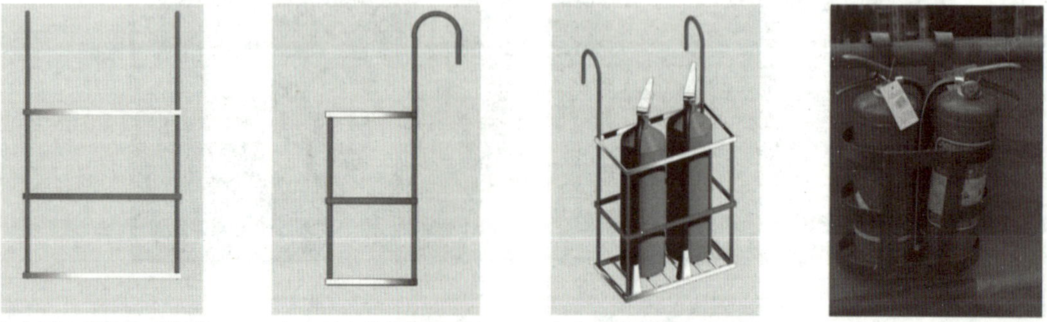

（a）灭火器挂笼正视图　（b）灭火器挂笼侧视图　（c）灭火器挂笼示意图　（d）灭火器挂笼实物图

图 9–2–13　灭火器挂笼

（3）应急物资库房（见图 9–2–14）储存消防类、防汛类及综合类应急物资。

图 9–2–14　应急物资库房

二、工程施工准备阶段标准化安全管理

1. 劳动防护用品

（1）安全带进场必须验收（安全带及佩戴见图 9–2–15），安全带的质量必须符合《坠落防护安全带》（GB 6095–2021）的要求并有产品合格证及检验报告。

（2）安全帽进场应组织验收，验收依据《头部防护安全帽》（GB 2811–2019），安全帽上的永久标识包括：本标准编号、制造厂名、生产日期、产品名称、产品的特殊技术性能等。

（3）根据《施工企业安全生产管理规范》（GB 50656–2011）的要求，不同工种应配备不同的劳动防护用品。

（a）速差式安全带

（b）肩带式双大钩安全带

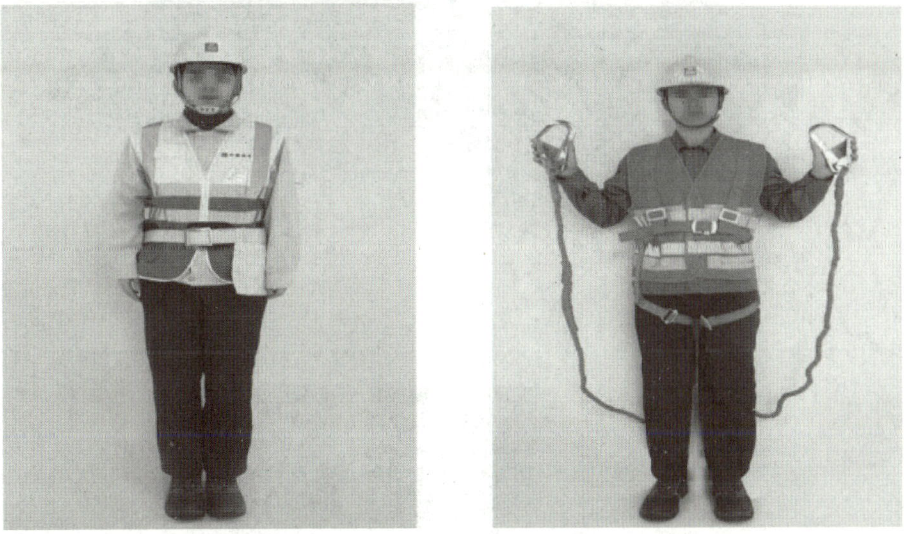

（c）安全带佩戴

图 9–2–15　安全带及佩戴

2. 施工现场临建设施

（1）合理布局办公区、生活区，勤俭节约，不铺张浪费，可使用装配式设施；合理布置绿化设施，尽量减少混凝土硬化，如集装箱式活动房（见图 9-2-16）。

图 9-2-16　集装箱式活动房

（2）作业工人宿舍（见图 9-2-17）楼梯口、门口必须定点设置灭火器箱（内装灭火器，至少 2 个 / 箱），灭火器箱不少于 1 个 /200m，且单个灭火器间距不得大于 25m。

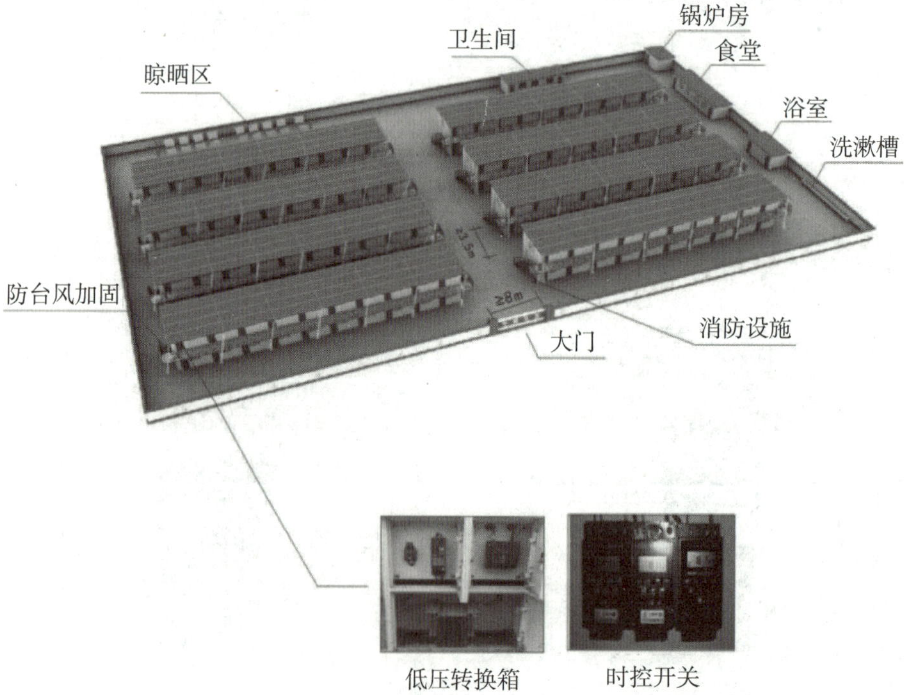

图 9-2-17　作业工人宿舍

（3）有条件的项目，应设置健身设施，为员工强身健体提供场所（见图 9-2-18）。

图 9-2-18　项目部生活区健身设施

3. 施工现场图牌标语

（1）项目在总平面策划与实施时，应将企业欢迎牌纳入现场总平面规划，并按照方案进行实施。施工现场安全教育讲评台设置于现场或办公生活区空旷位置，用于工人安全教育（见图 9-2-19）。

（2）施工现场应急救援公示牌要张贴在大门口、楼层出入口等人员密集场所；应急救援公示牌要明确项目到应急医院、派出所等路线（见图 9-2-20）。

图 9-2-19　施工现场安全教育讲评台

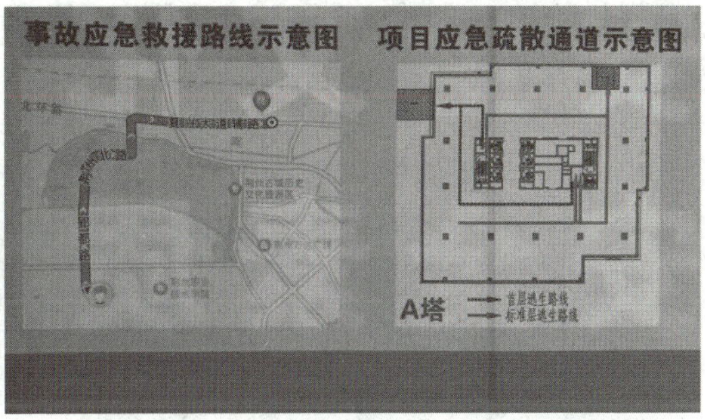

图 9-2-20　施工现场应急救援公示牌

4. 工具化防护设施

（1）工具化钢管防护栏杆（见图 9-2-21）：钢管表面涂刷红白相间警示油漆用于洞口临边防护，并悬挂安全警示标志牌。

（a）窗台临边防护　（b）电梯井洞口临边防护　（c）楼层临边防护

图 9-2-21　工具化钢管防护栏杆

（2）网片式工具化防护围栏（其立面图见图 9-2-22）：采用方钢立柱，在上、下两端及中间焊接三道连接板，采用螺栓固定连接。立柱和踢脚板表面刷红白相间警示油漆，钢板网刷红色油漆。

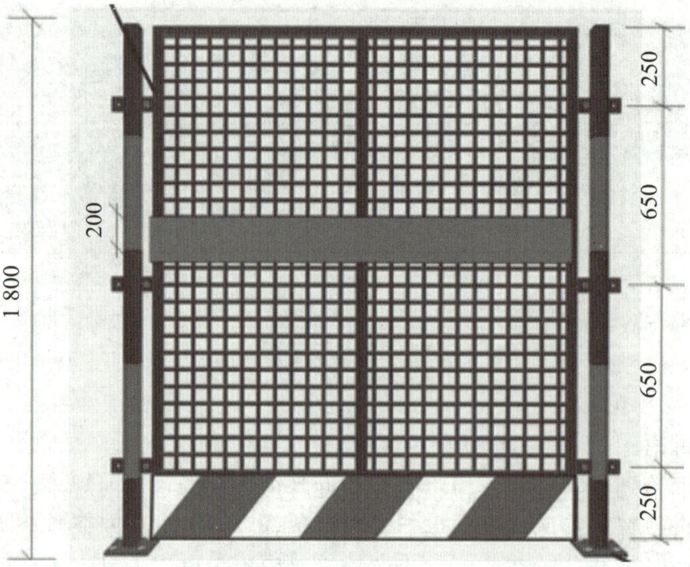

图 9-2-22 网片式工具化防护围栏立面图（单位：mm）

（3）定型化防护（见图 9-2-23）：适用于加工车间围护、塔吊基础处围护、消防泵房围护、室内电梯井门等。

（a）定型化防护用于塔吊防攀爬　　（b）定型化防护用于楼层临边

图 9-2-23 定型化防护

（4）移动式防护栏杆（见图 9-2-24）：适用于临时道路隔离、人流引导。

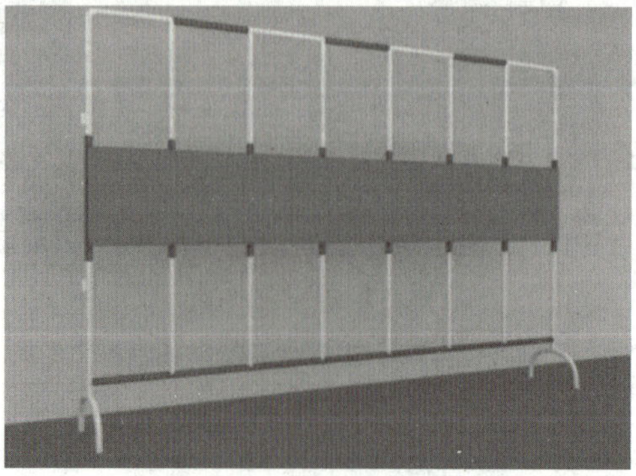

图 9-2-24 移动式防护栏杆

（5）可周转电梯井临边防护（见图 9-2-25）：卡栓利用模板剪力墙螺栓孔卡固于井道内侧，在防护门底部安装 200mm 高踢脚板。

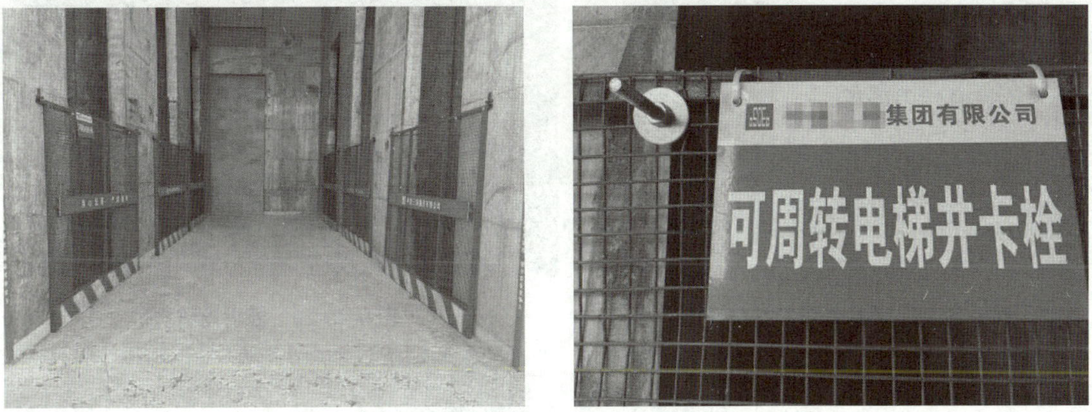

图 9-2-25　可周转电梯井临边防护

（6）洞口防护：主体结构施工阶段，洞口内应布设钢筋（见图 9-2-26）。

（a）混凝土浇筑前

（b）模板拆除后

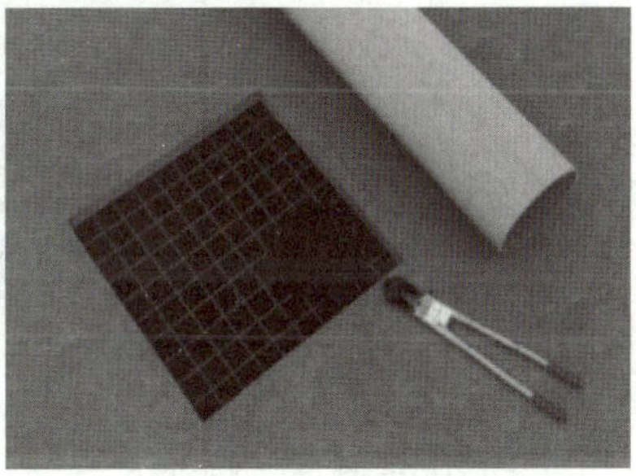

（c）管道安装时

图 9-2-26　洞口防护

当洞口短边尺寸≤1 500mm 时，根据洞口尺寸锯出相应长度的木板卡固在洞口，然后将硬质盖板用铁钉钉在木板上，作为硬质防护，刷红白相间警示油漆（见图 9-2-27）。

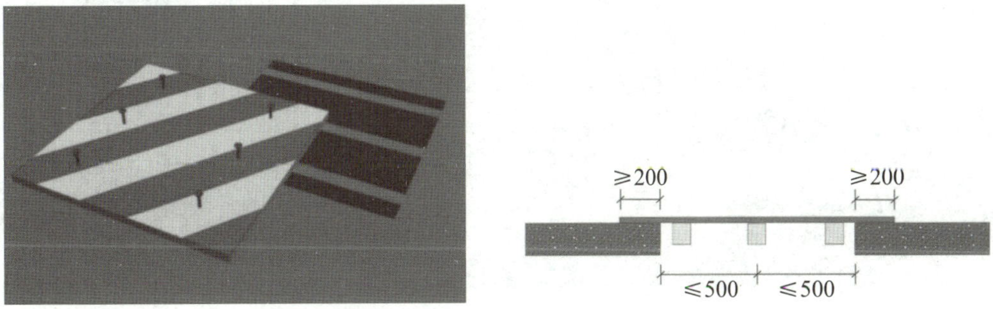

图 9-2-27　洞口布设木板防护（单位：mm）

当洞口短边尺寸 >1 500mm 时，洞口四周搭设工具式防护栏杆，栏杆表面刷红白相间警示油漆（见图 9-2-28）。

（7）后浇带防护：采用硬质隔离全封闭防护，刷红白相间警示油漆（见图 9-2-29、图 9-2-30）。

图 9-2-28 洞口布设防护栏杆

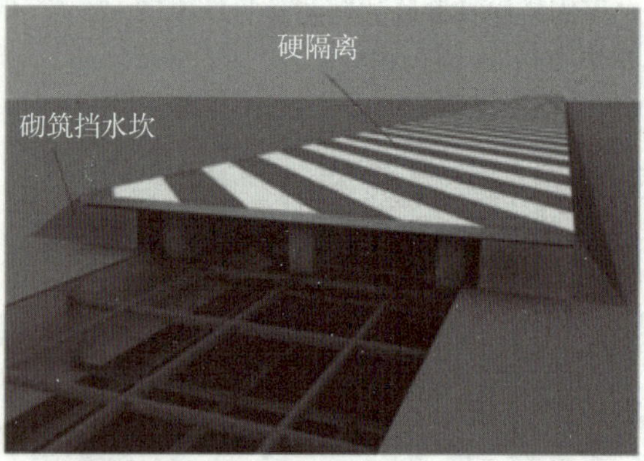

图 9-2-29 模板隔离防护

图 9-2-30 花纹钢板隔离防护

（8）过线保护（见图 9-2-31）：采用 5mm 厚花纹钢板，并刷红白相间警示油漆。

（9）电箱防护围栏（见图 9-2-32）：主框架采用 40mm 方钢焊制，方钢间距按 15cm 设置，高度 2.4m，长与宽 1.5～2m，正面设置栅栏门，防护棚内放置干粉灭火器。

图 9-2-31 过线保护

图 9-2-32 电箱防护围栏

（10）钢筋加工棚（见图 9-2-33）：搭设尺寸根据现场实际情况确定，搭设在塔吊回转半径和建筑物周边的加工车间必须设置双层硬质防护。

图 9-2-33 钢筋加工棚

（11）安全通道（见图 9-2-34）、施工电梯防护棚（见图 9-2-35）：搭设尺寸根据现场实际情况确定，搭设在塔吊回转半径和建筑物周边的工具式安全通道必须设置双层硬质防护。

图 9-2-34 安全通道

图 9-2-35 施工电梯防护棚

（12）木工加工棚（见图 9-2-36）：搭设尺寸根据现场实际情况确定；当对环境保护有特殊要求的项目时，可采用板房搭设封闭式木工房。

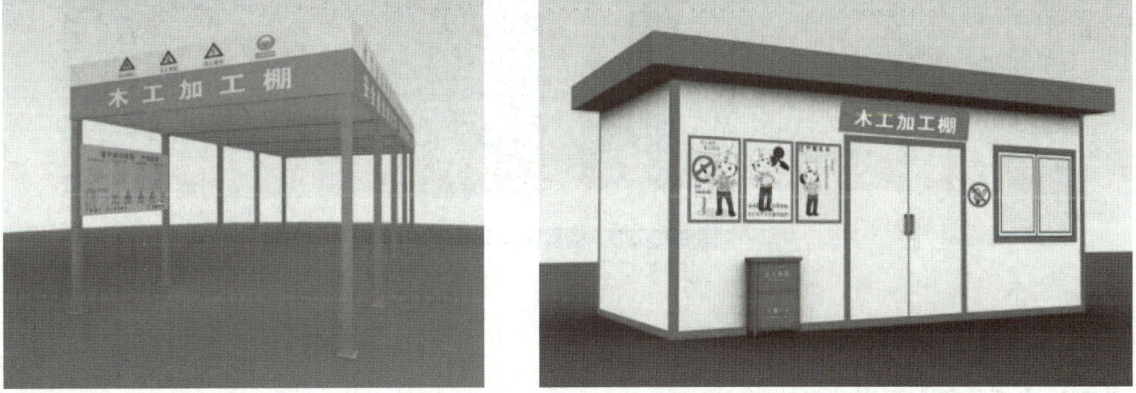

图 9-2-36 木工加工棚

（13）小型机具防护棚（见图 9-2-37）：应布置于“7”字形防护棚内，塔吊回转半径内及建筑物周边防护棚必须设置双层硬质防护。

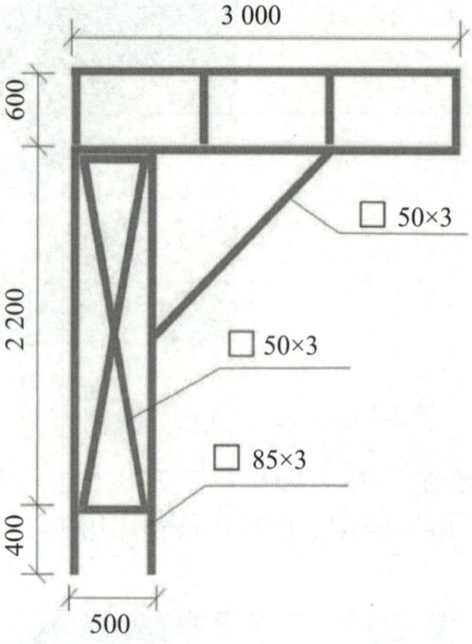

图 9-2-37　小型机具防护棚（单位：mm）

（14）楼层定型化厕所（见图 9-2-38）：超高层建筑必须设移动厕所，每隔 3 层设置 1 座。

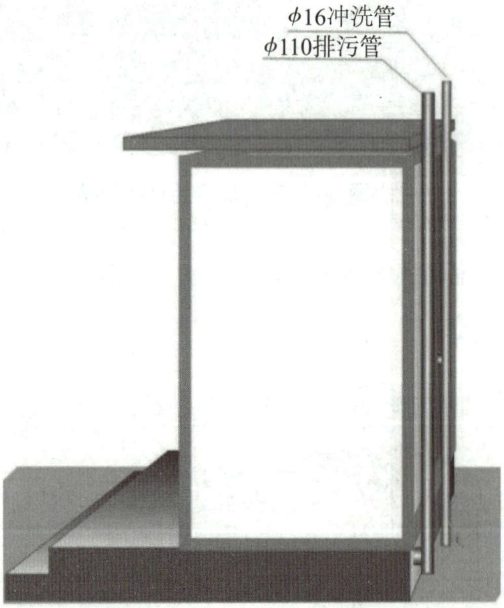

图 9-2-38　楼层定型化厕所

三、工程施工阶段标准化安全管理

1. 基础施工阶段安全标准化

（1）桩基施工：桩机（见图 9-2-39）进场时由相关人员组织验收，作业区应平整压实，地基承载力应满足桩机的使用要求。作业过程中应经常检查设备的运转情况。

（a）旋转钻机　　（b）冲击钻机

图 9-2-39　桩机

（2）钢筋笼吊装（见图 9-2-40）：起重设备必须有制造许可证、产品合格证，司机、信号工等特种作业人员必须持证上岗。

（3）基坑通道及深度标尺：上 / 下基坑采用定型化的钢制箱笼式爬梯（见图 9-2-41）。爬梯基础必须夯实硬化，四周采用膨胀螺栓与基础固结。

（4）基坑边材料堆放及警示（见图 9-2-42）：基坑周边 1.2m 范围内不得堆载，3m 以内限制堆载；坑边严禁重型车辆通行；基坑边 1.2m 范围内应划警示线。

图 9-2-40　钢筋笼吊装

图 9-2-41　下基坑爬梯

图 9-2-42　基坑边警示

（5）土方开挖：基坑周边应设置排水沟，必须安装围挡，围挡高度不应低于 1.2m（见图 9-2-43）。未能及时硬化或绿化的场地和临时堆置的泥土应使用安全网覆盖（见图 9-2-44）。基坑施工阶段应采取有效的降尘措施（如喷淋系统，见图 9-2-45）、配备移动雾炮机（见图 9-2-46）。土方运输的车辆应选择封闭式渣土车（见图 9-2-47）。

图 9-2-43　基坑周边设置排水沟及围挡

图 9-2-44　使用安全网覆盖

图 9-2-45　喷淋系统

图 9-2-46　移动雾炮机

图 9-2-47　封闭式渣土车

2. 主体阶段安全管理

（1）脚手架工程：钢管材质采用国标 Q235 普通钢管，脚手架相关材料如图 9-2-48 所示；扣件进入施工现场应检查产品合格证；脚手架安装与拆除人员必须持证上岗；架体搭设应编制专项施工方案并做好交底记录；各类验收应填写验收记录和签字存档。脚手架作业层应设置栏腰杆（见图 9-2-49）和连墙件（见图 9-2-50），主体施工层、拆模层、第二层必须满铺脚手板（见图 9-2-51）。脚手架外立面应用阻燃性能的密目式安全网封闭，有条件的区域可采用镀锌钢板网或冲孔钢板网代替安全网进行封闭（见图 9-2-52）。悬挑脚手架（见图 9-2-53）的悬挑梁必须选用 16# 以上的工字钢；底部应采用硬质材料进行全封闭，并刷警示色。采用附着升降式脚手架（见图 9-2-54）的项目，必须使用新型全钢式，严禁选用钢管扣件式。

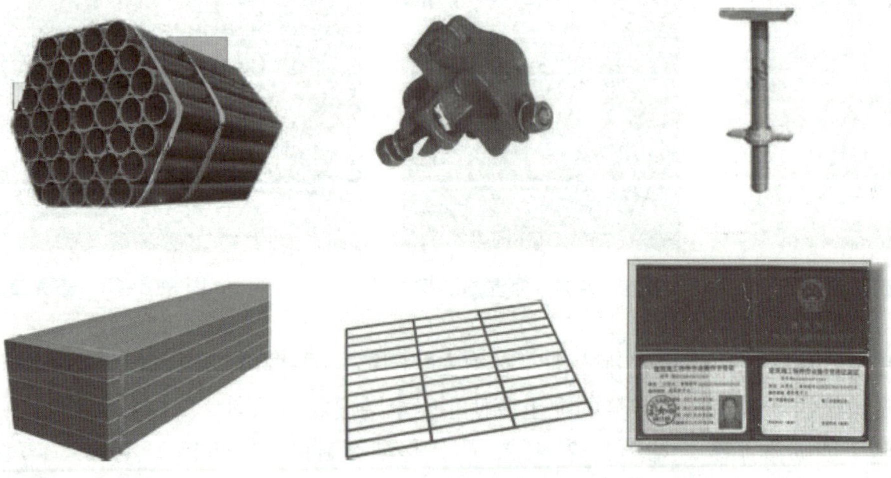

图 9-2-48　脚手架相关材料

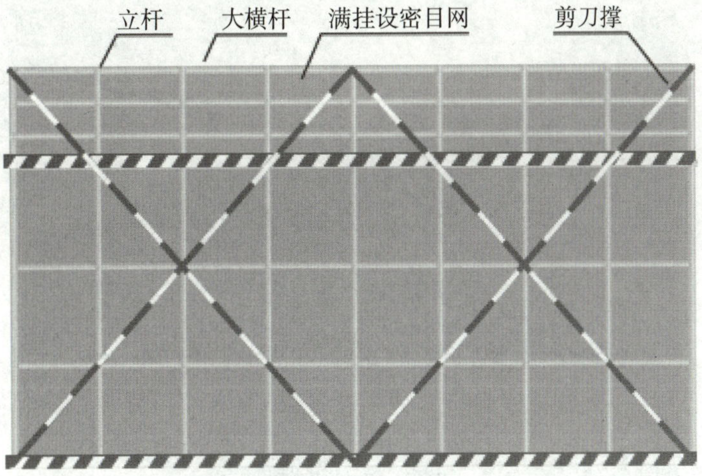

图 9-2-49　拦腰杆

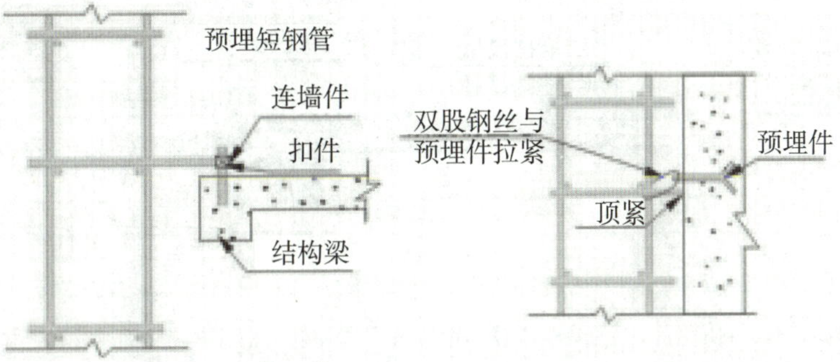

（a）钢管扣件刚性连墙件示意图　　（b）柔性拉接示意图

图 9-2-50　连墙件

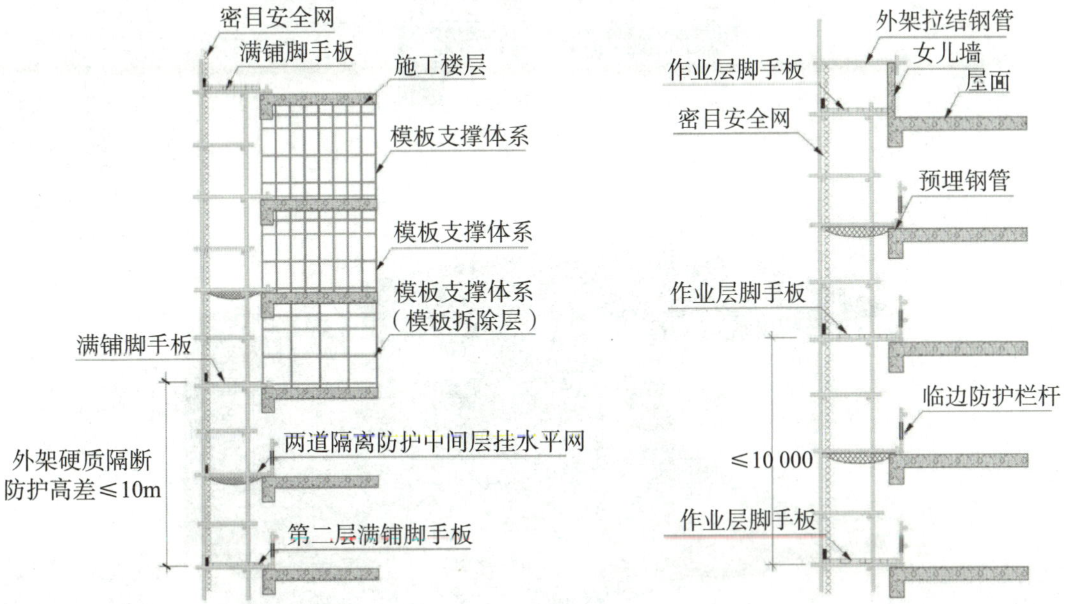

（a）主体结构施工阶段　　（b）安装及装修施工阶段（单位：mm）

图 9-2-51　两个阶段脚手板铺设示意图

图 9-2-52　冲孔钢板网代替安全网进行封闭

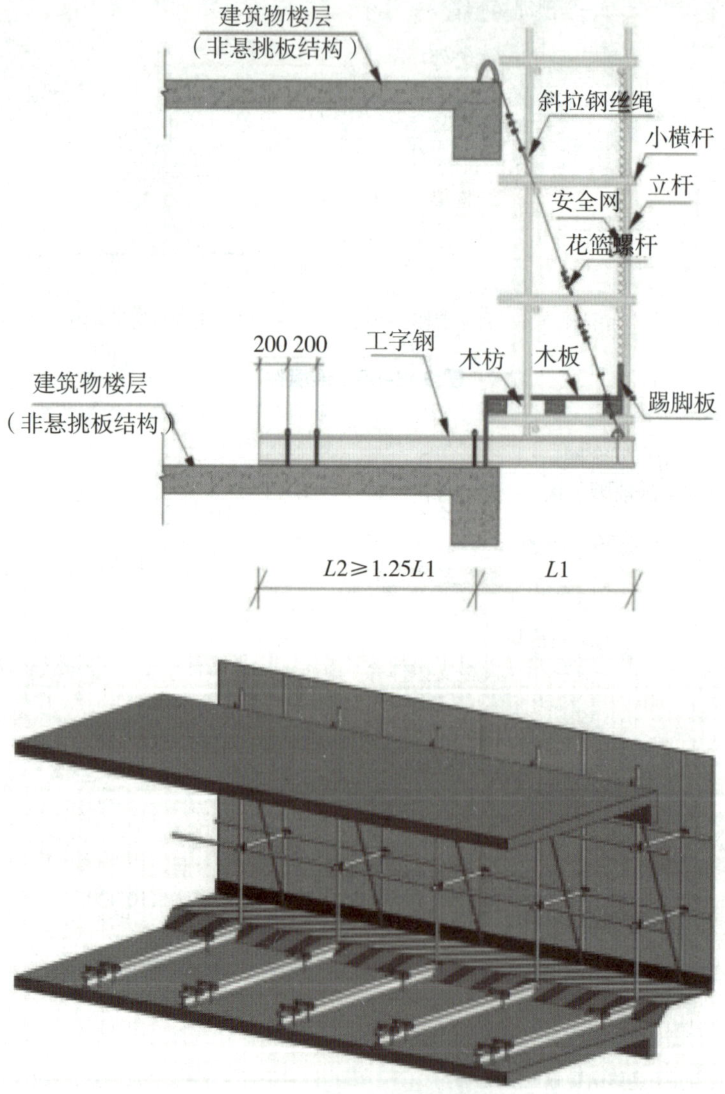

图 9-2-53　悬挑脚手架示意图

（b）同步控制装置示意图

（a）防坠装置示意图　　　　（c）底部封闭防护图

图 9-2-54　附着升降式脚手架

（2）模板支撑工程：优先选用技术成熟的定型化工具式支撑体系（盘扣式模板支撑架见图 9-2-55）。

（3）装配式建筑工程：构件存放应设置专用支架（如装配式构件专用支架，见图 9-2-56）。构件起吊前应进行试吊，无误后方可正式吊装（见图 9-2-57）。现场应配备足够的固定配件安装操作工具，构件就位后应及时进行固定（装配式构件固定配件见图 9-2-58）。

图 9-2-55　盘扣式模板支撑架

图 9-2-56　装配式构件专用支架

图 9-2-57　装配式构件吊装示意图

图 9-2-58　装配式构件固定配件

3. 安装及装修施工阶段安全标准化

（1）加工车间及库房：大门两侧设置门柱，大门右侧第一块围挡张贴加工车间或库房责任公示牌（见图 9-2-59）；围挡使用彩钢压型板（见图 9-2-60）；库房内管道货架（见图 9-2-61）摆放整齐。

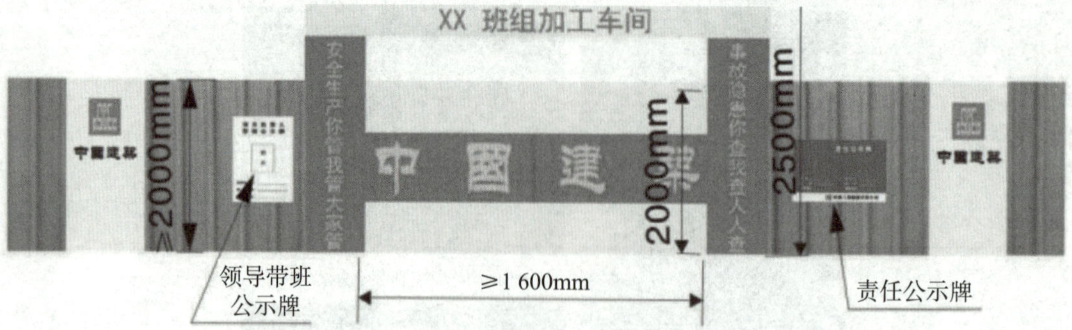

图 9-2-59　加工车间及库房安全生产标语示意图

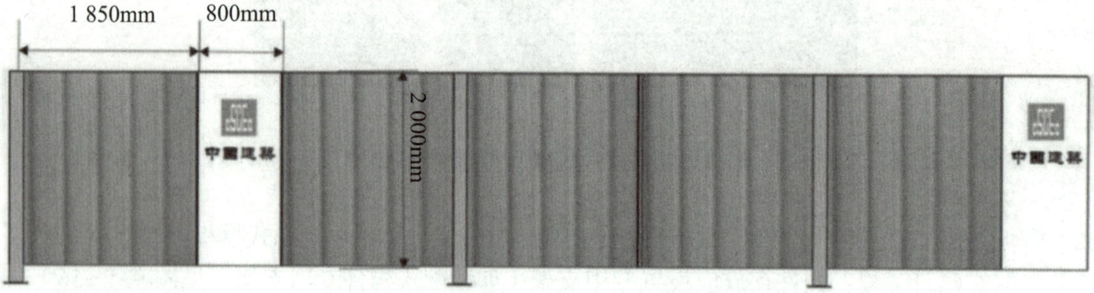

图 9-2-60　加工车间及库房围挡示意图

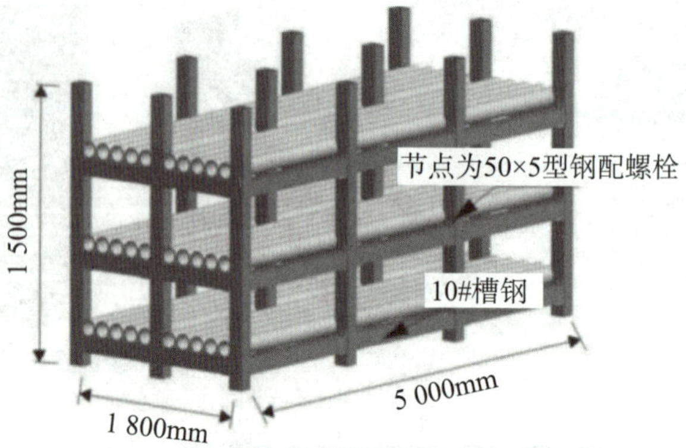

（a）中型管道货架

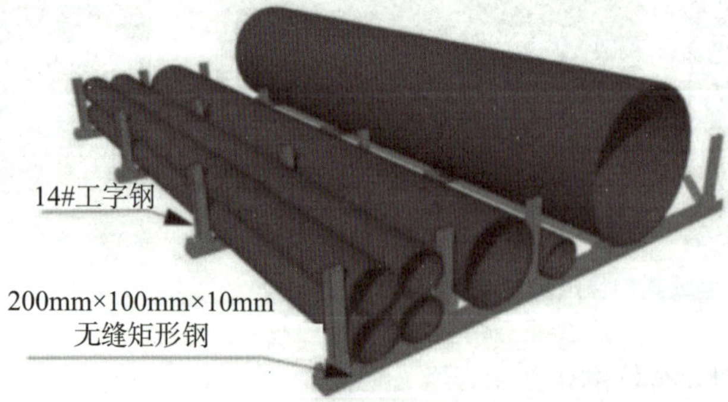

（b）重型管道货架

图 9-2-61　管道货架示意图

（2）三位一体综合架：架体主要由成品铝型材或角钢等组装而成（见图 9-2-62）。

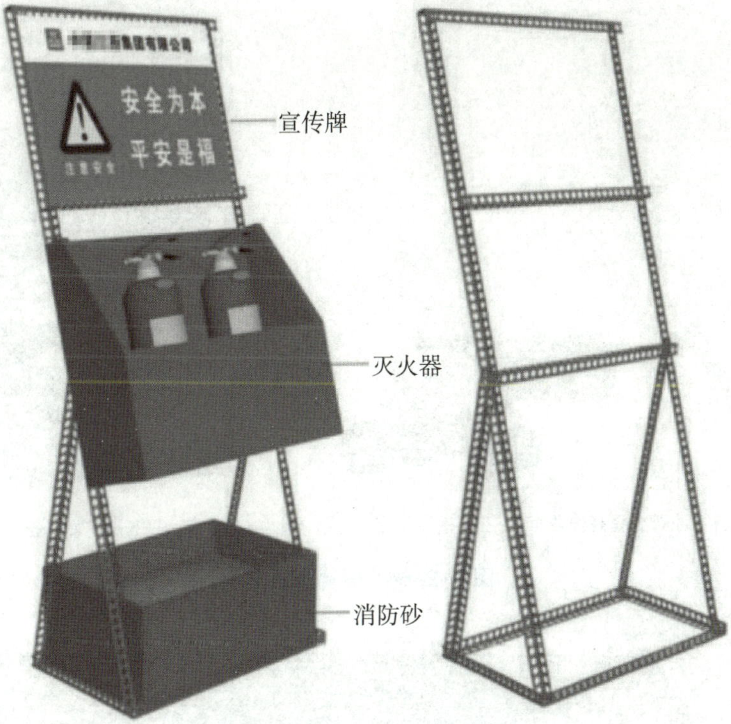

图 9-2-62　三位一体综合架

（3）移动操作平台（见图 9-2-63）：高度不得大于 5m，高宽比不应大于 3 : 1。

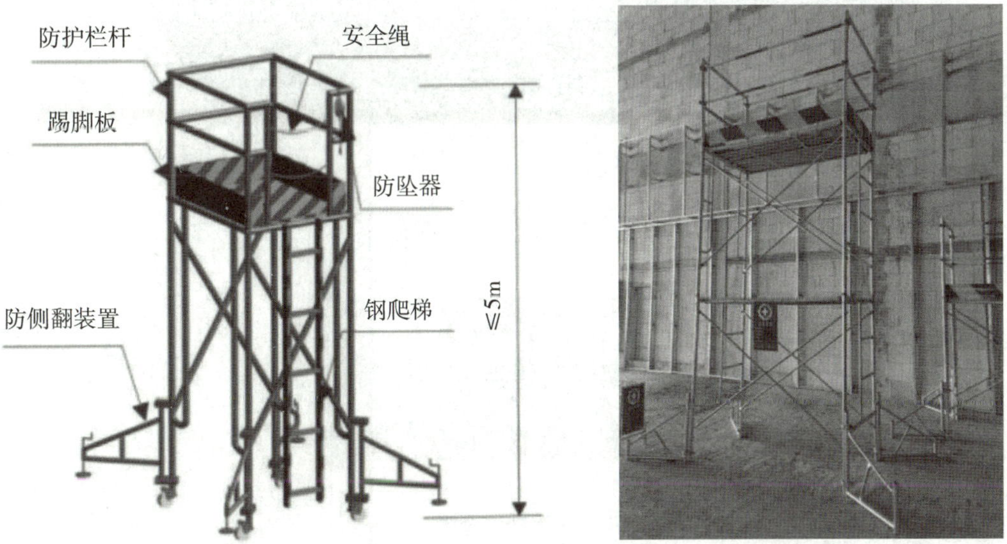

图 9-2-63　移动操作平台

（4）登高作业车（见图 9-2-64）：安全保护装置包括侧翻保护、限位保护和过载保护等。

（5）高处作业吊篮：由悬挂机构、提升机、电气控制系统、安全锁、防坠器、保险绳、升降绳等组成（见图 9-2-65）。

（a）曲臂式登高作业车

（b）剪叉式登高作业车

图 9-2-64 登高作业车

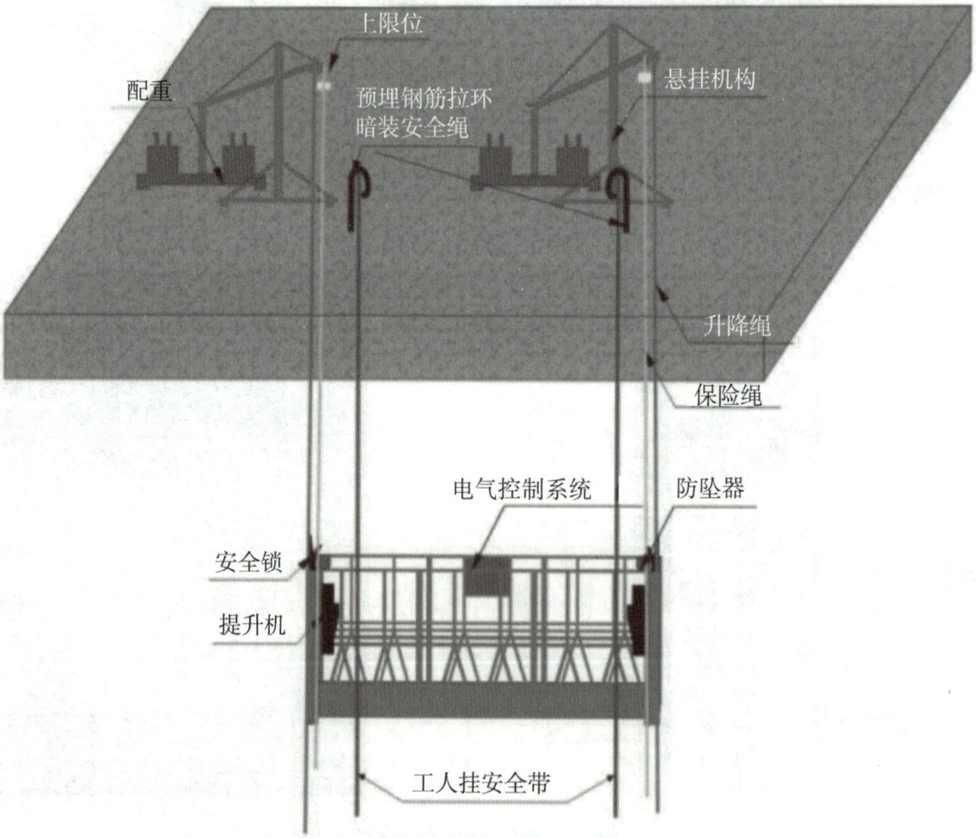

图 9-2-65 高处作业吊篮

任务三　绿色化安全管理分享

课前认知

绿色化安全管理是将环境保护与传统安全管理相结合的一种新型管理理念。它强调在维护职工安全的同时，降低对环境的负面影响。这包括制定和实施安全政策、评估风险、监测环境影响，以及推广绿色技术和资源使用。

通过本任务的学习，学生将全面了解绿色化安全管理内容。

绿色化安全管理分享

理论学习

一、环境保护

环境是人类生存和发展的基本前提。环境为我们的生存和发展提供了必需的资源和条件。保护环境，减轻环境污染，是建筑工程必不可少的一环。

1. 施工噪声污染控制

合理安排工期，减少敏感时段噪声施工；选用低噪声设施设备；采用隔音降噪措施；将噪声作业机具尽可能远离居民区；夜间运输材料的车辆进入施工现场，严禁鸣笛；定期进行噪声监测，对超标的噪声因素进行调整。

2. 光污染控制

尽量避免在夜间施工作业，如果确实需要夜间施工，可以减少施工时间，照明灯具加设防护罩，尽量缩小对周边居民的影响；选用低光污染的照明设备。

3. 扬尘控制

建筑工程现场要求做到扬尘防治六个“100%”：施工围挡 100% 全封闭（见图 9-3-1）；出入口及车行道 100% 硬底化（见图 9-3-2）；出入口 100% 安装冲洗设施（见图 9-3-3）；易起尘作业面 100% 湿法施工（见图 9-3-4）；裸露土及易起尘物料 100% 覆盖（见图 9-3-5）；出入口 100% 安装 TSP 在线监测设备（见图 9-3-6）。

图 9-3-1　施工围挡

图 9-3-2　出入口及车行道硬底化

图 9-3-3　出入口安装冲洗设施

图 9-3-4　易起尘作业面湿法施工

图 9-3-5　裸露土及易起尘物料覆盖

图 9-3-6　TSP 在线监测装置

二、资源节约

1. 节材与材料资源利用

利用废旧木料制作消防箱、预留洞盖板、小型材料框、高空防坠棚底板、钢筋标示牌等（见图 9-3-7）。

2. 节水与水资源利用

施工现场场地四周均设置排水沟，排水沟排入三级沉淀池内，并作为道路日常冲洗用水（见图 9-3-8）。

图 9-3-7　废旧木料制作洞口硬质防护

图 9-3-8　用基坑中抽取的地下水冲洗车辆

3. 节能与能源利用

包括施工用电，节约柴油，太阳能、空气能利用等。

4. 节地与施工用地保护

根据不同施工阶段，确保场地利用最大化；合理规划工地临时用房、临时围墙和施工便道地坪；优化基坑施工方案，最大限度减少对土地的扰动，保护周边自然生态环境。

参考文献

[1] 盛海洋 . 城市轨道交通安全管理 [M] . 武汉：华中科技大学出版社，2022.

[2] 魏丹，李畅 . 建筑工程质量与安全管理 [M] . 北京：化学工业出版社，2024.

[3] 李文 . 建筑工程质量与安全管理 [M] . 武汉：华中科技大学出版社，2024.

[4] 李科兴，宁波 . 建筑工程质量与安全管理 [M] . 西安：西安交通大学出版社，2022.

[5] 殷勇，钟焘，曾虹 . 建筑工程质量与安全管理 [M] . 西安：西安交通大学出版社，2021.

[6] 张瑞生 . 建筑工程质量与安全管理 [M] . 北京：中国建筑工业出版社，2018.

[7] 杨树峰 . 建筑工程质量与安全管理 [M] . 北京：北京理工大学出版社，2018.

[8] 王万德，海洋 . 建筑工程质量与安全管理 [M] . 哈尔滨：哈尔滨工业大学出版社，2017.

[9] 盛海洋，王志中 . 城市轨道交通安全管理 [M] . 北京：机械工业出版社，2017.

[10] 程红艳 . 建筑工程质量与安全管理 [M] . 北京：人民交通出版社，2016.

[11] 郑伟，许博 . 建筑工程质量与安全管理 [M] . 2 版 . 北京：北京大学出版社，2016.

新编21世纪高等职业教育精品教材
土木建筑类

建筑工程质量与安全管理

本书配备教学资源，请登录中国人民大学出版社官网
（www.crup.com.cn）免费下载。

ISBN 978-7-300-34121-7

定价：48.00元

策划编辑：苏昌盛
责任编辑：郭会娟
封面设计：李尘工作室

新编21世纪 高等职业教育精品教材
土木建筑类

《建筑工程质量与安全管理》实训手册

主　编◎盛海洋　段军朝　蒋晓燕

中国人民大学出版社

新编21世纪 高等职业教育精品教材
土木建筑类

《建筑工程质量与安全管理》实训手册

主　编◎盛海洋　段军朝　蒋晓燕
副主编◎徐小琴　陈冬琴　徐　滨　孔爱散
丁　立　钟莉萍
参　编◎刘长玲　高占国　王建干　杨震樱
路彩娟　石海丽　曹明明　戚甘红
龙照华　王平世
主　审◎汤　薇　李灿峰　洪　青

中国人民大学出版社
·北京·

前　言

本实训基于安全体验教育馆实现，该馆由绍兴职业技术学院与浙江大学科技集团有限公司开发建设。各地区、各学校可以根据教学课时数和本校实际实训条件有选择性地开展安全体验实训项目。有实训条件的学校，根据现场具体安全实训体验项目（无实训条件的学校，根据观看实训篇具体安全实训体验项目视频内容），分组协作完成以下各实训量化评价表，按时提交给实训指导教师。

编者

目录

实训一　VR 安全教育体验实训

根据所学知识，课前观看微课视频内容，结合现场具体安全实训体验项目（见图 1–1、图 1–2，无实训条件的学校，观看具体安全实训体验项目视频内容），分组协作完成实训量化评价表（见表 1–1），并按时提交至实训指导教师。

VR 安全教育体验蛋椅　　　　AR 文化墙　　　　VR 行走平台

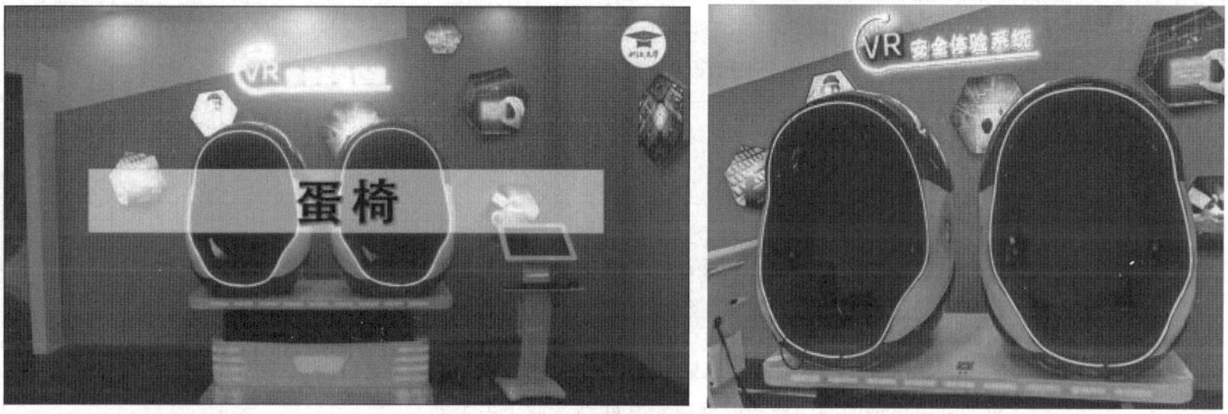

图 1–1　VR 安全教育体验蛋椅体验

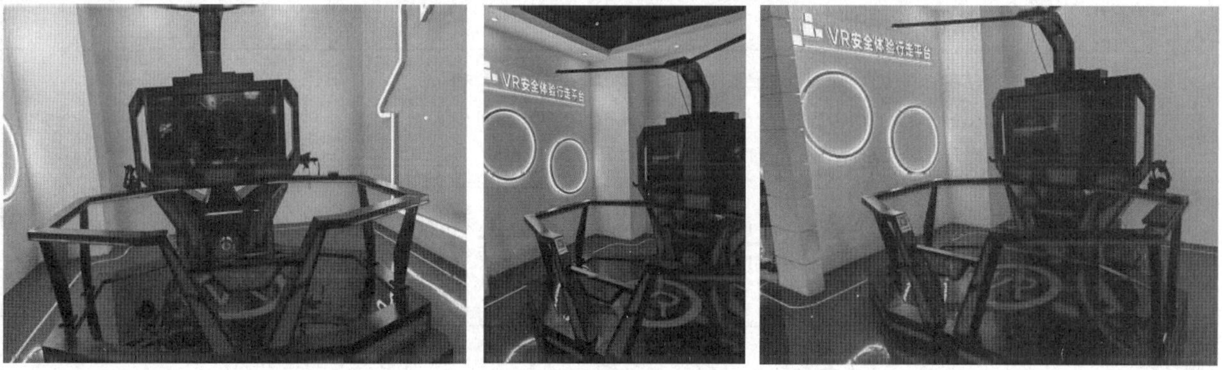

图 1–2　VR 行走平台体验

表 1–1 VR 安全教育体验实训量化评价表

<table>
<tr><td colspan="2">姓名：</td><td>班级：</td><td>学号：</td><td colspan="2">日期：</td><td>天气：</td></tr>
<tr><td>评价目标</td><td colspan="2">评价标准</td><td>权重
%</td><td>自评分
0 ~ 100</td><td>组评分
0 ~ 100</td><td>师评分
0 ~ 100</td></tr>
<tr><td rowspan="2">1. 任务目标</td><td colspan="2">本节课教学内容的掌握达成度</td><td>10</td><td></td><td></td><td></td></tr>
<tr><td colspan="2">能应用课堂知识、技能去解决相关的实际问题</td><td>10</td><td></td><td></td><td></td></tr>
<tr><td rowspan="3">2. 任务内容</td><td colspan="2">通过网上或图书馆资料查阅，利用现场 VR 安全教育体验蛋椅体验、VR 行走平台体验、虚拟安全体验等日常检查记录表或工程检查验收表，写出 3 点以上核查的具体内容（可根据实际情况对核查内容进行增减）
具体内容 1：
具体内容 2：
具体内容 3：</td><td>15</td><td></td><td></td><td></td></tr>
<tr><td colspan="2">本实训项目实践技能有哪些？实训现场（或实训过程）还存在问题有哪些？预防（或应急）措施（或建议）有哪些</td><td>15</td><td></td><td></td><td></td></tr>
<tr><td colspan="2">完成一份 200 字以上安全日记（总结报告或案例分析），并附至少 1 张实训现场照片</td><td>10</td><td></td><td></td><td></td></tr>
<tr><td rowspan="2">3. 学习能力</td><td>发现问题</td><td>对于课堂上不明白的问题能主动向老师请教；主动观察和思考教学内容在生活中的应用，并向老师提出有创意的问题；主动思考问题，积极提出问题或主动回答老师提出的问题等</td><td>10</td><td></td><td></td><td></td></tr>
<tr><td>探究问题</td><td>对课堂中出现的问题敢于质疑或对某些结论敢于去否定；有“金点子”：有高于一般同学的看法和建议，并得到师生的认同；有“金钥匙”：有化难为易、事半功倍的好办法被采纳使用等</td><td>10</td><td></td><td></td><td></td></tr>
<tr><td>4. 学习方法</td><td colspan="2">上课不是被动听课，而是主动学习，会记录学习要点，主动思考，积极实操，积极发问；与老师的双向交流情况；在小组里的表现情况等</td><td>10</td><td></td><td></td><td></td></tr>
<tr><td>5. 学习态度</td><td colspan="2">尊重他人意见，不固执己见；善于发现合作伙伴的长处；遇到挫折相互鼓励，并群策群力；回答问题的仪表仪态、语气语速、口头表达能力等</td><td>10</td><td></td><td></td><td></td></tr>
<tr><td colspan="2">总分：</td><td colspan="3">学生签名：</td><td colspan="2">教师签名：</td></tr>
</table>

说明：总分 = 自评 + 组评 + 师评，其中自评占总分的 20%，组评占总分的 40%，师评占总分的 40%。

实训二　工种服装识别练习体验

根据所学知识，课前观看微课视频内容，结合现场具体安全实训体验项目（工种服装识别练习见图 2–1，无实训条件的学校，观看具体安全实训体验项目视频内容），分组协作完成实训量化评价表（见表 2–1），并按时提交至实训指导教师。

工种服装识别练习

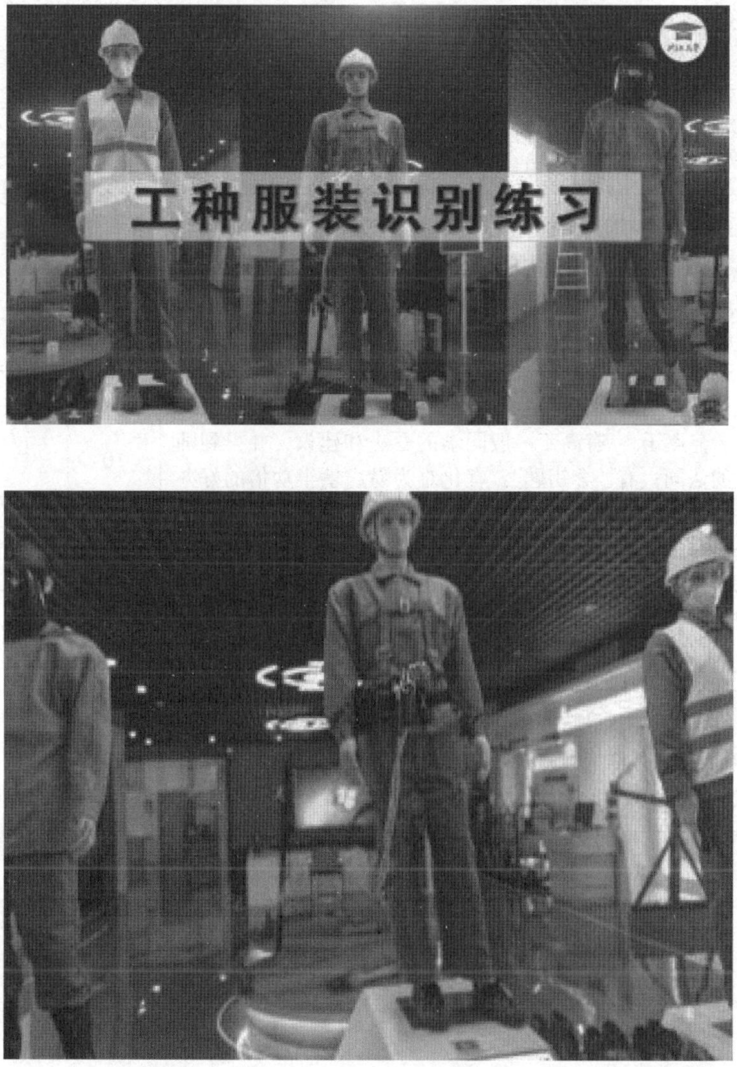

图 2–1　工种服装识别练习

表 2-1　工种服装识别练习体验实训量化评价表

姓名：	班级：	学号：	日期：	天气：		
评价目标	评价标准	权重 %	自评分 0 ~ 100	组评分 0 ~ 100	师评分 0 ~ 100
1. 任务目标	本节课教学内容的掌握达成度	10			
	能应用课堂知识、技能去解决相关的实际问题	10			
2. 任务内容	通过网上或图书馆资料查阅，利用现场工种服装识别练习等日常检查记录表或工程检查验收表，写出 3 点以上核查的具体内容（可根据实际情况对核查内容进行增减） 具体内容 1： 具体内容 2： 具体内容 3：	15			
	本实训项目实践技能有哪些？实训现场（或实训过程）还存在问题有哪些？预防（或应急）措施（或建议）有哪些	15			
	完成一份 200 字以上安全日记（总结报告或案例分析），并附至少 1 张实训现场照片	10			
3. 学习能力	发现问题：对于课堂上不明白的问题能主动向老师请教；主动观察和思考教学内容在生活中的应用，并向老师提出有创意的问题；主动思考问题，积极提出问题或主动回答老师提出的问题等	10			
	探究问题：对课堂中出现的问题敢于质疑或对某些结论敢于去否定；有“金点子”：有高于一般同学的看法和建议，并得到师生的认同；有“金钥匙”：有化难为易、事半功倍的好办法被采纳使用等	10			
4. 学习方法	上课不是被动听课，而是主动学习，会记录学习要点，主动思考，积极实操，积极发问；与老师的双向交流情况；在小组里的表现情况等	10			
5. 学习态度	尊重他人意见，不固执己见；善于发现合作伙伴的长处；遇到挫折相互鼓励，并群策群力；回答问题的仪表仪态、语气语速、口头表达能力等	10			
总分：	学生签名：		教师签名：		

说明：总分 = 自评 + 组评 + 师评，其中自评占总分的 20%，组评占总分的 40%，师评占总分的 40%。

实训三　安全帽撞击体验与安全带体验

根据所学知识，课前观看微课视频内容，结合现场具体安全实训体验项目（安全帽撞击体验见图 3–1，安全带体验见图 3–2，无实训条件的学校，观看具体安全实训体验项目视频内容），分组协作完成实训量化评价表（见表 3–1），并按时提交至实训指导教师。

（1）安全帽进场应组织验收，验收依据《头部防护 安全帽》（GB 2811–2019），安全帽上永久标识包括：本标准编号、制造厂名、生产日期、产品名称、产品的特殊技术性能等（安全帽佩戴见图 3–3）。

（2）安全带（见图 3–4）进场必须验收，安全带的质量必须符合《坠落防护安全带》（GB 6095–2021）的要求并有产品合格证及检验报告。

安全带体验

图 3–1　安全帽撞击体验

图 3–2　安全带体验

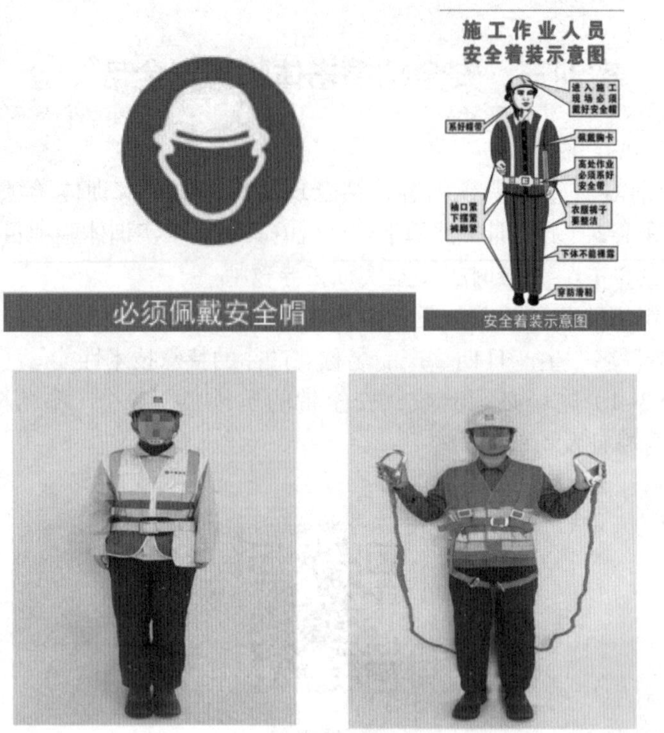

图 3-3　安全帽佩戴

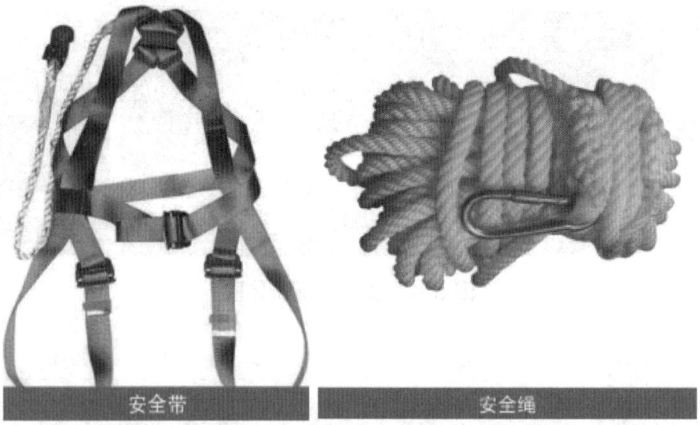

（a）速差式安全带

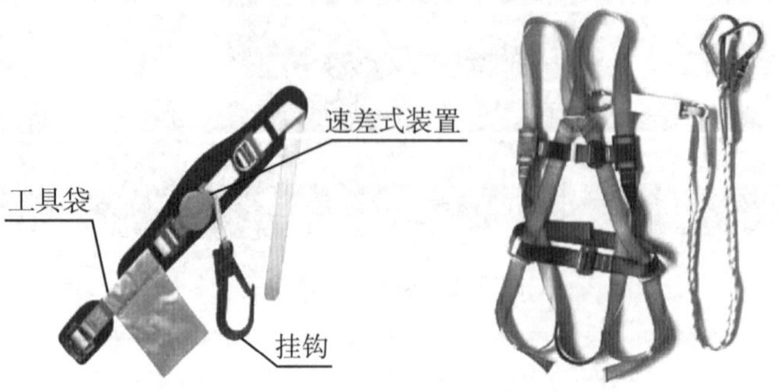

（b）肩带式双大钩安全带

图 3-4　安全带

表 3-1　安全帽撞击体验与安全带体验实训量化评价表

姓名：	班级：	学号：	日期：	天气：		
评价目标	评价标准		权重 %	自评分 0～100	组评分 0～100	师评分 0～100
1. 任务目标	本节课教学内容的掌握达成度		10			
	能应用课堂知识、技能去解决相关的实际问题		10			
2. 任务内容	通过网上或图书馆资料查阅，利用现场安全帽、安全带等日常检查记录表或工程检查验收表，写出 3 点以上核查的具体内容（可根据实际情况对核查内容进行增减） 具体内容 1： 具体内容 2： 具体内容 3：		15			
	本实训项目实践技能有哪些？实训现场（或实训过程）还存在问题有哪些？预防（或应急）措施（或建议）有哪些		15			
	完成一份 200 字以上安全日记（总结报告或案例分析），并附至少 1 张实训现场照片		10			
3. 学习能力	发现问题	对于课堂上不明白的问题能主动向老师请教；主动观察和思考教学内容在生活中的应用，并向老师提出有创意的问题；主动思考问题，积极提出问题或主动回答老师提出的问题等	10			
	探究问题	对课堂中出现的问题敢于质疑或对某些结论敢于去否定；有“金点子”：有高于一般同学的看法和建议，并得到师生的认同；有“金钥匙”：有化难为易、事半功倍的好办法被采纳使用等	10			
4. 学习方法	上课不是被动听课，而是主动学习，会记录学习要点，主动思考，积极实操，积极发问；与老师的双向交流情况；在小组里的表现情况等		10			
5. 学习态度	尊重他人意见，不固执己见；善于发现合作伙伴的长处；遇到挫折相互鼓励，并群策群力；回答问题的仪表仪态、语气语速、口头表达能力等		10			
总分：	学生签名：		教师签名：			

说明：总分 = 自评 + 组评 + 师评，其中自评占总分的 20%，组评占总分的 40%，师评占总分的 40%。

实训四　心肺复苏体验

根据所学知识，课前观看微课视频内容，结合现场具体安全实训体验项目（心肺复苏体验见图 4–1，无实训条件的学校，根据观看具体安全实训体验项目视频内容），分组协作完成实训量化评价表（见表 4–1），并按时提交至实训指导教师。

心肺复苏体验

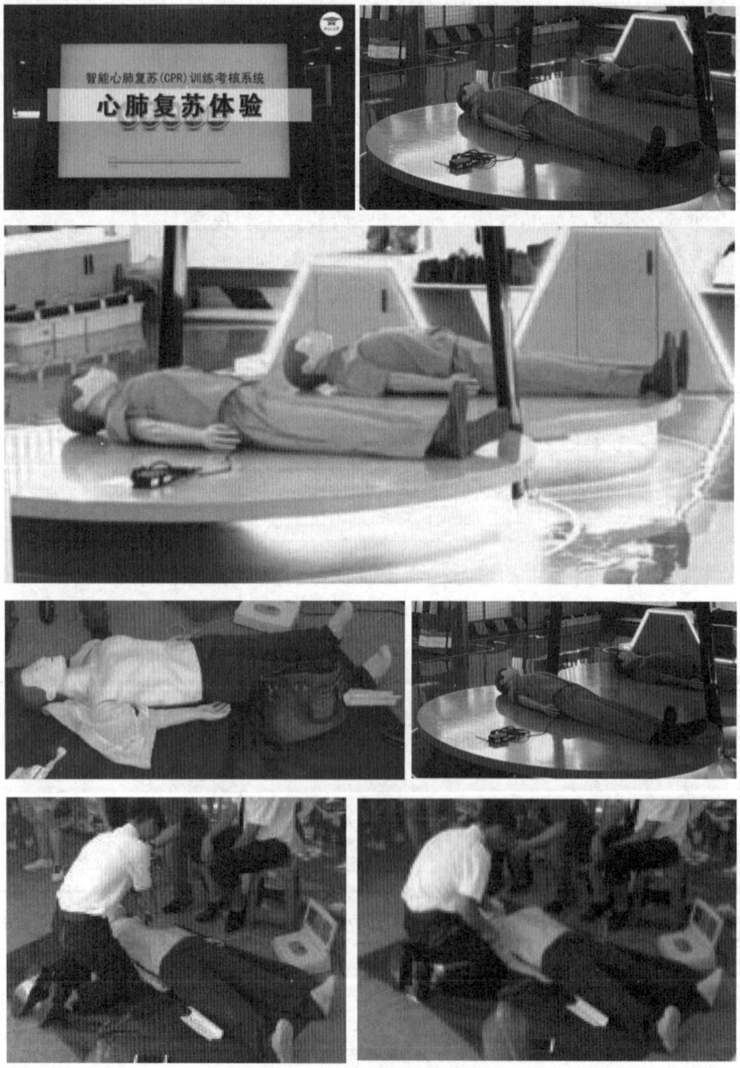

图 4–1　心肺复苏体验

表 4-1　心肺复苏体验实训量化评价表

<table>
<tr><td>姓名：</td><td>班级：</td><td colspan="2">学号：</td><td>日期：</td><td colspan="2">天气：</td></tr>
<tr><td>评价目标</td><td colspan="2">评价标准</td><td>权重
%</td><td>自评分
0～100</td><td>组评分
0～100</td><td>师评分
0～100</td></tr>
<tr><td rowspan="2">1. 任务目标</td><td colspan="2">本节课教学内容的掌握达成度</td><td>10</td><td></td><td></td><td></td></tr>
<tr><td colspan="2">能应用课堂知识、技能去解决相关的实际问题</td><td>10</td><td></td><td></td><td></td></tr>
<tr><td rowspan="3">2. 任务内容</td><td colspan="2">通过网上或图书馆资料查阅，利用现场心肺复苏体验等日常检查记录表或工程检查验收表，写出 3 点以上核查的具体内容（可根据实际情况对核查内容进行增减）
具体内容 1：
具体内容 2：
具体内容 3：</td><td>15</td><td></td><td></td><td></td></tr>
<tr><td colspan="2">本实训项目实践技能有哪些？实训现场（或实训过程）还存在问题有哪些？预防（或应急）措施（或建议）有哪些</td><td>15</td><td></td><td></td><td></td></tr>
<tr><td colspan="2">完成 份 200 字以上安全日记（总结报告或案例分析），并附至少 1 张实训现场照片</td><td>10</td><td></td><td></td><td></td></tr>
<tr><td rowspan="2">3. 学习能力</td><td>发现问题</td><td>对于课堂上不明白的问题能主动向老师请教；主动观察和思考教学内容在生活中的应用，并向老师提出有创意的问题；主动思考问题，积极提出问题或主动回答老师提出的问题等</td><td>10</td><td></td><td></td><td></td></tr>
<tr><td>探究问题</td><td>对课堂中出现的问题敢于质疑或对某些结论敢于去否定；有“金点子”：有高于一般同学的看法和建议，并得到师生的认同；有“金钥匙”：有化难为易、事半功倍的好办法被采纳使用等</td><td>10</td><td></td><td></td><td></td></tr>
<tr><td>4. 学习方法</td><td colspan="2">上课不是被动听课，而是主动学习，会记录学习要点，主动思考，积极实操，积极发问；与老师的双向交流情况；在小组里的表现情况等</td><td>10</td><td></td><td></td><td></td></tr>
<tr><td>5. 学习态度</td><td colspan="2">尊重他人意见，不固执己见；善于发现合作伙伴的长处；遇到挫折相互鼓励，并群策群力；回答问题的仪表仪态、语气语速、口头表达能力等</td><td>10</td><td></td><td></td><td></td></tr>
<tr><td>总分：</td><td colspan="2">学生签名：</td><td colspan="4">教师签名：</td></tr>
</table>

说明：总分 = 自评 + 组评 + 师评，其中自评占总分的 20%，组评占总分的 40%，师评占总分的 40%。

实训五　触电体验

根据所学知识，课前观看微课视频内容，结合现场具体安全实训体验项目（触电体验见图 5-1，无实训条件的学校，根据观看具体安全实训体验项目视频内容），分组协作完成实训量化评价表（见表 5-1），并按时提交至实训指导教师。

触电体验

图 5-1　触电体验

表 5-1　触电体验实训量化评价表

<table>
<tr><td>姓名：</td><td colspan="2">班级：</td><td>学号：</td><td colspan="2">日期：</td><td colspan="2">天气：</td></tr>
<tr><td>评价目标</td><td colspan="3">评价标准</td><td>权重
%</td><td>自评分
0 ~ 100</td><td>组评分
0 ~ 100</td><td>师评分
0 ~ 100</td></tr>
<tr><td rowspan="2">1. 任务目标</td><td colspan="3">本节课教学内容掌握达成度</td><td>10</td><td></td><td></td><td></td></tr>
<tr><td colspan="3">能应用课堂知识、技能去解决相关的实际问题</td><td>10</td><td></td><td></td><td></td></tr>
<tr><td rowspan="3">2. 任务内容</td><td colspan="3">通过网上或图书馆资料查阅，利用现场触电体验等日常检查记录表或工程检查验收表，写出 3 点以上核查的具体内容（可根据实际情况对核查内容进行增减）
具体内容 1：
具体内容 2：
具体内容 3：</td><td>15</td><td></td><td></td><td></td></tr>
<tr><td colspan="3">本实训项目实践技能有哪些？实训现场（或实训过程）还存在问题有哪些？预防（或应急）措施（或建议）有哪些</td><td>15</td><td></td><td></td><td></td></tr>
<tr><td colspan="3">完成一份 200 字以上安全日记（或总结报告或案例分析），并附至少 1 张实训现场照片</td><td>10</td><td></td><td></td><td></td></tr>
<tr><td rowspan="2">3. 学习能力</td><td>发现问题</td><td colspan="2">对于课堂上不明白的问题能主动向老师请教；主动观察和思考教学内容在生活中的应用，并向老师提出有创意的问题；主动思考问题，积极提出问题或主动回答老师提出的问题等</td><td>10</td><td></td><td></td><td></td></tr>
<tr><td>探究问题</td><td colspan="2">对课堂中出现的问题敢于质疑或对某些结论敢于去否定；有“金点子”：有高于一般同学的看法和建议，并得到师生的认同；有“金钥匙”：有化难为易、事半功倍的好办法被采纳使用等</td><td>10</td><td></td><td></td><td></td></tr>
<tr><td>4. 学习方法</td><td colspan="3">上课不是被动听课，而是主动学习，会记录学习要点，会主动思考，积极实操，积极发问；与老师的双向交流情况；在小组里的表现情况等</td><td>10</td><td></td><td></td><td></td></tr>
<tr><td>5. 学习态度</td><td colspan="3">尊重他人意见，不固执己见；善于发现合作伙伴的长处；遇到挫折相互鼓励，并群策群力；回答问题的仪表仪态、语气语速、口头表达能力等</td><td>10</td><td></td><td></td><td></td></tr>
<tr><td>总分：</td><td colspan="4">学生签名：</td><td colspan="3">教师签名：</td></tr>
</table>

说明：总分 = 自评 + 组评 + 师评，其中自评占总分的 20%，组评占总分的 40%，师评占总分的 40%。

实训六　消防体验

根据所学知识，课前观看微课视频内容，结合现场具体安全实训体验项目（消防体验及消防装备见图 6–1 和图 6–2，无实训条件的学校，根据观看具体安全实训体验项目视频内容），分组协作完成实训量化评价表（见表 6–1），并按时提交至实训指导教师。

消防体验

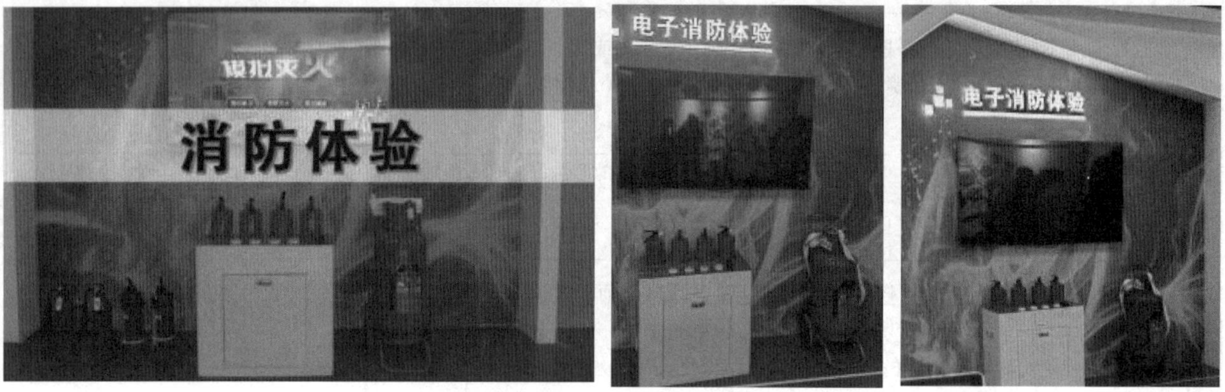

图 6–1　消防体验

图 6–2　消防装备

表 6–1　消防体验实训量化评价表

<table>
<tr><td>姓名：</td><td colspan="2">班级：</td><td>学号：</td><td colspan="2">日期：</td><td>天气：</td></tr>
<tr><td>评价目标</td><td colspan="2">评价标准</td><td>权重
%</td><td>自评分
0 ~ 100</td><td>组评分
0 ~ 100</td><td>师评分
0 ~ 100</td></tr>
<tr><td rowspan="2">1. 任务目标</td><td colspan="2">本节课教学内容的掌握达成度</td><td>10</td><td></td><td></td><td></td></tr>
<tr><td colspan="2">能应用课堂知识、技能去解决相关的实际问题</td><td>10</td><td></td><td></td><td></td></tr>
<tr><td rowspan="3">2. 任务内容</td><td colspan="2">通过网上或图书馆资料查阅，利用现场消防体验等日常检查记录表或工程检查验收表，写出 3 点以上核查的具体内容（可根据实际情况对核查内容进行增减）
具体内容 1：
具体内容 2：
具体内容 3：</td><td>15</td><td></td><td></td><td></td></tr>
<tr><td colspan="2">本实训项目实践技能有哪些？实训现场（或实训过程）还存在问题有哪些？预防（或应急）措施（或建议）有哪些</td><td>15</td><td></td><td></td><td></td></tr>
<tr><td colspan="2">完成一份 200 字以上安全日记（总结报告或案例分析），并附至少 1 张实训现场照片</td><td>10</td><td></td><td></td><td></td></tr>
<tr><td rowspan="2">3. 学习能力</td><td>发现问题</td><td>对于课堂上不明白的问题能主动向老师请教；主动观察和思考教学内容在生活中的应用，并向老师提出有创意的问题；主动思考问题，积极提出问题或主动回答老师提出的问题等</td><td>10</td><td></td><td></td><td></td></tr>
<tr><td>探究问题</td><td>对课堂中出现的问题敢于质疑或对某些结论敢于去否定；有“金点子”：有高于一般同学的看法和建议，并得到师生的认同；有“金钥匙”：有化难为易、事半功倍的好办法被采纳使用等</td><td>10</td><td></td><td></td><td></td></tr>
<tr><td>4. 学习方法</td><td colspan="2">上课不是被动听课，而是主动学习，会记录学习要点，主动思考，积极实操，积极发问；与老师的双向交流情况；在小组里的表现情况等</td><td>10</td><td></td><td></td><td></td></tr>
<tr><td>5. 学习态度</td><td colspan="2">尊重他人意见，不固执己见；善于发现合作伙伴的长处；遇到挫折相互鼓励，并群策群力；回答问题的仪表仪态，语气语速，口头表达能力等</td><td>10</td><td></td><td></td><td></td></tr>
<tr><td>总分：</td><td colspan="3">学生签名：</td><td colspan="3">教师签名：</td></tr>
</table>

说明：总分 = 自评 + 组评 + 师评，其中自评占总分的 20%，组评占总分的 40%，师评占总分的 40%。

实训七　脚手架体验

根据所学知识，课前观看微课视频内容，结合现场具体安全实训体验项目（脚手架体验见图 7–1，无实训条件的学校，根据观看具体安全实训体验项目视频内容），分组协作完成实训量化评价表（见表 7–1），并按时提交至实训指导教师。

脚手架体验

图 7–1　脚手架体验

表 7–1　脚手架体验实训量化评价表

姓名：	班级：	学号：	日期：	天气：		
评价目标	评价标准		权重 %	自评分 0 ~ 100	组评分 0 ~ 100	师评分 0 ~ 100
1. 任务目标	本节课教学内容的掌握达成度		10			
	能应用课堂知识、技能去解决相关的实际问题		10			
2. 任务内容	通过网上或图书馆资料查阅，利用现场脚手架体验等日常检查记录表或工程检查验收表，写出 3 点以上核查的具体内容（可根据实际情况对核查内容进行增减） 具体内容 1： 具体内容 2： 具体内容 3：		15			
	本实训项目实践技能有哪些？实训现场（或实训过程）还存在问题有哪些？预防（或应急）措施（或建议）有哪些		15			
	完成一份 200 字以上安全日记（总结报告或案例分析），并附至少 1 张实训现场照片		10			
3. 学习能力	发现问题	对于课堂上不明白的问题能主动向老师请教；主动观察和思考教学内容在生活中的应用，并向老师提出有创意的问题；主动思考问题，积极提出问题或主动回答老师提出的问题等	10			
	探究问题	对课堂中出现的问题敢于质疑或对某些结论敢于去否定；有“金点子”：有高于一般同学的看法和建议，并得到师生的认同；有“金钥匙”：有化难为易、事半功倍的好办法被采纳使用等	10			
4. 学习方法	上课不是被动听课，而是主动学习，会记录学习要点，主动思考，积极实操，积极发问；与老师的双向交流情况；在小组里的表现情况等		10			
5. 学习态度	尊重他人意见，不固执己见；善于发现合作伙伴的长处；遇到挫折相互鼓励，并群策群力；回答问题的仪表仪态，语气语速，口头表达能力等		10			
总分：	学生签名：		教师签名：			

说明：总分 = 自评 + 组评 + 师评，其中自评占总分的 20%，组评占总分的 40%，师评占总分的 40%。

实训八　栏杆防护安装体验

根据所学知识，课前观看微课视频内容，结合现场具体安全实训体验项目（栏杆防护安装体验见图 8-1，无实训条件的学校，根据观看具体安全实训体验项目视频内容），分组协作完成实训量化评价表（见表 8-1），并按时提交至实训指导教师。

栏杆防护安装体验

图 8-1　栏杆防护安装体验

表 8–1　栏杆防护安装体验实训量化评价表

姓名：	班级：	学号：	日期：	天气：		
评价目标		评价标准	权重 %	自评分 0 ~ 100	组评分 0 ~ 100	师评分 0 ~ 100
1. 任务目标		本节课教学内容的掌握达成度	10			
		能应用课堂知识、技能去解决相关的实际问题	10			
2. 任务内容		通过网上或图书馆资料查阅，利用现场栏杆防护安装等日常检查记录表或工程检查验收表，写出 3 点以上核查的具体内容（可根据实际情况对核查内容进行增减） 具体内容 1： 具体内容 2： 具体内容 3：	15			
		本实训项目实践技能有哪些？实训现场（或实训过程）还存在问题有哪些？预防（或应急）措施（或建议）有哪些	15			
		完成一份 200 字以上安全日记（总结报告或案例分析），并附至少 1 张实训现场照片	10			
3. 学习能力	发现问题	对于课堂上不明白的问题能主动向老师请教；主动观察和思考教学内容在生活中的应用，并向老师提出有创意的问题；主动思考问题，积极提出问题或主动回答老师提出的问题等	10			
	探究问题	对课堂中出现的问题敢于质疑或对某些结论敢于去否定；有“金点子”：有高于一般同学的看法和建议，并得到师生的认同；有“金钥匙”：有化难为易、事半功倍的好办法被采纳使用等	10			
4. 学习方法		上课不是被动听课，而是主动学习，会记录学习要点，主动思考，积极实操，积极发问；与老师的双向交流情况；在小组里的表现情况等	10			
5. 学习态度		尊重他人意见，不固执己见；善于发现合作伙伴的长处；遇到挫折相互鼓励，并群策群力；回答问题的仪表仪态，语气语速，口头表达能力等	10			
总分：	学生签名：		教师签名：			

说明：总分 = 自评 + 组评 + 师评，其中自评占总分的 20%，组评占总分的 40%，师评占总分的 40%。

实训九　洞口坠落防护体验

根据所学知识，课前观看微课视频内容，结合现场具体安全实训体验项目（洞口坠落防护体验见图 9–1，无实训条件的学校，根据观看具体安全实训体验项目视频内容），分组协作完成实训量化评价表（见表 9–1），并按时提交至实训指导教师。

洞口坠落防护实训

图 9–1　洞口坠落防护体验

表 9–1 洞口坠落防护体验实训量化评价表

<table>
<tr><td colspan="2">姓名：</td><td>班级：</td><td>学号：</td><td>日期：</td><td colspan="3">天气：</td></tr>
<tr><td>评价目标</td><td colspan="2">评价标准</td><td>权重
%</td><td>自评分
0 ~ 100</td><td>组评分
0 ~ 100</td><td>师评分
0 ~ 100</td></tr>
<tr><td rowspan="2">1. 任务目标</td><td colspan="2">本节课教学内容的掌握达成度</td><td>10</td><td></td><td></td><td></td></tr>
<tr><td colspan="2">能应用课堂知识、技能去解决相关的实际问题</td><td>10</td><td></td><td></td><td></td></tr>
<tr><td rowspan="3">2. 任务内容</td><td colspan="2">通过网上或图书馆资料查阅，利用现场洞口坠落防护体验等日常检查记录表或工程检查验收表，写出 3 点以上核查具体内容（可根据实际情况对核查内容进行增减）
具体内容 1：
具体内容 2：
具体内容 3：</td><td>15</td><td></td><td></td><td></td></tr>
<tr><td colspan="2">本实训项目实践技能有哪些？实训现场（或实训过程）还存在问题有哪些？预防（或应急）措施（或建议）有哪些</td><td>15</td><td></td><td></td><td></td></tr>
<tr><td colspan="2">完成一份 200 字以上安全日记（总结报告或案例分析），并附至少 1 张实训现场照片</td><td>10</td><td></td><td></td><td></td></tr>
<tr><td rowspan="2">3. 学习能力</td><td>发现问题</td><td>对于课堂上不明白的问题能主动向老师请教；主动观察和思考教学内容在生活中的应用，并向老师提出有创意的问题；主动思考问题，积极提出问题或主动回答老师提出的问题等</td><td>10</td><td></td><td></td><td></td></tr>
<tr><td>探究问题</td><td>对课堂中出现的问题敢于质疑或对某些结论敢于去否定；有“金点子”：有高于一般同学的看法和建议，并得到师生的认同；有“金钥匙”：有化难为易、事半功倍的好办法被采纳使用等</td><td>10</td><td></td><td></td><td></td></tr>
<tr><td>4. 学习方法</td><td colspan="2">上课不是被动听课，而是主动学习，会记录学习要点，主动思考，积极实操，积极发问；与老师的双向交流情况；在小组里的表现情况等</td><td>10</td><td></td><td></td><td></td></tr>
<tr><td>5. 学习态度</td><td colspan="2">尊重他人意见，不固执己见；善于发现合作伙伴的长处；遇到挫折相互鼓励，并群策群力；回答问题的仪表仪态，语气语速，口头表达能力等</td><td>10</td><td></td><td></td><td></td></tr>
<tr><td>总分：</td><td colspan="3">学生签名：</td><td colspan="3">教师签名：</td></tr>
</table>

说明：总分 = 自评 + 组评 + 师评，其中自评占总分的 20%，组评占总分的 40%，师评占总分的 40%。

实训十　墙体倾倒体验

根据所学知识，结合现场具体安全实训体验项目，分组协作完成实训量化评价表（见表 10–1），并按时提交至实训指导教师。

表 10–1　墙体倾倒体验实训量化评价表

<table>
<tr><td colspan="2">姓名：</td><td>班级：</td><td>学号：</td><td>日期：</td><td colspan="2">天气：</td></tr>
<tr><td>评价目标</td><td colspan="2">评价标准</td><td>权重
%</td><td>自评分
0 ~ 100</td><td>组评分
0 ~ 100</td><td>师评分
0 ~ 100</td></tr>
<tr><td rowspan="2">1. 任务目标</td><td colspan="2">本节课教学内容的掌握达成度</td><td>10</td><td></td><td></td><td></td></tr>
<tr><td colspan="2">能应用课堂知识、技能去解决相关的实际问题</td><td>10</td><td></td><td></td><td></td></tr>
<tr><td rowspan="3">2. 任务内容</td><td colspan="2">通过网上或图书馆资料查阅，利用现场墙体倾倒体验等日常检查记录表或工程检查验收表，写出 3 点以上核查的具体内容（可根据实际情况对核查内容进行增减）
具体内容 1：
具体内容 2：
具体内容 3：</td><td>15</td><td></td><td></td><td></td></tr>
<tr><td colspan="2">本实训项目实践技能有哪些？实训现场（或实训过程）还存在问题有哪些？预防（或应急）措施（或建议）有哪些</td><td>15</td><td></td><td></td><td></td></tr>
<tr><td colspan="2">完成一份 200 字以上安全日记（总结报告或案例分析），并附至少 1 张实训现场照片</td><td>10</td><td></td><td></td><td></td></tr>
<tr><td rowspan="2">3. 学习能力</td><td>发现问题</td><td>对于课堂上不明白的问题能主动向老师请教；主动观察和思考教学内容在生活中的应用，并向老师提出有创意的问题；主动思考问题，积极提出问题或主动回答老师提出的问题等</td><td>10</td><td></td><td></td><td></td></tr>
<tr><td>探究问题</td><td>对课堂中出现的问题敢于质疑或对某些结论敢于去否定；有“金点子”：有高于一般同学的看法和建议，并得到师生的认同；有“金钥匙”：有化难为易、事半功倍的好办法被采纳使用等</td><td>10</td><td></td><td></td><td></td></tr>
<tr><td>4. 学习方法</td><td colspan="2">上课不是被动听课，而是主动学习，会记录学习要点，会主动思考，积极实操，积极发问；与老师的双向交流情况；在小组里的表现情况等</td><td>10</td><td></td><td></td><td></td></tr>
<tr><td>5. 学习态度</td><td colspan="2">尊重他人意见，不固执己见；善于发现合作伙伴的长处；遇到挫折相互鼓励，并群策群力；回答问题的仪表仪态，语气语速，口头表达能力等</td><td>10</td><td></td><td></td><td></td></tr>
<tr><td colspan="2">总分：</td><td colspan="2">学生签名：</td><td colspan="3">教师签名：</td></tr>
</table>

说明：总分 = 自评 + 组评 + 师评，其中自评占总分的 20%，组评占总分的 40%，师评占总分的 40%。

实训十一　高支模体验

根据所学知识，结合现场具体安全实训体验项目（高支模体验见图 11–1），分组协作完成实训量化评价表（见表 11–1），并按时提交至实训指导教师。

图 11–1　高支模体验

表 11-1 高支模体验实训量化评价表

姓名：	班级：	学号：	日期：	天气：		
评价目标	评价标准		权重 %	自评分 0 ~ 100	组评分 0 ~ 100	师评分 0 ~ 100
1. 任务目标	本节课教学内容的掌握达成度		10			
	能应用课堂知识、技能去解决相关的实际问题		10			
2. 任务内容	通过网上或图书馆资料查阅，利用现场高支模体验等日常检查记录表或工程检查验收表，写出 3 点以上核查的具体内容（可根据实际情况对核查内容进行增减） 具体内容 1： 具体内容 2： 具体内容 3：		15			
	本实训项目实践技能有哪些？实训现场（或实训过程）还存在问题有哪些？预防（或应急）措施（或建议）有哪些		15			
	完成一份 200 字以上安全日记（总结报告或案例分析），并附至少 1 张实训现场照片		10			
3. 学习能力	发现问题	对于课堂上不明白的问题能主动向老师请教；主动观察和思考教学内容在生活中的应用，并向老师提出有创意的问题；主动思考问题，积极提出问题或主动回答老师提出的问题等	10			
	探究问题	对课堂中出现的问题敢于质疑或对某些结论敢于去否定；有"金点子"：有高于一般同学的看法和建议，并得到师生的认同；有"金钥匙"：有化难为易、事半功倍的好办法被采纳使用等	10			
4. 学习方法	上课不是被动听课，而是主动学习，会记录学习要点，主动思考，积极实操，积极发问；与老师的双向交流情况；在小组里的表现情况等		10			
5. 学习态度	尊重他人意见，不固执己见；善于发现合作伙伴的长处；遇到挫折相互鼓励，并群策群力；回答问题的仪表仪态，语气语速，口头表达能力等		10			
总分：	学生签名：			教师签名：		

说明：总分 = 自评 + 组评 + 师评，其中自评占总分的 20%，组评占总分的 40%，师评占总分的 40%。

实训十二　有限空间安全体验

根据所学知识，课前观看微课视频内容，结合现场具体安全实训体验项目（有限空间安全体验见图 12–1，无实训条件的学校，根据观看具体安全实训体验项目视频内容），分组协作完成实训量化评价表（见表 12–1），并按时提交至实训指导教师。

有限空间安全实操

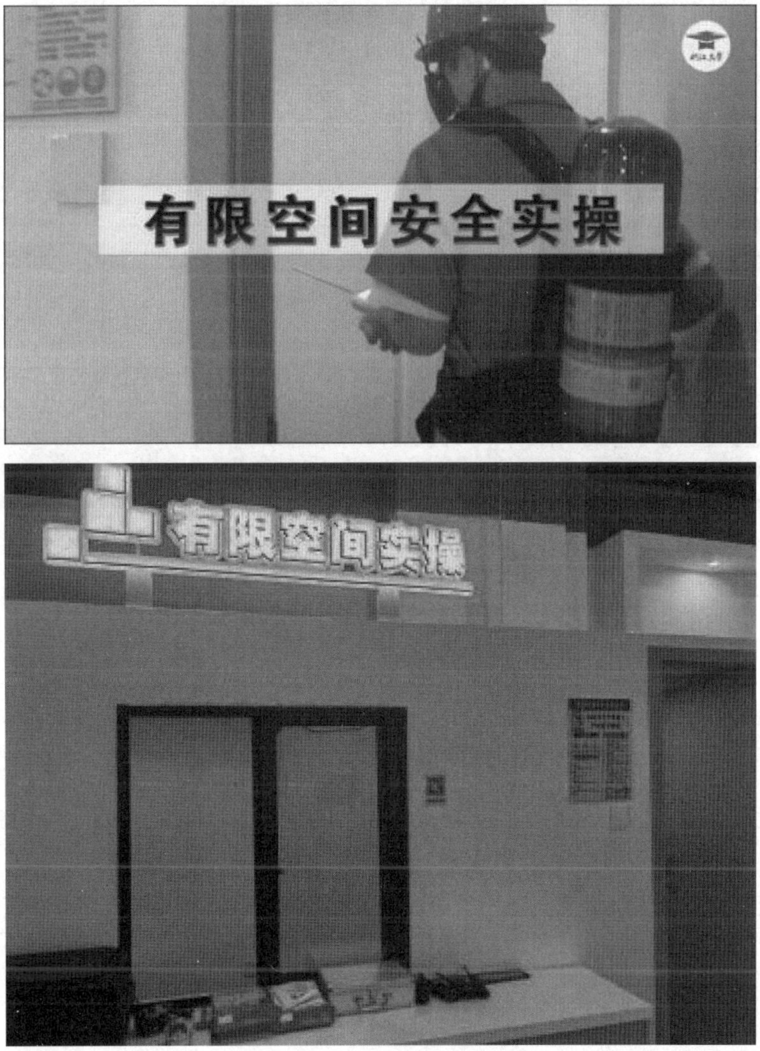

图 12–1　有限空间安全体验

表 12–1　有限空间安全体验实训量化评价表

姓名：	班级：		学号：	日期：	天气：	
评价目标	评价标准		权重 %	自评分 0 ~ 100	组评分 0 ~ 100	师评分 0 ~ 100
1. 任务目标	本节课教学内容的掌握达成度		10			
	能应用课堂知识、技能去解决相关的实际问题		10			
2. 任务内容	通过网上或图书馆资料查阅，利用现场有限空间安全体验等日常检查记录表或工程检查验收表，写出 3 点以上核查的具体内容（可根据实际情况对核查内容进行增减） 具体内容 1： 具体内容 2： 具体内容 3：		15			
	本实训项目实践技能有哪些？实训现场（或实训过程）还存在问题有哪些？预防（或应急）措施（或建议）有哪些		15			
	完成一份 200 字以上安全日记（总结报告或案例分析），并附至少 1 张实训现场照片		10			
3. 学习能力	发现问题	对于课堂上不明白的问题能主动向老师请教；主动观察和思考教学内容在生活中的应用，并向老师提出有创意的问题；主动思考问题，积极提出问题或主动回答老师提出的问题等	10			
	探究问题	对课堂中出现的问题敢于质疑或对某些结论敢于去否定；有“金点子”：有高于一般同学的看法和建议，并得到师生的认同；有“金钥匙”：有化难为易、事半功倍的好办法被采纳使用等	10			
4. 学习方法	上课不是被动听课，而是主动学习，会记录学习要点，主动思考，积极实操，积极发问；与老师的双向交流情况；在小组里的表现情况等		10			
5. 学习态度	尊重他人意见，不固执己见；善于发现合作伙伴的长处；遇到挫折相互鼓励，并群策群力；回答问题的仪表仪态，语气语速，口头表达能力等		10			
总分：	学生签名：			教师签名：		

说明：总分 = 自评 + 组评 + 师评，其中自评占总分的 20%，组评占总分的 40%，师评占总分的 40%。

实训十三　有限空间逃生体验

根据所学知识，课前观看微课视频内容，结合现场具体安全实训体验项目（有限空间逃生体验见图 13–1，无实训条件的学校，根据观看具体安全实训体验项目视频内容），分组协作完成实训量化评价表（见表 13–1），并按时提交至实训指导教师。

有限空间逃生体验

图 13–1　有限空间逃生体验

表 13–1 有限空间逃生体验实训量化评价表

<table>
<tr><td colspan="2">姓名：</td><td>班级：</td><td>学号：</td><td colspan="2">日期：</td><td colspan="2">天气：</td></tr>
<tr><td>评价目标</td><td colspan="2">评价标准</td><td>权重
%</td><td>自评分
0 ~ 100</td><td>组评分
0 ~ 100</td><td>师评分
0 ~ 100</td></tr>
<tr><td rowspan="2">1. 任务目标</td><td colspan="2">本节课教学内容的掌握达成度</td><td>10</td><td></td><td></td><td></td></tr>
<tr><td colspan="2">能应用课堂知识、技能去解决相关的实际问题</td><td>10</td><td></td><td></td><td></td></tr>
<tr><td rowspan="3">2. 任务内容</td><td colspan="2">通过网上或图书馆资料查阅，利用现场有限空间逃生体验等日常检查记录表或工程检查验收表，写出 3 点以上核查的具体内容（可根据实际情况对核查内容进行增减）
具体内容 1：
具体内容 2：
具体内容 3：</td><td>15</td><td></td><td></td><td></td></tr>
<tr><td colspan="2">本实训项目实践技能有哪些？实训现场（或实训过程）还存在问题有哪些？预防（或应急）措施（或建议）有哪些</td><td>15</td><td></td><td></td><td></td></tr>
<tr><td colspan="2">完成一份 200 字以上安全日记（总结报告或案例分析），并附至少 1 张实训现场照片</td><td>10</td><td></td><td></td><td></td></tr>
<tr><td rowspan="2">3. 学习能力</td><td>发现问题</td><td>对于课堂上不明白的问题能主动向老师请教；主动观察和思考教学内容在生活中的应用，并向老师提出有创意的问题；主动思考问题，积极提出问题或主动回答老师提出的问题等</td><td>10</td><td></td><td></td><td></td></tr>
<tr><td>探究问题</td><td>对课堂中出现的问题敢于质疑或对某些结论敢于去否定；有“金点子”：有高于一般同学的看法和建议，并得到师生的认同；有“金钥匙”：有化难为易、事半功倍的好办法被采纳使用等</td><td>10</td><td></td><td></td><td></td></tr>
<tr><td>4. 学习方法</td><td colspan="2">上课不是被动听课，而是主动学习，会记录学习要点，主动思考，积极实操，积极发问；与老师的双向交流情况；在小组里的表现情况等</td><td>10</td><td></td><td></td><td></td></tr>
<tr><td>5. 学习态度</td><td colspan="2">尊重他人意见，不固执己见；善于发现合作伙伴的长处；遇到挫折相互鼓励，并群策群力；回答问题的仪表仪态，语气语速，口头表达能力等</td><td>10</td><td></td><td></td><td></td></tr>
<tr><td>总分：</td><td colspan="3">学生签名：</td><td colspan="3">教师签名：</td></tr>
</table>

说明：总分 = 自评 + 组评 + 师评，其中自评占总分的 20%，组评占总分的 40%，师评占总分的 40%。

实训十四 钢丝绳、重物吊运及爬梯体验

根据所学知识，结合现场具体安全实训体验项目（钢丝绳及重物吊运体验见图 14–1），分组协作完成实训量化评价表（见表 14–1），并按时提交至实训指导教师。

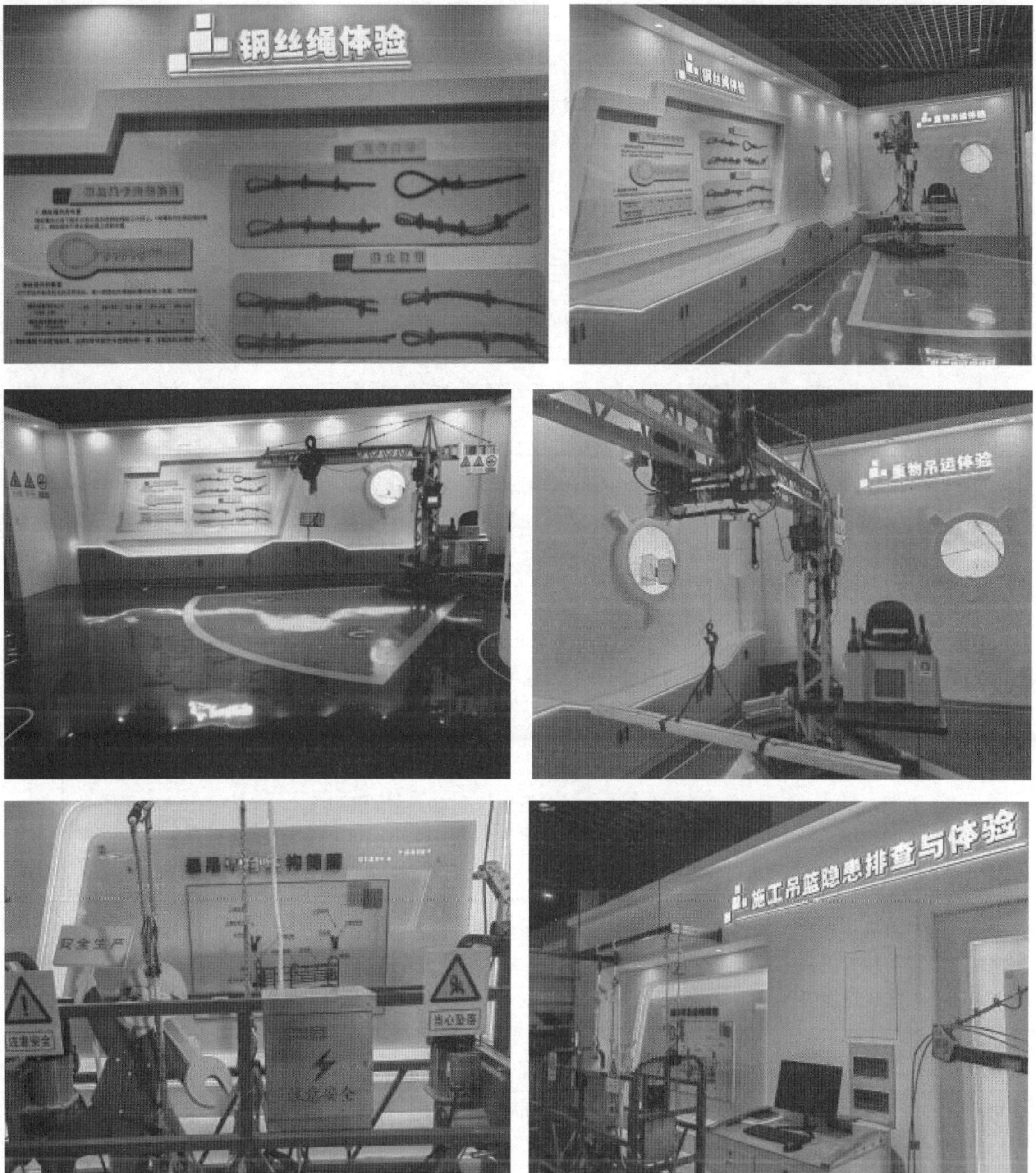

图 14–1 钢丝绳及重物吊运体验

表 14–1　钢丝绳、重物吊运及爬梯体验实训量化评价表

<table>
<tr><td>姓名：</td><td colspan="2">班级：</td><td>学号：</td><td>日期：</td><td colspan="2">天气：</td></tr>
<tr><td>评价目标</td><td colspan="2">评价标准</td><td>权重
%</td><td>自评分
0 ~ 100</td><td>组评分
0 ~ 100</td><td>师评分
0 ~ 100</td></tr>
<tr><td rowspan="2">1. 任务目标</td><td colspan="2">本节课教学内容的掌握达成度</td><td>10</td><td></td><td></td><td></td></tr>
<tr><td colspan="2">能应用课堂知识、技能去解决相关的实际问题</td><td>10</td><td></td><td></td><td></td></tr>
<tr><td rowspan="3">2. 任务内容</td><td colspan="2">通过网上或图书馆资料查阅，利用现场钢丝绳、重物吊运及爬梯体验等日常检查记录表或工程检查验收表，写出 3 点以上核查的具体内容（可根据实际情况对核查内容进行增减）
具体内容 1：
具体内容 2：
具体内容 3：</td><td>15</td><td></td><td></td><td></td></tr>
<tr><td colspan="2">本实训项目实践技能有哪些？实训现场（或实训过程）还存在问题有哪些？预防（或应急）措施（或建议）有哪些</td><td>15</td><td></td><td></td><td></td></tr>
<tr><td colspan="2">完成一份 200 字以上安全日记（或总结报告或案例分析），并附至少 1 张实训现场照片</td><td>10</td><td></td><td></td><td></td></tr>
<tr><td rowspan="2">3. 学习能力</td><td>发现问题</td><td>对于课堂上不明白的问题能主动向老师请教；主动观察和思考教学内容在生活中的应用，并向老师提出有创意的问题；主动思考问题，积极提出问题或主动回答老师提出的问题等</td><td>10</td><td></td><td></td><td></td></tr>
<tr><td>探究问题</td><td>对课堂中出现的问题敢于质疑或对某些结论敢于去否定；有“金点子”：有高于一般同学的看法和建议，并得到师生的认同；有“金钥匙”：有化难为易、事半功倍的好办法被采纳使用等</td><td>10</td><td></td><td></td><td></td></tr>
<tr><td>4. 学习方法</td><td colspan="2">上课不是被动听课，而是主动学习，会记录学习要点，主动思考，积极实操，积极发问；与老师的双向交流情况；在小组里的表现情况等</td><td>10</td><td></td><td></td><td></td></tr>
<tr><td>5. 学习态度</td><td colspan="2">尊重他人意见，不固执己见；善于发现合作伙伴的长处；遇到挫折相互鼓励，并群策群力；回答问题的仪表仪态，语气语速，口头表达能力等</td><td>10</td><td></td><td></td><td></td></tr>
<tr><td>总分：</td><td colspan="3">学生签名：</td><td colspan="3">教师签名：</td></tr>
</table>

说明：总分 = 自评 + 组评 + 师评，其中自评占总分的 20%，组评占总分的 40%，师评占总分的 40%。

实训十五　电梯超载体验

根据所学知识，结合现场具体安全实训体验项目，分组协作完成实训量化评价表（见表 15–1），并按时提交至实训指导教师。

表 15–1　电梯超载体验实训量化评价表

<table>
<tr><td colspan="2">姓名：</td><td>班级：　　学号：</td><td colspan="2">日期：</td><td colspan="3">天气：</td></tr>
<tr><td>评价目标</td><td colspan="2">评价标准</td><td>权重 %</td><td>自评分 0 ~ 100</td><td>组评分 0 ~ 100</td><td>师评分 0 ~ 100</td></tr>
<tr><td rowspan="2">1. 任务目标</td><td colspan="2">本节课教学内容的掌握达成度</td><td>10</td><td></td><td></td><td></td></tr>
<tr><td colspan="2">能应用课堂知识、技能去解决相关的实际问题</td><td>10</td><td></td><td></td><td></td></tr>
<tr><td rowspan="3">2. 任务内容</td><td colspan="2">通过网上或图书馆资料查阅，利用现场电梯超载体验等日常检查记录表或工程检查验收表，写出 3 点以上核查的具体内容（可根据实际情况对核查内容进行增减）
具体内容 1：
具体内容 2：
具体内容 3：</td><td>15</td><td></td><td></td><td></td></tr>
<tr><td colspan="2">本实训项目实践技能有哪些？实训现场（或实训过程）还存在问题有哪些？预防（或应急）措施（或建议）有哪些</td><td>15</td><td></td><td></td><td></td></tr>
<tr><td colspan="2">完成一份 200 字以上安全日记（总结报告或案例分析），并附至少 1 张实训现场照片</td><td>10</td><td></td><td></td><td></td></tr>
<tr><td rowspan="2">3. 学习能力</td><td>发现问题</td><td>对于课堂上不明白的问题能主动向老师请教；主动观察和思考教学内容在生活中的应用，并向老师提出有创意的问题；主动思考问题，积极提出问题或主动回答老师提出的问题等</td><td>10</td><td></td><td></td><td></td></tr>
<tr><td>探究问题</td><td>对课堂中出现的问题敢于质疑或对某些结论敢于去否定；有“金点子”：有高于一般同学的看法和建议，并得到师生的认同；有“金钥匙”：有化难为易、事半功倍的好办法被采纳使用等</td><td>10</td><td></td><td></td><td></td></tr>
<tr><td>4. 学习方法</td><td colspan="2">上课不是被动听课，而是主动学习，会记录学习要点，主动思考，积极实操，积极发问；与老师的双向交流情况；在小组里的表现情况等</td><td>10</td><td></td><td></td><td></td></tr>
<tr><td>5. 学习态度</td><td colspan="2">尊重他人意见，不固执己见；善于发现合作伙伴的长处；遇到挫折相互鼓励，并群策群力；回答问题的仪表仪态，语气语速，口头表达能力等</td><td>10</td><td></td><td></td><td></td></tr>
<tr><td colspan="2">总分：</td><td colspan="2">学生签名：</td><td colspan="3">教师签名：</td></tr>
</table>

说明：总分 = 自评 + 组评 + 师评，其中自评占总分的 20%，组评占总分的 40%，师评占总分的 40%。